JN223112

発注者必携

条解実務

フリーランス法

弁護士 野田 学

白石 紘一

Explaining the practice of freelance law

労働調査会

は じ め に

「フリーランスの取引適正化法制の整備」、「取引適正化のための法制度について検討し、早期に国会に提出する」…これらは、2022年6月7日に閣議決定された、政府の「新しい資本主義のグランドデザイン及び実行計画」における記載です。フリーランスをどのように保護するかの検討は、既に2017年頃から行われていましたが、労使間を規律する労働法の適用範囲を拡大するのか、事業者間を規律する独占禁止法または下請法の適用範囲を拡大するのか、あるいは既存の法規制の適用範囲を明確化するのか等を含め具体的にどのような保護を図るかは、様々な議論はあれど固まっていませんでした。

フリーランスの語源は「フリー（自由）・ランス（槍）」、すなわち特定の君主に仕えず戦役ごとにどの君主にも従って自らの腕一つで戦う傭兵です。これが転じて特定の組織に専従せずに独立して仕事をする人という意味で用いられることになりましたが、現代ではその業種・業務、働き方などが極めて多様になっています。そのように多様性を内包するフリーランスに対して一律の保護のようなものはなじまないのではないか、保護をかぶせることでかえってその独立した自由な働き方というメリットを失わせてしまったり、フリーランスへの発注控えを生んでしまうのではないか、といった難しさもあり、そもそも新しい仕組みを作るべきなのか、作るとしたらどのようなものにすべきなのかについての検討は非常に難しいものであったと思われます。

そのような検討を経て制定されたのが「特定受託事業者に係る取引の適正化等に関する法律」（フリーランス法）です。これは、取引法、すなわち独禁法や下請法による対等な当事者間の取引を適正化するための規律の要素と、労働法、すなわち使用者と労働者という非対等な関係の中で労働者を保護するための規律の要素を併せ持つ法律です。また、多種多様なフリーランスの取引全体に網をかけるべく、いわば"広く薄い"規律となっています。それらの結果として、およそ個人に何らかの依頼

をするような取引であればほぼ確実に適用されることとなり、実務に強い影響を与えるものとなっていますが、他方でその具体的な適用の在り方が個別のケースごとに非常に悩ましいものとなり得ます。更に、企業内で取引法と労働法の両方をカバーしている法務等の担当者は意外と少なく、実際の事案において検討が難しいことも多く生じるでしょう。

　本書は、独禁法・下請法を得意とする弁護士と、労働法を得意とする弁護士によって、既存の法律の解釈を援用したり、既存の法律との相違点を明らかにすることで、分かりやすさと踏み込んだ解説の両方がなされることを意識しています。また、行政文書の開示請求手続きによって取得した、法案提出時における立法担当者の内閣法制局向け説明資料も用いた、詳細な解説を行っています。さらに、フリーランス法の制定の経緯やフリーランス法の概要に続いて、フリーランス法が適用される発注者においてどのような対応や組織体制等が必要になるのかを論じ、更に逐条解説と3条通知等の書式も掲載することで、企業内の担当者を含む実務家にとっても使いやすいものとなっていますので、是非、手に取っていただければと思います。フリーランス・発注者を問わず、フリーランス法への対応を検討し始める方、あるいは詳細な解釈を知りたい方、いずれにとっても参考になれば幸いです。

　最後に、筆の遅い著者に最後までお付き合いいただいた、労働調査会の担当者様に厚く御礼申し上げます。

2025年3月

東京八丁堀法律事務所　弁護士　野田　学

同　　　　白石紘一

目　　次

第3編　フリーランス法逐条解説 …………………………… 41

第1章　フリーランス法の目的と定義 ……………………… 41

第3章 特定受託業務従事者の就業環境の整備 …… 185

◆凡例

正式な名称等	略語
特定受託事業者に係る取引の適正化等に関する法律（令和5年法律第25号）	フリーランス法、法
特定受託事業者に係る取引の適正化等に関する法律施行令（令和6年政令第200号）	令
公正取引委員会関係特定受託事業者に係る取引の適正化等に関する法律施行規則（令和6年公正取引委員会規則第3号）	公取則
厚生労働省関係特定受託事業者に係る取引の適正化等に関する法律施行規則（令和6年厚生労働省令第94号）	厚労則
特定業務委託事業者が募集情報の的確な表示、育児介護等に対する配慮及び業務委託に関して行われる言動に起因する問題に関して講ずべき措置等に関して適切に対処するための指針（厚生労働省告示第212号）	指針
特定受託事業者に係る取引の適正化等に関する法律の考え方（令和6年5月31日公正取引委員会・厚生労働省）	解釈ガイドライン

正式な名称等	略語
特定受託事業者に係る取引の適正化等に関する法律と独占禁止法及び下請法との適用関係等の考え方（令和6年5月31日公正取引委員会）	執行ガイドライン
内閣官房・公正取引委員会・中小企業庁・厚生労働省「フリーランスとして安心して働ける環境を整備するためのガイドライン」令和3年3月26日（改定：令和6年10月18日）	フリーランスガイドライン
「特定受託事業者に係る取引の適正化等に関する法律施行令（案）」等に対する意見の概要及びそれに対する考え方（令和6年5月31日）	政省令等パブコメ
特定受託事業者に係る取引の適正化等に関する法律（フリーランス・事業者間取引適正化等法）Q&A（令和6年12月18日時点）	Q&A
内閣官房新しい資本主義実現本部事務局「説明資料　特定受託事業者に係る取引の適正化等に関する法律案」（令和5年1月） ※特定受託事業者に係る取引の適正化等に関する法律案に関して内閣官房新しい資本主義実現本部事務局から内閣法制局に提出された逐条説明文書。内閣官房に対して行政文書の開示請求を行うことによって開示を得たもの。	法案説明資料
内閣官房新しい資本主義実現本部事務局・公正取引委員会・中小企業庁・厚生労働省「特定受託事業者に係る取引の適正化等に関する法律（フリーランス・事業者間取引適正化等法）【令和6年11月1日施行】説明資料」（令和6年12月）	令和6年12月版説明資料
特定受託事業者に係る取引の適正化等に関する法律（フリーランス・事業者間取引適正化等法）パンフレット「ここからはじめるフリーランス・事業者間取引適正化等法」	フリーランスパンフレット
公正取引委員会事務総局経済取引局取引部取引企画課フリーランス取引適正化室・厚生労働省雇用環境・均等局総務課雇用環境政策室『フリーランス・事業者間取引適正化等法』（2024年・商事法務）	当局解説書
私的独占の禁止及び公正取引の確保に関する法律（昭和22年法律第54号）	独占禁止法
下請代金支払遅延等防止法（昭和31年法律第120号）	下請法
下請取引適正化推進講習会テキスト（令和6年11月）	下請講習会テキスト
事業主が職場における性的な言動に起因する問題に関して雇用管理上講ずべき措置等についての指針（平成18年厚生労働省告示615号）	セクハラ防止指針
事業主が職場における妊娠、出産等に関する言動に起因する問題に関して雇用管理上講ずべき措置等についての指針（平成28年厚生労働省告示第312号）	マタハラ防止指針
事業主が職場における優越的な関係を背景とした言動に起因する問題に関して雇用管理上講ずべき措置等についての指針（令和2年厚生労働省告示第5号）	パワハラ防止指針
育児休業、介護休業等育児又は家族介護を行う労働者の福祉に関する法律（平成3年法律第76号）	育児介護休業法
労働施策の総合的な推進並びに労働者の雇用の安定及び職業生活の充実等に関する法律（昭和41年法律第132号）	労働施策総合推進法
雇用の分野における男女の均等な機会及び待遇の確保等に関する法律（昭和47年法律第113号）	男女雇用機会均等法
不当景品類及び不当表示防止法（昭和37年法律第134号）	景品表示法

第1編

フリーランス法について

第1章

フリーランス法の成立経緯

第1　フリーランスの置かれた立場（立法の背景等）

　近年、働き方の多様化が進展し、いわゆるフリーランスという働き方（雇用関係によらない働き方）が普及しています。

　特定の組織に属さず自由に仕事をして収入を得る者（フリーランス法においては、後記第3編第1章第1のとおり保護の対象を「特定受託事業者」又は「特定受託業務従事者」と定義しています）については、従来は、個人事業主として主に下請法をはじめとした中小企業立法による支援対象とはされてきたものの、特にその取引状況や就業状況について政策的に注目されることはありませんでした。

　しかし、近年はデジタル社会の進展に伴い新たにプラットフォームから飲食物の配達を受託する配達員・ギグワーカーや、いわゆるクラウドソーシングにより業務を請け負うクラウドワーカー等の就業形態を取る者も現れています。また、組織に所属しないながらも、特定の取引先に依存し、その経済的実質において雇用類似の働き方により生計を立てる者も現れています。

　また、企業においても固定費の削減等を目的として外部への業務委託を拡大させており、その中には経営状態の悪化等の企業都合により、社員がやむを得ず労働契約から業務委託契約に変更されることに合意してフリーランスになる場合もあります。

　これらの動きにより、フリーランスを始めとした雇用関係によらない働き手については、その数が増加傾向にあり、その裾野は今後も拡大していくことが見込まれます[1]。

　こうした雇用関係によらない働き手については、基本的に労働法による保護の対象にはならない（なりづらい）という特徴があります。しか

---

[1]　以上について、法案説明資料。

し、一人の個人として業務委託を受けるフリーランスと、組織たる発注事業者との間には、交渉力や情報収集力の格差が生じやすいということがいえます。例えば、①従業員がいない受注事業者は時間等の制約から事業規模が小さく特定の発注事業者に依存することとなりやすい、②発注事業者の指定に沿った業務の完了まで報酬が支払われないことが多い、といった事情があり、発注事業者が報酬額などをはじめとする取引条件を、主導的立場で決定しやすくなる等のことが起こり得ます。

こうしたことから、「個人」たる受注事業者は「組織」たる発注事業者から業務委託を受ける場合において、取引上、弱い立場に置かれやすい特性があり、このことを背景として、フリーランスとの取引では様々なトラブルが生じていたという実態があります。

実際に、フリーランス実態調査（令和3年内閣官房ほか）では、フリーランスの約4割が報酬不払い、支払遅延などのトラブルを経験していたことや、フリーランスの約4割が記載の不十分な発注書しか受け取っていないか、そもそも発注書を受領していないという状況も明らかとなりました。また、*後記第3編第4章第1の2*の*フリーランス・トラブル110番*では、報酬の支払に関する相談が多く寄せられているほか、ハラスメントなど就業環境に関する相談も寄せられているという状況がありました[2]。

このような状況が、フリーランス法を制定する背景となりました。

2　以上について、令和6年12月版説明資料。

第2 フリーランス法制定までの経緯

　フリーランスに何らかの法的保護を与えることについては、近年になって検討が開始されたところです。2017年3月28日に決定された「働き方改革実行計画」においては、「雇用類似の働き方……の実態を把握し、政府は有識者会議を設置し法的保護の必要性を中長期的課題として検討する」等とされました。もっともこの時点では、労使間を規律する労働法の適用範囲を拡大するのか、事業者間を規律する独占禁止法または下請法の適用範囲を拡大するのか、あるいは既存の法規制の適用範囲を明確化するのか等を含め「法的保護」の方向性は定まっていませんでした。

　もっとも、その後、検討が具体化していき2024年11月1日に、フリーランス法及び関係する政省令等が施行されるに至った次第です。その経緯の概要は以下のとおりです。

本法律施行までの経緯	
年月	主な経緯
2020. 7	「成長戦略実行計画」閣議決定 ・政府として一体的に、フリーランスの保護ルールの整備（「実効性のあるガイドラインの策定」「立法的対応の検討」等）を行う
2020. 11	厚労省・中企庁・公取委、フリーランス・トラブル110番を設置
2021. 3	「フリーランスとして安心して働ける環境を整備するためのガイドライン」を策定
2021. 6	「成長戦略実行計画」閣議決定 ・フリーランスとして安心して働ける環境を整備するため、事業者とフリーランスの取引について、書面での契約のルール化など、法制面の措置を検討
2021. 11	「緊急提言～未来を切り拓く「新しい資本主義」とその起動に向けて～」 ・フリーランス保護のための新法を早期に国会に提出する
2022. 6	「新しい資本主義のグランドデザイン及び実行計画」閣議決定 ・取引適正化のための法制度について検討し、早期に国会に提出する
2022. 9	「フリーランスに係る取引適正化のための法制度の方向性」に関する意見募集
2023. 2	「特定受託事業者に係る取引の適正化等に関する法律案」閣議決定、国会提出
2023. 4	同法案の国会審議　可決　成立
2023. 5	同法の公布（令和5年法律第25号）
2024. 5	政省令等の公布
2024. 11	本法律の施行

（出典：令和6年12月版説明資料を一部加工）

第2章

フリーランス法の概要と他の法律との適用関係

第1　フリーランス法の概要・性格等

1　フリーランス法の概要

フリーランス法の概要は、以下のとおりです。

趣旨

我が国における働き方の多様化の進展に鑑み、個人が事業者として受託した業務に安定的に従事することができる環境を整備するため、特定受託事業者に係る取引の適正化及び特定受託業務従事者の就業環境の整備を図り、もって国民経済の健全な発展に寄与することを目的として、特定受託事業者に業務委託をする事業者について、特定受託事業者の給付の内容その他の事項の明示を義務付ける等の措置を講ずる。

概要

1．対象となる当事者・取引の定義
（1）「特定受託事業者」とは、業務委託の相手方である事業者であって従業員を使用しないものをいう。[第2条第1項]
（2）「特定受託業務従事者」とは、特定受託事業者である個人及び特定受託事業者である法人の代表者をいう。[第2条第2項]
（3）「業務委託」とは、事業者がその事業のために他の事業者に物品の製造、情報成果物の作成又は役務の提供を委託することをいう。[第2条第3項]
（4）「特定業務委託事業者」とは、特定受託事業者に業務委託をする事業者であって、従業員を使用するものをいう。[第2条第6項]
　※「従業員」には、短時間・短期間等の一時的に雇用される者は含まない。

2．特定受託事業者に係る取引の適正化
特定業務委託事業者は、
（1）特定受託事業者に対し業務委託をした場合は、特定受託事業者の給付の内容、報酬の額等を書面又は電磁的方法により明示しなければならないものとする。[第3条]
　※従業員を使用していない事業者が特定受託事業者に対し業務委託を行うときについても同様とする。
（2）特定受託事業者の給付を受領した日から60日以内の報酬支払期日を設定し、支払わなければならないものとする。（再委託の場合には、発注元から支払いを受ける期日から30日以内）[第4条]
（3）特定受託事業者との業務委託（1か月以上のもの）に関し、①〜⑤の行為をしてはならないものとし、⑥・⑦の行為において特定受託事業者の利益を不当に害してはならないものとする。[第5条]
　①特定受託事業者の責めに帰すべき事由なく受領を拒否すること
　②特定受託事業者の責めに帰すべき事由なく報酬を減額すること
　③特定受託事業者の責めに帰すべき事由なく返品を行うこと
　④通常相場に比べ著しく低い報酬の額を不当に定めること
　⑤正当な理由なく自己の指定する物の購入・役務の利用を強制すること
　⑥自己のために金銭、役務その他の経済上の利益を提供させること
　⑦特定受託事業者の責めに帰すべき事由なく内容を変更させ、又はやり直させること

3．特定受託業務従事者の就業環境の整備
特定業務委託事業者は、
（1）広告等により募集情報を提供するときは、虚偽の表示等をしてはならず、正確で最新の内容に保たなければならないものとする。[第12条]
（2）特定受託事業者が育児介護等と両立して業務委託（6か月以上のもの）に係る業務を行えるよう、申出に応じて必要な配慮をしなければならないものとする。[第13条]
（3）特定受託事業者に対するハラスメント行為に係る相談対応等必要な体制整備等の措置を講じなければならないものとする。[第14条]
（4）業務委託（6か月以上のもの）を中途解除する場合等は、原則として、中途解除日等の30日前までに特定受託事業者に対し予告しなければならないものとする。[第16条]

4．違反した場合等の対応
公正取引委員会、中小企業庁長官又は厚生労働大臣は、特定業務委託事業者に対し、違反行為について助言、指導、報告徴収・立入検査、勧告、公表、命令をすることができるものとする。[第8条、第9条、第11条、第18〜20条、第22条]
　※命令違反及び検査拒否等に対し、50万円以下の罰金に処する。法人両罰規定あり。[第24条、第25条]

5．国が行う相談対応等の取組
国は、特定受託事業者に係る取引の適正化及び特定受託業務従事者の就業環境の整備に資するよう、相談対応などの必要な体制の整備等の措置を講ずるものとする。[第21条]

（出典：令和6年12月版説明資料を一部加工）

　フリーランス法により発注事業者に課せられる規律は、以下の7つに整理できます。

---

① 書面等による取引条件の明示（3条）

② 報酬支払期日の設定・期日内の支払（4条）

③ 7つの禁止行為（5条）

④ 募集情報の的確な表示（12条）

⑤ 妊娠、出産若しくは育児又は介護に対する配慮（13条）

⑥ 業務委託に関して行われる言動に起因する問題に関して講ずべき措置等（ハラスメント対策に係る体制整備）（14条）

---

⑦　中途解除等の事前予告・理由開示（16条）

　フリーランス法は、受託者がフリーランスである取引の適正化と、当該取引の下で現に業務を行う個人の就業環境の整備を図ることを目的としており、上記のうち、①～③は「特定受託事業者に係る取引の適正化」の章で定められており、独占禁止法・下請法に由来する規律となっています。他方で、④～⑦は「特定受託業務従事者の就業環境の整備」の章で定められており、労働法に由来する規律となっています。7つの規律は、この2つに分類されます。このように、フリーランス法は独占禁止法・下請法と労働法の両面の規律を併せ持つものであること、またその執行についても、規律に応じて公正取引委員会または中小企業庁か、厚生労働省のいずれかが担うものとされている点に特徴があります。

　これらの規律は、発注者側に従業員等がいるか否かや業務委託の期間がどれくらいの長さであるかによって、規律ごとに適用の有無が異なります。詳細はそれぞれの規律の解説箇所で述べますが、概要は以下のとおりです。

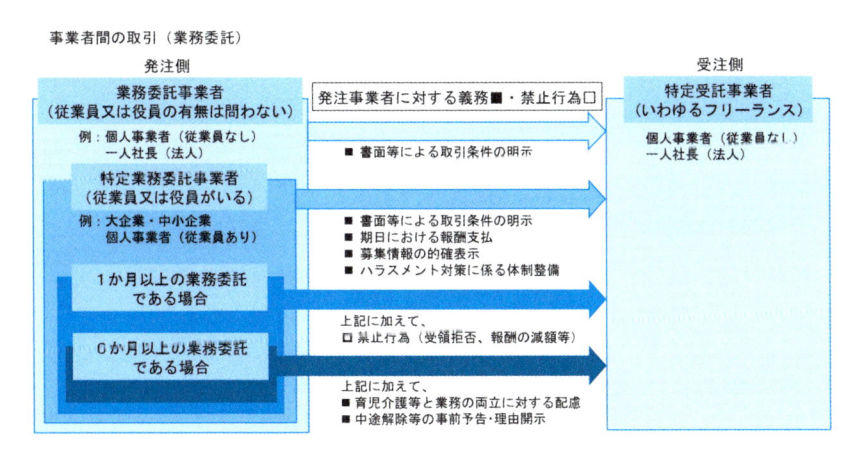

（出典：令和6年12月版説明資料）

2　フリーランス法の性格

　フリーランス法は、組織でなく個人で事業を行う事業者、いわゆるフリーランスに係る取引についての規律という側面を捉えれば取引法と位置付けられますが、フリーランスの人的要素に着目して構造的な弱者であるという点を捉えれば労働法的な側面を有する法律といえます。

　この点、労働法的な保護を及ぼすとすれば、保護内容にもよりますが「使用者」的な立場に立つ発注事業者側に様々な規制を行うこととなり、本来であればフリーランスの属性等に着目し、類型化した上で、個別に保護内容を措置する必要があります[1]。

　もっとも、フリーランスは多様で柔軟な働き方であるところ、画一的な保護はかえってその意義を損ないかねません。また、労働法的な保護を必要としない者や求めない者も存在すると考えられ、その要因として、フリーランスそれぞれの技能の専門性・熟練度も影響すると考えられます。そのため、フリーランスの業種等の主体に着目した区別は困難を伴います。

　そこで、フリーランス法はフリーランスを「労働者」的な立場ではなく、個人で事業を行う事業者として捉えつつ、他方で発注事業者との関係では構造的に弱い立場に置かれがちであることを踏まえ、職種や業務の種類にかかわらず共通の取引上の課題に対応するべく「広く薄い」規律を設けています。これによって最低限の取引環境を整備することに、フリーランス法の本質があるといえるでしょう。フリーランス法は、上記取引の適正化を図る目的に加え、発注事業者側の遵守事項や禁止事項を定めるという規制手段において下請法と似ており、基本的な考え方と

1　家内労働法のように、労働基準法における労働者の定義に該当せず労働基準法等による保護を受けることができない者を個別に定義し、労働関係法令における保護に準じた保護を及ぼしている例もあります。同法は、家内労働者を物品の製造、加工等若しくは販売又はこれらの請負を業とする者であって、厚生労働省令で定めるものから、主として労働の対償を得るために、その業務の目的物たる物品について委託を受けて、物品の製造又は加工等に従事する者であって、その業務について同居の親族以外の者を使用しないことを常態とするものとし、規制対象取引をいわゆる内職に限定した上で、その実情に応じて、家内労働手帳の交付、就業時間、最低工賃等、就業時間、賃金等、労務一般を広く規律し保護しています。

して、一方当事者の優越的な立場から生じる取引上の課題を是正し適正化を図る点でも共通しています。

　また、フリーランスに関わる取引上の課題の中で、ハラスメントなどの問題については、取引上の力関係に起因して生じる優劣関係から発生しており、フリーランス自身で解決できない問題という点で他のトラブル類型と発生原因は異なりません。このような行為が取引そのものを歪めたり、フリーランスが取引市場から撤退する原因となることからも、その対策はフリーランスが安心して自由に取引できるようにするためのものであり、取引の基盤を整備する重要な要素といえます。

　このようにフリーランス法は、取引の適正化を図るための取引法としての性格が顕著であり、法律の題名としても「取引の適正化等に関する法律」が適切と考えられたようです。なお、厚生労働省も、フリーランス法の一部を分担して所管することとされています。これは、厚生労働省が、「労働者の働く環境の整備」を任務とし、働く者の就業環境の整備を所管しており、ハラスメントなどの課題について、フリーランスの就業環境の整備と同時に、フリーランスとの取引に関する内在的な問題に対応し、取引基盤を整備するためです[2]。

2　以上について、法案説明資料。

第2 フリーランス法と他の法律との適用関係

1 概要

　フリーランス法は、独占禁止法・下請法や、労働法と、適用領域に重なるところがあります。以下、各法との関係について説明します。

【フリーランスの取引と適用法律】

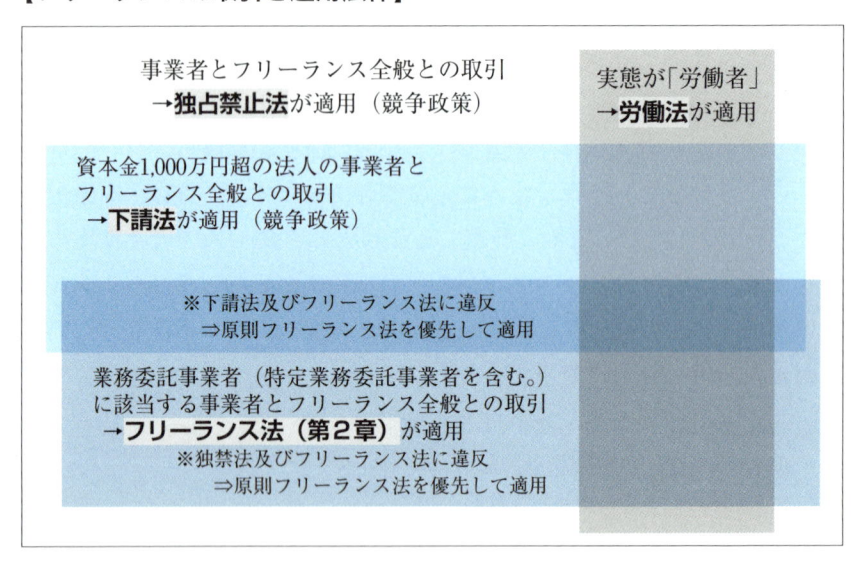

（出典：フリーランスガイドライン　図1を一部加工）

2 フリーランス法と労働法との関係

　フリーランス法の保護の対象になる「特定受託事業者」は「業務委託の相手方である事業者」です（法2条1項）。したがって、発注事業者との関係で、受注事業者が労働基準法等における「労働者」（労基法9条）と認められる場合は「特定受託事業者」には該当しません。この場合、当該発注事業者との関係では、労働基準法等の個別的労働関係法令が適

用されフリーランス法は適用されません[3]。

　形式的には雇用契約を締結せず、請負契約や準委任契約などの契約で仕事をする場合であっても、契約の形式や名称にかかわらず、個々の働き方の実態に基づいて各法令における「労働者」に該当するかどうかが判断されることになります。

　なお、労働組合法における「労働者」（労組法3条）は、労働基準法等における「労働者」とは判断基準が異なるため、発注事業者との関係で受注事業者がフリーランス法の「特定受託事業者」に該当する者であっても、同時に労働組合法における「労働者」と認められる場合があります。この場合、当該発注事業者との関係ではフリーランス法が適用されつつ、団体交渉等について同法による保護を受けることもできます[4]。

　「労働者」の判断基準等については、*後記第3編第1章第3の1(6)ア*も参照してください。

3　フリーランス法と独占禁止法との関係

　事業者とフリーランス全般との取引には、独占禁止法の適用があります。フリーランス法施行前から、優越的地位の濫用規制によりフリーランスとの取引の適正化を図ることも行われていました[5]。

　もっとも、独占禁止法に基づく優越的地位の濫用規制の目的は、競争秩序の維持という公益にありますが、フリーランスに係る取引を巡る課題について、その全てを競争秩序の維持を目的として規律できるかは必ずしも明らかではありません。また、独占禁止法の執行に当たっては、優越的地位の有無等の要素を個別に認定する必要があるところ、経済的基盤が脆弱なフリーランスは問題解決に時間を要すれば回復不可能な状

3　Q&A5。
4　飲食物の配達サービスにおける配達業務を受託していた配達員が、労働組合法上の労働者と判断された東京都労働委員会命令令和4年11月25日（Uber Japanほか1社事件）参照。問題とされた事実関係を踏まえると、当該配達員は労働基準法上の労働者性までも認めることは難しく、フリーランス法の適用対象になり得た（フリーランス法施行前の事案ですが、労働組合法に加えてフリーランス法も適用され得た）と思われます。
5　フリーランスガイドライン。

態に陥ることとなります。また、約462万人いるとされるフリーランスについて個別に対応することは公正取引委員会の組織体制上も現実的ではないのではないかとの懸念がありました。更に、フリーランスに発注する事業者には小規模事業者も多く、優越的地位の考慮要素の一つである市場における地位が高いとの点を満たさない場合も考えられます。こうしたことから、独占禁止法により適切な対応を期すことは困難であると考えられ、フリーランス法が制定される背景の一つともなりました[6]。

　フリーランス法施行後も、事業者とフリーランスとの取引に独占禁止法が適用されることに変わりはありませんが、フリーランス法と独占禁止法のどちらにも違反する行為については、原則としてフリーランス法が優先して適用されます。すなわち、フリーランス法8条に基づく勧告の対象となった行為と同じ行為に対しては、独占禁止法20条の規定（排除措置命令）や同法20条の6の規定（課徴金納付命令）が適用されることはありません**（執行ガイドライン2）**。

4　フリーランス法と下請法との関係

　下請法は、独占禁止法に基づく優越的地位の濫用の個別認定に時間を要するため下請事業者の救済に実効性を欠くことなどから設けられたもので、独占禁止法を補完するものといわれています。フリーランス法施行前においても、下請法の適用のあるフリーランスとの取引においては、下請法による解決も試みられています[7]。

　もっとも、フリーランスとの取引では、発注事業者が小規模な事業者という場合も多く、下請法の資本金要件を前提にすると適用範囲が狭まります。また、下請取引以外の取引であってもフリーランスに何らかの業務を委託する場合には共通して生じる問題について、下請取引以外の取引も規律の対象とする必要があると考えられました。そこで、下請法の改正・拡充による対処も考えられましたが、規制対象事業者・規制対

6　以上について、法案説明資料。
7　フリーランスガイドライン。

象取引の異なる2種類の規制体系を一つの法律にまとめると規制の目的が不明瞭となるため、下請法とは別法として新たにフリーランス法として制定するのが合理的と考えられたようです[8]。

　フリーランス法施行後も、事業者とフリーランスとの取引について、下請法の適用要件を満たす限りは両法が適用されることになりますので、発注事業者としては引き続き下請法の適用の有無には十分注意し、下請法の規制を遵守することが必要です。

　フリーランス法と下請法のどちらにも違反する行為については、原則としてこの法律が優先して適用されます。すなわち、フリーランス法8条に基づく勧告の対象となった行為については、重ねて下請法7条に基づいて勧告されることはありません。

　ただし、フリーランス法と下請法のどちらにも違反する行為を行っている事業者が、下請法のみに違反する行為も行っている場合で、その事業者のこれらの行為全体について下請法を適用することが適当だと公正取引委員会が考えるときは、フリーランス法と下請法のどちらにも違反する行為についても下請法7条に基づいて勧告されることがあります（執行ガイドライン3）。

8　以上について、法案説明資料。

第2編

発注者において必要となる社内対応等

第1 はじめに

　前述のとおり、フリーランス法に基づき発注者に課せられる規律は、以下の7つです。

---

① 書面等による取引条件の明示（3条）

② 報酬支払期日の設定・期日内の支払（4条）

③ 7つの禁止行為（5条）

④ 募集情報の的確な表示（12条）

⑤ 妊娠、出産若しくは育児又は介護に対する配慮（13条）

⑥ 業務委託に関して行われる言動に起因する問題に関して講ずべき措置等（ハラスメント対策に係る体制整備）（14条）

⑦ 中途解除等の事前予告・理由開示（16条）

　これに応じて、発注者の内部では、対応体制の構築や社内ひな型の改定等、様々な対応が必要になるでしょう。

　以下、必要となり得る対応の概要を説明します。各規律の詳細等については各規律（各条）の解説内容も参照してください。

第2　委託先がフリーランスであるか等の確認体制の構築

1 「業務委託」該当性の確認

　発注者としては、既存又は新規の業務委託契約が、フリーランス法の適用対象になるかどうかを確認・整理しておく必要があります[1]。

　この点、フリーランス法の対象となる「業務委託」は「物品の製造（加工を含みます）又は情報成果物の作成を委託すること」又は「役務の提供を委託すること（他の事業者をして自らに役務の提供をさせることを含みます）」と範囲の広い表現になっており（法2条3項）、下請法の対象となる委託取引（下請法2条1～4項）より広範になっています。単なる売買や賃貸借ではなく、民法上の委任（準委任）や請負契約などであれば、「業務委託」に該当するものとしておよそ対象になると考えておく方がよいでしょう。また、売買契約との名目であっても、例えばラベルの貼付や社名の印刷など自社向けの委託を少しでも伴うものは「業務委託」に分類される可能性がある点に注意が必要です。

　建設業の一人親方、フードデリバリーサービスにおける配送員、弁護士等の士業、アフィリエイター、作曲者・編曲者・演奏者、歌手、俳優への委託等、現場感覚としてフリーランスへの委託という意識が希薄だったものもあるかもしれませんが、これらもフリーランス法の適用がある「業務委託」に該当する可能性があります。注意しましょう。

2 「フリーランス」該当性の確認

　「業務委託」の相手がフリーランス（「特定受託事業者」）、すなわち「個

1　もちろん、自身が「特定業務委託事業者」に当たり得るか、すなわち「個人であって従業員を使用するもの」か、「法人であって、二以上の役員があり、又は従業員を使用するもの」であるかも確認しておく必要がありますが（法2条6項）、その点について確認体制等は不要でしょう。

人であって、従業員を使用しないもの」又は「法人であって、一の代表者以外に他の役員がなく、かつ、従業員を使用しないもの」のいずれかに該当しないかを確認・整理しておく必要もあります。

この点、特に従業員の有無は外形的に判断することが困難です。その確認の方法については「受注事業者の『従業員』の有無の確認は、口頭によることも可能ですが、発注事業者や受注事業者にとって過度な負担とならず、かつ、トラブル防止の観点から、記録が残る方法で確認することが望まれます。例えば、電子メール（クラウドメールサービスを含みます。）やSNSのメッセージ機能等を用いて受注事業者に確認する方法などが考えられます」とされています[2]。

相手が個人であれば、相手からの電子メール等での回答を含め記録に残る形で確認するという方法が考えられます。

相手が法人であれば、従業員に加えて役員の有無も上記同様に電子メール等で確認し、更に法人登記等を取得又は提出させることで、役員の有無を重ねて確認することも考えられるでしょう。

3 「業務委託」及び「フリーランス」該当性の確認の体制

下請法の対象取引となるかを確認・整理する仕組みを既に有している発注者であれば、その中に前述のような「業務委託」及び「フリーランス」該当性を確認するフローを追加することも考えられます。また、管理のために取引先登録を行っている（取引先自らに記入させる場合もあります）発注者であれば、名称や所在地等とともに、個人・法人の別や従業員・役員の有無を登録等することとしてもよいでしょう。

2　Q&A7。

第3 3条通知への対応

1 3条通知のひな型・書式の作成等

フリーランス法では、フリーランスへの業務委託をした場合に直ちに取引条件等一定事項を明示することが必要です（**3条通知**）。

3条通知において記載が必要な事項はやや数が多く、また書き方にルールもありますので、取引の都度、一から考えて作っていたのでは手間となりミスも生じます。そこで、あらかじめ3条通知の記載事項を網羅した発注書・契約書等のひな型を用意しておくことが適切です。

*後記第3編第2章第2の4(1)*のとおり、3条通知は下請法の3条書面とほぼ同様の事項を記載することが求められます。これまで下請法上の親事業者として3条書面を交付してきた事業者は、フリーランスとの取引のうち、下請法が適用される取引はもちろん、そうでない取引（フリーランス法のみが適用される取引）も下請法3条書面と同様の事項を記載した書面を交付することでも、基本的にフリーランス法上問題とはなりません（報酬支払にデジタル払いを利用する場合の記載事項はフリーランス法特有の事項として注意が必要です。また、知的財産権の扱いや業務に必要な費用をどちらが負担するかを明確にすべきことは下請法3条書面でも異ならないものの、フリーランス法の解釈ガイドライン等では特にこれらが強調されていますので、確認しておくとよいでしょう）。

準備の負担が大きいと思われるのは、これまで下請法上の親事業者に当たらない（例えば資本金額が1,000万円以下）等により、下請法への対応を行ったことのない企業や個人の発注者です。*後記第3編第2章第2の4(2)以下*の各記載例や下請法3条書面の記載例[3]も参考にしつつ、3条通知の交付を実務に定着させることが必要です。

なお、例えば育児介護等に対する配慮の申出の窓口や、ハラスメント

3　下請講習会テキスト96頁「下請代金支払遅延等防止法第3条に規定する書面に係る参考例」参照。

の相談窓口等のようにフリーランスへの周知が必要とされている事項があります。これらについては、3条通知に記載が必要な事項として法定されているわけではありませんが、後述のとおり3条通知に記載することで周知を行ったこととなりますので簡便な周知方法といえます。3条通知と同じ発注書（ひな型）を、フリーランス法の適用のない事業者に対しても利用する発注者においては、上記の窓口等の記載は不要となりますが、例えばひな型上に「※フリーランスへの発注の場合にはこの記載を設けてください」といった社内向けの記載を設けることで、フリーランス法の適用がある場合にもない場合にも同じひな型を使えるようになるでしょう。

　また、解除・不更新の条項等に関連したひな型の見直しについては、*後記第9の2*も参照してください。

2　記載ミスが多い箇所への注意

　具体的な記載のルールについては*後記第3編第2章第2の4(2)以下*のとおりですが、下請法の実務も踏まえると比較的多く見られるミスは以下のような点です。これらのミスが生じないよう、ひな型や書式にも注記しておくとよいでしょう。

> ・支払期日の書き方の誤り（「○月○日まで」「納品後○日以内」など、具体的な日が特定できない書き方）
> ・未定事項がある場合に、当初の明示で、未定事項の内容が定められない理由及び内容を定めることとなる予定期日の記載漏れ
> ・未定事項がある場合に、補充の明示で、当初の明示との関連性の記載漏れ
> ・共通事項の明示をする場合に、有効期間の記載漏れ
> ・共通事項の明示をする場合、個別の3条通知で、共通事項に記載した事項との関連性の記載漏れ
> ・知的財産権の譲渡・許諾の範囲の記載漏れ

3 電磁的方法により3条通知を行う場合の対応

　フリーランス法においては、3条通知を電磁的方法（電子メール、SNSのメッセージ機能等）で行うことも可能です[4]。電磁的方法による場合は、通知した内容の保存の仕方や、書面交付請求が来た場合の対応マニュアルも策定しておくとよいでしょう。

　また、SNSのメッセージ機能の中には、一定期間以前の古いメッセージが閲覧できなくなったり、後から内容を削除・編集する機能がついているものなどもありますので、発注者・フリーランスは、念のため通知された内容についてはスクリーンショットを行うなど、証拠として保存しておくとよいでしょう。

　更に、SNSのサービス終了によって通知した内容が確認できなくなり、フリーランスから書面の交付を請求された場合は、発注者はこれに応ずる必要があります。

　以上のようなSNSのメッセージ機能を用いた3条通知に関する注意点等も、マニュアルに盛り込んでおくとよいでしょう。

4 3条通知に記載されない事項の確認

　3条通知の記載事項とはされていないものの、把握していない場合に不都合が生じる可能性のある情報として、発注者・受注者の正式な名称や住所・所在地の情報があります。すなわち、フリーランスへの業務委託の実務では、手軽で便利なSNSのメッセージ機能等を使って受発注が行われることも多くあります。

　しかし、いざトラブルが発生した際には、アカウントの削除、メッセージの閲覧期限切れ等の事情により、取引相手と連絡がとれなくなって正式名称[5]

4　フリーランスとの取引実務上、契約条件をやり取りする際に電磁的方法も多く用いられており、SNSのメッセージ機能を用いて契約条件をやり取りするケースも頻繁です。なお、SNSのメッセージ機能により3条通知を行う場合、送信者が受信者を特定して送信できるものに限られており、典型的な例としては1対1の個別メッセージ機能を用いて通知することが考えられます。
5　発注者・フリーランスの名称等は3条通知に記載が必要ですが、ニックネームなどでも可とされているため、正式名称がわからないこともある点に注意が必要です。

や住所等もわからなくなることがあり、損害賠償請求等をしようにも実際上困難なことがあります。こうした事態に備え、取引相手の正式な名称や、住所・所在地程度については、事前に相互に確認しておくことも考えられます。

　また、フリーランスとの取引実務では、中途解約をするときの手順や、解約に伴う違約金・損害賠償金[6]をめぐる相談・トラブルも多くみられます。これらも3条通知の記載事項ではないものの、必要に応じ業務委託の時点から双方が意識しておき、契約書等をよく確認しておくことが重要です。

5　委託内容はできる限り明確に記載

　3条通知に委託内容を明確に記載していなかったり、検査基準が明確でない場合、発注者は、フリーランスの給付（成果物）が委託内容と適合していない（フリーランスの責めに帰すべき事由がある）とは言えないこととなり、結果として、成果物の受領を拒む、返品する、報酬を減額するといった対応ができなくなります。したがって、発注者の視点からも3条通知に委託内容をできるだけ明確に記載することは重要です。

　もちろん、情報成果物の作成委託など、事前に合格条件を明確に3条通知に記載できないケースもあります。このようなケースでフリーランスにやり直し等を求める場合、経緯等を踏まえ費用負担について十分に協議し、合理的な費用の負担割合を決定することが必要です。

6　罰金や違約金等については、公正取引委員会「特定受託事業者に係る取引の適正化に関する検討会」において、報酬から控除される可能性があり3条通知による明示が必要との意見もありましたが、そもそも違約金等を定めること自体が取引適正化の観点から疑問であり、これらを明示事項として義務付けると、フリーランスに係る取引では違約金等に関する取り決めをすることが通常であるとの誤ったシグナルを送ることになりかねないこと、発注者側の立場にもなり得るフリーランスにも明示事項の明示を新たに義務付けるものであり、そのようなフリーランスに対して発注時に過大な負担をかけることにもなりかねないと考えられ、3条通知の記載事項とされませんでした（「特定受託事業者に係る取引の適正化に関する検討会　報告書」5頁）。

第4 支払期日のルールへの対応

1 支払期日の見直し

　フリーランス法が適用される取引先については、支払期日のルール（後記第3編第2章第3）が適用されるため、支払期日の見直しが必要です（特にこれまで下請法の適用がなかった場合には要注意です）。

　特に注意したいのが、実務上頻繁に用いられる、月単位の締切制度です。月単位の締切制度を採用した場合でも、それぞれの給付の日から60日以内に支払うことが必要になりますので、例えば「毎月末日締め」の場合は「翌月末日払い」が限度となります（「毎月末日締め翌々月○日払い」は不可）。役務提供委託の場合はこれに対する例外が認められていますが、そのための要件を満たしているかも改めて確認しましょう（後記第3編第2章第3の3(4)イ）。

2 支払期日の起算日に関する誤解への注意

　下請法の実務上は、支払期日の起算日等に関する以下のような誤解もみられるところです。フリーランス法においても注意が必要であり、マニュアルや社内研修等で注意喚起するとよいでしょう。

（1）検査完了日を起算日としてしまう

　検査が完了しない以上、受領したことにはならないと誤解しているケースがあります（契約書等で、検査完了時をもって引渡しや所有権移転が生ずると定めている場合が多いことも影響していると考えられます）。

　しかし、フリーランス法の支払期日は、検査を実施したかどうかに関係なく、受領した日から起算します。

（2）請求書が届いた日を起算日と関連付ける

　実務上「請求書が届いた翌月末に支払っている」、「請求書が届かなかったので支払を遅らせている」等の取扱いをしているケースも見受けられますが、請求書が届いたかどうかは支払期日の起算日とは関係がありません。

　むしろ、下請法上は、請求書の提出が遅れている場合には速やかに提出するよう督促して、支払遅延とならないように代金を支払う必要があると解されています[7]。フリーランス法においても、発注者は請求書が提出されないからといって支払を遅らせることなく、積極的に対応しましょう。

3　再委託の例外の活用

　実務上、取引先（元委託者）からの入金がないことを理由としてフリーランスに対する支払を遅らせているという発注者も散見されます。

　しかし、取引先からの入金がないという理由で支払を遅らせることはできず、フリーランス法4条5項への違反となります。

　取引先（元委託者）からの入金がないと、資金繰り上、再委託先となるフリーランスへの支払が難しくなるような場合は、*再委託の例外（後記第3編第2章第3の4）* を活用することを検討するとよいでしょう。この場合、元委託者から前払金の支払があった場合はフリーランスへの適切な配慮をすることも必要になりますので *（後記第3編第2章第3の6(4)）*、この点も含めて社内のマニュアルを見直しましょう。

7　下請講習会テキストQ57（47頁）。

第5 禁止行為への対応

1 1か月以上の期間行う業務委託

　発注者の7つの禁止行為は、1か月以上の期間行う業務委託にしか適用されません。もっとも、*後記第3編第2章第4の2(1)*のとおり、発注者がフリーランスに業務委託を行ってから1か月以上の期間を現に経過した業務委託のみならず、1か月以上の期間行うことを予定している業務委託や、契約の更新により通算して1か月以上の期間継続して行うこととなる予定の業務委託も本条の対象となることから、実際はかなり多くの業務委託が禁止行為規制の適用を受けることになると考えられます。

　また、仮に業務委託期間等の関係でフリーランス法が適用されないとしても、独占禁止法上の優越的地位の濫用の適用可能性は残ります（対象となる行為も多くのものが共通しています）。

　そこで、実務上の対応としては、フリーランスへの業務委託については、期間の長短は問わずいずれにしても禁止行為を行わないよう対策しておくのが適当ではないかと考えられます。

2 従前からの取引慣行の見直し

　フリーランスに対する業務委託取引のうち、これまでも下請法が適用されていたものについては、引き続き下請法の遵守に取り組むことで、フリーランス法についても基本的に遵守は可能と考えられます。

　一方、下請法上の親事業者でない発注者や、下請構造にない自家利用役務である等のため、これまでは下請法の適用がないとして整理していたフリーランスへの委託取引については、フリーランス法が適用されることに伴って取引慣行を見直す必要があります。禁止行為に関するマニュアルが用意されていなければ、早めに策定し周知（研修）することも必要です。

フリーランスとの取引では例えば以下のような行為も散見されますが、禁止行為との関係で問題となる可能性もありますので、特に注意するとよいでしょう。

【減額】

・フリーランスとの事前の同意なく報酬から振込手数料を差し引いている

・物流費、○○協力費、○○フィーなどの名目で事後的に報酬から一定額を差し引いている

【買いたたき】

・報酬について発注者から一方的に指定し協議を行っていない

・長期間報酬についての協議や見直しをしていない

【不当な経済上の利益の提供要請】

・成果物の知的財産権を発注者が取得しているが対価を支払っていない

・事実上の労務提供（納品時の陳列作業、販売活動の応援等）を依頼しているが対価を支払っていない

・自社のシステム利用料の支払を求めている

・試作品の製造を要請しているが対価を支払っていない

【不当なやり直し】

・納品物について、フリーランスの落ち度もないのに、作業のやり直し等を依頼して、費用を負担しない

---

3 フリーランスの了解や合意があっても違反となり得ることの社内周知等

フリーランス法で定められた禁止行為の中には、フリーランスの責めに帰すべき事由がない限り、違反となるものがあります。このため、フリーランスから了解を得ていたり、合意の上で行ったような場合でも違反となり得ることに注意が必要です。例えば「減額」についても、仮にフリーランスが承諾したとしてもフリーランス法違反となります。この

点は、特にこれまで下請法対応を行ったことのない企業においては、実務担当者の感覚として相手方と合意できていれば（形として相手の了承が得られていれば）問題ないと考えがちであるため、社内的に十分な周知啓発が必要です。

　また、フリーランスの責めに帰すべき事由があるとしてやむを得ず5条各号に該当し得る行為を行う場合は、発注者としてはフリーランスの責めに帰すべき事由があったことを客観的・明確に示すことのできる証拠（例えば納品された物の品質不良を示す写真や納品当時のデータ、フリーランスとのやり取りの経緯を示したメール等）も保存しておくとよいでしょう。

第6　募集情報の的確表示へ向けた確認体制の構築

1　発注者における対応

　発注者（発注のために募集情報を提供・掲載する者）においては、広告等を通じてフリーランスを募集する募集情報が虚偽の表示又は誤解を生じさせる表示にならないようにすること、また正確かつ最新の内容に保つことが必要となります（法12条1、2項）。

　そこで、虚偽の表示又は誤解を生じさせる表示にならないように、すなわち実際に想定している契約条件と異なる内容（特にトラブルになりやすい、実際に想定している契約条件よりもフリーランス側に有利な内容）を表示することのないように、確認体制の整備を含め、募集情報の掲載前に事前確認を行えるようにすることが適当です。

　また、いわゆる募集広告を掲載する場合だけでなく、複数名のフリーランスに直接、順次連絡をして打診する場合も規律の対象となり得るため、個別の連絡を行う従業員等各人においても本条の規律を意識させることが重要でしょう。

　募集情報を正確かつ最新の内容に保つにあたっては、指針第2の4が例示する以下の3つの措置を、可能な限りいずれも行うことが適当です。募集や面接、採用決定等を実際に行っている部署（事業部等）と、募集情報の掲載を行っている部署（人事部等）が異なる場合には、両部署が情報連携できるようにしておきましょう。

> ・フリーランスの募集を終了した場合又は募集の内容を変更した場合には、当該募集に関する情報の提供を速やかに終了し、又は当該募集に関する情報を速やかに変更すること。
> ・広告等により募集することを他の事業者に委託した場合には、当該事

業者に対して当該情報の提供を終了するよう依頼し、又は当該情報の内容を変更するよう依頼するとともに、他の事業者が当該情報の提供を終了し、又は当該情報の内容を変更したかどうか確認を行わなければならない。なお、情報の変更等を繰り返し依頼したにもかかわらず他の事業者が変更等をしなかった場合、発注者は法12条違反となるものではない。

・フリーランスの募集に関する情報を提供するに当たっては、当該情報の時点を明らかにすること。

なお、雇用における求人募集の情報に対しては、職業安定法5条の4に基づく的確表示義務が課されています。これとの関係で、既に求人募集の情報についての確認体制等を設けている場合には、フリーランスの募集もその確認等の対象に含めるか、あるいはフリーランスの募集においても当該確認体制等を参照した仕組みを設けることが考えられるでしょう。

2 仲介事業者・プラットフォーマーにおける対応

フリーランスの募集を仲介する仲介事業者やマッチングサービスの運営者（プラットフォーマー）については、フリーランス法12条の的確表示義務は課されません。もっとも、それらのサービス等に掲載される募集情報は、発注者において的確表示義務の対象となるため、仲介事業者等としても発注者が的確表示義務を遵守できるようにサービス等の設計をすることが望ましいといえます（適正な募集情報が掲載されるようにすることは、サービス等それ自体への評価・満足度の向上にもつながります）。

この点、仲介事業者にも的確表示義務を課している職業安定法においては、具体的には例えば以下のような措置を取ることが求められており（職安規則4条の3第4項）、参考になるでしょう。

・情報掲載の依頼者から、情報の提供の中止又は内容の訂正の求めが
あったときは、遅滞なく、当該情報の提供の中止又は内容の訂正をす
ること。
・情報が正確でない、又は最新でないことを確認したときは、遅滞なく、
情報掲載の依頼者にその内容の訂正の有無を確認し、又は当該情報の
提供を中止すること。
・求人者又は求職者に対し、定期的に求人又は求職者に関する情報が最
新かどうかを確認すること。
・求人又は求職者に関する情報の時点を明らかにすること。
・情報掲載の依頼者に対し、労働者の募集が終了したとき又は労働者の
募集の内容が変更されたときは、速やかにその旨を通知するよう依頼
すること。
・情報掲載の依頼者に対し、当該情報を正確かつ最新の内容に保つよう
依頼すること。

第7　妊娠、出産若しくは育児又は介護に対する配慮を可能とする体制の構築

1　申出の窓口の設置

　フリーランスの妊娠、出産若しくは育児又は介護（育児介護等）と業務の両立へ向けた配慮については、フリーランスからの配慮の申出があってから対応を検討することで足りますが、当該配慮の申出の内容等をしっかり把握するためにも、申出の窓口を設けておくことが必要といえます。

　また「配慮の申出が可能であることや、配慮を申し出る際の窓口・担当者、配慮の申出を行う場合の手続等を周知すること」が望ましいとされていること（指針第3の2(1)）も踏まえると、申出を受け付ける窓口や担当者をあらかじめ決めておき、また、「妊娠・出産・育児・介護に伴う業務調整等について、配慮の要望がある場合には、こちらの窓口にご連絡ください」といった文面とともに、フリーランスに周知しておくことが適当でしょう。

　窓口を周知する方法については特に定められていませんが、3条通知へ記載することが簡便と思われます[8]。業務委託先への発注書面や業務委託契約書をフリーランス相手かどうかを問わず統一しており、窓口の記載が難しい等の事情がある場合には、別途書面やメール等を送ることの他、フリーランスが定期的に閲覧するイントラネット等に掲載することも考えられるでしょう。

8　なお、契約書において、「発注者は、…するものとする。」というように、窓口の設置や配慮の申出への対応を発注者に義務付ける条項を定めると、それらがフリーランス法上の義務であるに留まらず、契約上の（私法上の）義務であることにもなり得ます。そこまでではなく、単に周知をするに留めるのであれば、例えば備考欄に窓口を記載するだけとすることも考えられます。

2 申出に対する対応

申出を受けた場合の対応の概略は以下の図のとおりです。

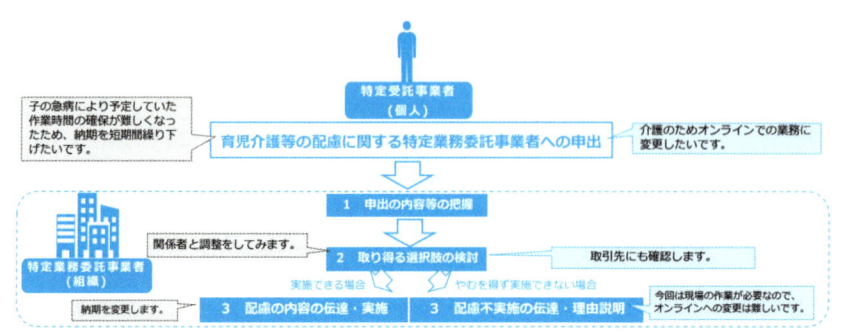

（出典：令和6年12月版説明資料）

　配慮の申出を受けた場合、当該フリーランスが求める配慮の具体的内容及び育児介護等の状況を把握すべきこととされているため（指針第3の2(1)）、これを聴取するために、申出用のテンプレートのようなものを用意しておくことも考えられます。

　また「申出の内容等には特定受託事業者のプライバシーに属する情報もあることから、当該情報の共有範囲は必要最低限とするなど、プライバシー保護の観点に留意すること」とされているため（指針第3の2(1)）、あらかじめ一般的にどの範囲まで情報共有をするかをルール化しておくとともに、上記の聴取の際に発注者の社内でどこまで申出の内容等の情報を共有するかについて当該フリーランスの了解を得ておく、共有する情報の内容や共有の方法等を伝達又は協議するといったことが考えられるでしょう。

　そのほか、指針等の定めるとおりに対応していくことになりますが、業務の具体的な内容や現在の状況、実施する配慮に関して取り得る選択肢については、現場で当該フリーランスと業務を行っている事業部等が詳しいことが多いでしょう。仮に発注者において、配慮の申出の窓口を人事部その他の管理部門に集約させる等、それらの部門が一次的な対応

を行う場合でも、上記の事業部等とも協議の上で方針を決めるようにすることが適当です。

なお、フリーランスからの申出を阻害することや、フリーランスが申出をしたこと又は配慮を受けたことのみを理由に契約の解除その他の不利益な取扱いを行うことは、望ましくない取扱いであるとされています（指針第3の3）。そのようなことがなされないよう、現場でフリーランスと業務を行っている事業部等や、配慮の申出の窓口担当者に対して、適切に指導しておくことも重要です。

3 継続的業務委託かどうかの管理

発注者は、更新による場合や基本契約に基づく場合を含めて6か月以上の期間に及ぶ継続的業務委託を行う場合には、委託相手となるフリーランスに対して、その育児介護等に関する配慮をすべき義務を負い（法13条1項）、これに当てはまらない短期の業務委託を行う場合には、当該配慮については努力義務に留まります（法13条2項）。申出に対してどこまで対応するべきかという判断にも関わってきますので、発注者としてはフリーランスとの間の契約が継続的業務委託に該当するかどうかを整理・管理しておくことが適当です。

発注者によっては、そのような整理・管理をあらかじめ行っておくことが難しい場合もあるかもしれません。そのような場合には、フリーランスからの配慮の申出を一律同様に受け付けた上で、どのような配慮を行うかを検討する時点で継続的業務委託かどうかを確認することでも足りるでしょう。もっとも、契約期間は解除等の際における事前予告や理由開示（法16条）の要否にも関わってきますので、少なくとも更新前の契約に係るものも含めて、3条通知や基本契約書等を保管し整理しておく等、すぐに確認できるようにしておくべきでしょう。

第8　ハラスメント対策に係る体制整備

1　従業員向けのハラスメント対策の流用

　もとより、発注者のフリーランスに対するハラスメント行為は、それ自体不法行為に当たり得るとともに、行為者の所属する会社においては安全配慮義務違反が成立し得るところです[9]。その対象が委託相手のフリーランスである場合においても、労働者の場合と同様、ハラスメントを行うことがあってはなりません。

　フリーランス法14条に基づく規律は、ハラスメント対策に係る体制を整備すべきことを、そのとるべき措置の具体的内容とともに発注者に義務付けるものとなっています（指針第4）。概要は以下のとおりです。

---

① 　ハラスメントを行ってはならない旨の方針等の明確化及びその周知・啓発

② 　相談（苦情を含む。以下同じ）に応じ、適切に対応するために必要な体制の整備

③ 　業務委託におけるハラスメントへの事後の迅速かつ適切な対応

④ 　上記①から③までの措置とあわせて講ずべき措置

　・相談者・行為者等のプライバシー保護措置を講ずるとともに、その旨を労働者及びフリーランスに周知すること

　・ハラスメントの相談等を行ったことを理由とする不利益取扱いをしない旨を定め、その周知・啓発をすること

　その内容や基本的な考え方は、職場における（すなわち従業員に対する）各種ハラスメントの防止のために厚生労働省から出されているセクハラ防止指針、マタハラ防止指針及びパワハラ防止指針を踏まえたものとなっており、とるべき措置が前記の①〜④であることを含め、相当多

9　東京地判令和4年5月25日労働判例1269号15頁（アムール事件）。

くの部分が共通しています。

　発注者としては、基本的には、既に設けている従業員向けのハラスメント防止措置をフリーランス向けにもそのまま適用させることがもっとも簡便であり、かつ適当であるといえます。特に相談窓口については、あえて従業員向けのものと分ける高度な必要性がない限りは、対応方法等について知識・経験がある既存の相談窓口をそのままフリーランス向けにも流用することが適当でしょう。

　相談窓口のフリーランスへの周知の方法については、育児介護等に対する配慮の申出の窓口を周知する際と同様、3条通知へ記載することが簡便と思われます[10][11]。業務委託先への発注書面や業務委託契約書をフリーランス相手かどうかを問わず統一しており、相談窓口の記載が難しい等の事情がある場合には別途書面やメール等を送ることの他、フリーランスが定期的に閲覧するイントラネット等に掲載することも考えられるでしょう。

2　フリーランス向けのハラスメント対策へのアレンジ

　他方で、既存の従業員用のハラスメント防止規程に単に「業務委託におけるものも含む」といった趣旨の追記をするのみで足りるでしょうか。

　この点、職場におけるハラスメントと業務委託におけるハラスメントとでは定義が若干異なります。それぞれのハラスメントは「職場における」と「業務委託における」という点がそもそも異なるのはもちろんですが、その他にも例えばマタハラの内容についても以下の表のような相違があります。

10　この際、相談窓口においては相談者・行為者等のプライバシーを保護するために必要な措置を講じていること、及び、業務委託におけるハラスメントの相談等を理由として、フリーランスが契約の解除等の不利益な取扱いをされないことも併せて記載することが考えられます（指針第4の5(4)）。
11　なお、契約書において、「発注者は、…するものとする。」というように、窓口の設置や適切な対応等を発注者に義務付ける条項を定めると、それらがフリーランス法上の義務であるに留まらず、契約上の（私法上の）義務であることにもなり得ます。そこまでではなく、単に周知をするに留めるのであれば、例えば備考欄に窓口や、プライバシー保護措置を講じていること、不利益取扱いをしないことを記載するだけとすることも考えられます。

職場におけるマタハラ	業務委託におけるマタハラ
状態への嫌がらせ型： 　その雇用する女性労働者が妊娠したこと、出産したことその他の妊娠又は出産に関する言動により就業環境が害されるもの	状態への嫌がらせ型： 　フリーランスが、①妊娠したこと、②出産したこと、③妊娠又は出産に起因する症状により業務委託に係る業務を行えないこと若しくは行えなかったこと又は当該業務の能率が低下したことに関する言動により就業環境が害されるもの
制度等の利用への嫌がらせ型： 　その雇用する女性労働者の労働基準法65条1項の規定による休業その他の妊娠又は出産に関する制度又は措置の利用に関する言動により就業環境が害されるもの	配慮申出への嫌がらせ型： 　フリーランスが、妊娠又は出産に関してフリーランス法13条1項若しくは2項の規定による配慮の申出をしたこと又はこれらの規定による配慮を受けたことに関する言動により就業環境が害されるもの

　フリーランス法14条に基づき行うべき措置のうち、前述の「ハラスメントを行ってはならない旨の方針等の明確化及びその周知・啓発」では、業務委託におけるハラスメントの「内容」の明確化やその周知・啓発が求められています。また、業務委託におけるハラスメントを行った者に対する懲戒規定も定めるべきところ、懲戒対象となる行為はある程度明確にしておく必要があります。

　これらを踏まえると、業務委託におけるハラスメントの内容を定めるに当たって、既存のハラスメント防止規程に、単に「業務委託における

ものも含む」といった趣旨の追記をするのみで足りるかは、既存の記載内容にも照らしつつ慎重に判断すべきといえます。不十分である可能性がある場合には、職場におけるハラスメントとは別に、業務委託におけるハラスメントに関する定義の項を設けるなどして、業務委託におけるセクハラ・マタハラ・パワハラの具体的な内容を指針に沿って記載することが適当でしょう（なお、職場におけるハラスメントと異なり、業務委託におけるハラスメントは育児休業等に関するハラスメント、いわゆるケアハラを対象にしていません）。

　また、前述の「相談者・行為者等のプライバシー保護措置を講ずるとともに、その旨を労働者及びフリーランスに周知すること」、「ハラスメントの相談等を行ったことを理由とする不利益取扱いをしない旨を定め、その周知・啓発をすること」の各措置については、職場におけるハラスメントに関しては、その周知等が必要となる相手が労働者に限られていましたが、業務委託におけるハラスメントに関しては労働者に加えてフリーランスへの周知等も必要となります。このようにフリーランス法14条に基づき行うべき措置については、周知等の対象範囲がフリーランスに広げられている場合があることにも注意しましょう。

第9　解除等の事前予告・理由開示へ向けた確認体制の構築等

1　継続的業務委託かどうかの管理

　発注者は、更新による場合や基本契約に基づく場合を含めて6か月以上の期間に及ぶ継続的業務委託を行う場合には、解除や不更新の際における30日前の事前予告義務やフリーランスから請求があった場合における解除等の理由の開示義務を負います（法16条）。解除等の際における手続や、解除等の理由の開示請求があった場合の対応要否に関わってきますので、発注者としてはフリーランスとの間の契約が継続的業務委託に該当するかどうかを整理・管理しておくことが適当です。

　前記第7の3と同様に、発注者によっては、そのような整理・管理をあらかじめ行っておくことが難しい場合もあるかもしれません。そのような場合には、継続的業務委託かどうかを問わず、解除や不更新の際には基本的に30日前に事前予告をするようにした上で（そのように契約ひな型等で定めた上で）、例外的に事前予告なく即時解除等をする必要が生じた場合にのみ、継続的業務委託に該当するかを事前に確認するようなフローにしておくことでも足りるでしょう。ただ、いずれにしても、更新前の契約に係るものも含めて、3条通知や基本契約書等を保管し整理しておく等、継続的業務委託に該当するかをすぐに確認できるようにしておくべきでしょう。

2　契約ひな型の見直し

　フリーランスに発注を行う際に用いられる業務委託契約書のひな型において、事前予告なく解除を可能とする条項や、更新拒絶の意思表示が30日前でなくてもよく、また方法が定められておらず口頭でも足りる

かのような条項が入っている場合には、その見直しを行うことも考えられます。例えば、更新拒絶の意思表示は期間満了の30日前までに書面又は電子メールで行う旨を定めることもあり得るでしょう。

もっとも、*後記第3編第3章第6の4(4)*のとおり、フリーランス法16条1項の規律に反する内容の契約条項も、直ちに無効となるものではないと解されます。契約上の根拠がなければ、*フリーランス法16条1項但書*に基づきやむを得ず事前予告のない解除（無催告解除）を行うことが許される場合でも、そもそもそれを行う私法上の権利がないということにもなってしまいますので、特に事前予告なく解除を可能とする条項については、一応これを設けておいた上で、実際に当該解除を行う必要が出た場合に（当該条項が定める解除事由には該当することを前提として）フリーランス法16条1項但書が定める例外事由に該当するかを個別に判断するということも考えられるでしょう[12]。

3　不更新時の対応の整理

発注者においては、更新拒絶を行う際に、現場の事業部等の判断で比較的気軽にこれを行ってしまうこともあり得ます。もっとも、フリーランス法16条1項では、継続的業務委託に該当する契約の場合には、30日前までに書面や電子メール等での事前予告が必要となります。実際に不更新の判断を行う部署や担当者等に対しては、不更新の際にフリーランス法16条1項に則った対応が必要になることを周知しておくことが適当です。

なお、そもそも更新が予定されていない、あるいは今回の更新で最後となるような場合には、更新は行わない旨を定めたり、更新に関する条項を入れないといった対応をしておくことも考えられるでしょう（*後記第3編第3章第6の3(2)*）。

12　事前予告なく解除を可能とする事由をあまりに広く定め過ぎている場合には、フリーランス法16条1項但書が定める例外事由を踏まえて見直しをすることも適当です。

フリーランス法逐条解説

第1章

フリーランス法の目的と定義

第1　はじめに

　フリーランス法は1条の目的規定に続いて、**2条に定義規定**を置いています。フリーランス法の適用があるかどうか、またどのようなルールが適用されるか等にかかわる非常に重要な規定です。

　フリーランス法において保護の対象となるのは、**「特定受託事業者」**及び**「特定受託業務従事者」**です。本書では、これらのいずれかを指して、又は総称して**「フリーランス」**と表記することがあります。

　また、フリーランス法において規制を課されるのが**「業務委託事業者」**及び**「特定業務委託事業者」**です。フリーランスとの取引において、発注者の立場にある者です。本書では、これらのいずれかを指して、又は総称して**「発注者」**と表記することがあります。

　フリーランス法の適用の有無は、主に①発注者・受注者がどのような者であるか（個人か、法人か。従業員を使用していたり、役員が2名以上いるか等）という観点と、②発注者・受注者間での取引がどのような内容の取引か（「業務委託」に当たるか）という観点から判断されることになります。

　また、フリーランス法の規律は発注者が「業務委託事業者」に該当するか、それとも業務委託事業者に該当するのみならず「特定業務委託事業者」にも該当するか、更に一定期間以上委託する業務に該当するかによって規律ごとに適用の有無が異なります。詳細はそれぞれの規律の解説箇所で述べます。

第2　フリーランス法の目的

> **（目的）**
> **第1条**　この法律は、我が国における働き方の多様化の進展に鑑み、個人が事業者として受託した業務に安定的に従事することができる環境を整備するため、特定受託事業者に業務委託をする事業者について、特定受託事業者の給付の内容その他の事項の明示を義務付ける等の措置を講ずることにより、特定受託事業者に係る取引の適正化及び特定受託業務従事者の就業環境の整備を図り、もって国民経済の健全な発展に寄与することを目的とする。

1　「個人が事業者として受託した業務に安定的に従事することができる環境を整備するため」

　フリーランス法の直接的な目的を表すものであり、これを具体化したものが、後記の「特定受託事業者に係る取引の適正化」及び「特定受託業務従事者の就業環境の整備」です[1]。

2　「特定受託事業者に係る取引の適正化及び特定受託業務従事者の就業環境の整備を図り」

　これは、フリーランス法の直接的な目的（「個人が事業者として受託した業務に安定的に従事することができる環境を整備するため」）を具体化したものです。

　取引適正化については、発注事業者から業務委託を受ける特定受託事業者が様々な取引上の課題に直面しているという状況に鑑み、特定受託事業者との取引における口約束に起因する契約トラブルを未然に防止す

1　法案説明資料。

るための契約内容の明示等、発注事業者と特定受託事業者に係る取引全般に妥当する最低限の規律を設け、その取引の適正化を図ることを目指すものであることを示しています。

　就業環境の整備については、特定受託事業者の取引基盤が整備され、従来は雇用関係の下で働くことが私生活との両立の観点等で難しかった者も含め、様々な背景を持つ者が事業者として安心して働くことのできる環境が整備されることを示しています。

3 「もって国民経済の健全な発展に寄与することを目的とする」

　フリーランス法の究極的な目的を表す文言です。*前記1*の直接的な目的（それを具体化したものとしての*前記2*）を実現することにより、究極的な目的が実現されるという関係を示しています。

【フリーランス法の目的】

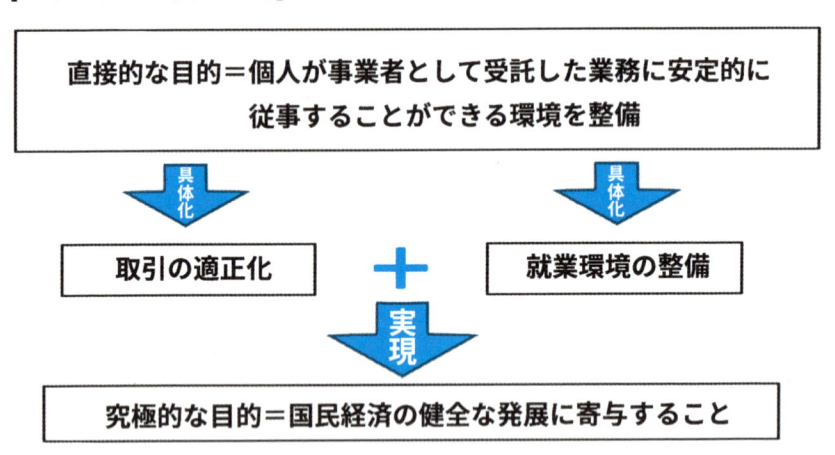

第3 定義

（定義）

第2条 この法律において「特定受託事業者」とは、業務委託の相手方である事業者であって、次の各号のいずれかに該当するものをいう。

一　個人であって、従業員を使用しないもの

二　法人であって、一の代表者以外に他の役員（理事、取締役、執行役、業務を執行する社員、監事若しくは監査役又はこれらに準ずる者をいう。第六項第二号において同じ。）がなく、かつ、従業員を使用しないもの

2　この法律において「特定受託業務従事者」とは、特定受託事業者である前項第一号に掲げる個人及び特定受託事業者である同項第二号に掲げる法人の代表者をいう。

3　この法律において「業務委託」とは、次に掲げる行為をいう。

一　事業者がその事業のために他の事業者に物品の製造（加工を含む。）又は情報成果物の作成を委託すること。

二　事業者がその事業のために他の事業者に役務の提供を委託すること（他の事業者をして自らに役務の提供をさせることを含む。）。

4　前項第一号の「情報成果物」とは、次に掲げるものをいう。

一　プログラム（電子計算機に対する指令であって、一の結果を得ることができるように組み合わされたものをいう。）

二　映画、放送番組その他影像又は音声その他の音響により構成されるもの

三　文字、図形若しくは記号若しくはこれらの結合又はこれらと色彩との結合により構成されるもの

四　前三号に掲げるもののほか、これらに類するもので政令で定めるもの

5　この法律において「業務委託事業者」とは、特定受託事業者に業務

> 委託をする事業者をいう。
>
> 6　この法律において「特定業務委託事業者」とは、業務委託事業者であって、次の各号のいずれかに該当するものをいう。
> 一　個人であって、従業員を使用するもの
> 二　法人であって、二以上の役員があり、又は従業員を使用するもの
> 7　この法律において「報酬」とは、業務委託事業者が業務委託をした場合に特定受託事業者の給付（第三項第二号に該当する業務委託をした場合にあっては、当該役務の提供をすること。第五条第一項第一号及び第三号並びに第八条第三項及び第四項を除き、以下同じ。）に対し支払うべき代金をいう。

1 特定受託事業者

（1）定義の概要

「特定受託事業者」とは、業務委託の相手方である事業者であって、次のいずれかに該当するものをいいます（法2条1項）。一個人で事業を営む者の取引の適正化等を図る観点から、組織としての実態を有しないものが該当することとなります。

> ①　個人であって、従業員を使用しないもの
> ②　法人であって、一の代表者以外に他の役員（理事、取締役、執行役、業務を執行する社員、監事若しくは監査役又はこれらに準ずる者をいいます。）がなく、かつ、従業員を使用しないもの

この「特定受託事業者」が、フリーランス法における基本的な保護の対象となります。業種や業界等の限定はないため、その範囲は相当広範に及ぶといえます。例えば、①建設会社から住宅建設の業務の一部を受託する一人親方、②消費者から受注した飲食物の配達を受託するフードデリバリーサービスにおいて当該サービスに登録して配送を行うもの、③企業から同社の訴訟の代理を受託する弁護士といった者も「特定受託

事業者」に該当し得ますし[2]、アフィリエイターも同様に該当し得ます[3]。

　本書では「特定受託事業者」を「フリーランス」と表記することがあります。

（2）事業者

　「事業者」とは、商業、工業、金融業その他の事業を行う者をいいます（解釈ガイドライン第1部1）。純粋に無償の活動のみを行っているものは「事業者」には該当しません[4]。他方で、NPO法人や一般社団法人等の非営利団体であっても、事業を行っていれば「事業者」に該当します[5]。

　従業員として会社等に雇用されている個人が、別途副業として行っている事業において、当該会社ではなく個人として他の事業者から「業務委託」を受けている場合には、当該業務委託との関係では「特定受託事業者」に該当し得ます[6]。

　以上に対し、受注する者が「労働者」に該当する場合には、フリーランス法は適用されません（後記(6)ア参照）。

（3）従業員を使用
ア　「従業員を使用」の意義

　「従業員を使用」とは、以下の両方を満たす者を雇用することをいいます。

> ①　1週間の所定労働時間が20時間以上であり、かつ、
> ②　継続して31日以上雇用されることが見込まれる労働者[7]

そのため、短時間・短期間等の一時的に雇用される労働者を雇用する

2　Q&A4。
3　政省令等パブコメ1-2-4。
4　Q&A6。
5　政省令等パブコメ1-2-3。
6　政省令等パブコメ1-2-5、Q&A14。
7　ここでの「労働者」とは、労働基準法9条に規定する労働者をいいます。

ことは「従業員を使用」に含まれないこととなります。

　また、直接的には自らが雇用をしているわけではないものの、労働者派遣法2条4号に規定する派遣先として、①1週間の所定労働時間が20時間以上であり、かつ②継続して31日以上労働者派遣の役務の提供を受けることが見込まれる派遣労働者を受け入れる場合も「従業員を使用」に該当します。

　事業に同居親族（居住と生計が同一の親族[8]）のみを使用している場合には「従業員を使用」に該当しません（以上について、解釈ガイドライン第1部1(1)）。

　また、「家内労働者」は労働基準法に規定する「労働者」ではないため、フリーランス法上の「従業員」には該当しません[9]。

イ　複数事業を営む受注事業者

　「従業員を使用」しているか否かについては、個別の業務委託や事業に関して従業員を使用しているか否かではなく、受注事業者が個人又は法人として従業員を使用しているか否かで判断されます。

　このため、複数の事業を営んでいる受注事業者がある事業において従業員を使用している場合、受託する業務の属する事業における「従業員」の使用の有無にかかわらず、その受注事業者は「従業員を使用」していると判断され「特定受託事業者」には該当しません。したがって、従業員を使用していない事業に関する業務委託をしたとしても、フリーランス法の適用対象とはなりません[10]。

ウ　共同運営の事務所である受注事業者

8　Q&A16。なお、青色事業専従者についても、居住及び生計が同一である親族であれば「同居親族」に該当します（Q&A17）。他方で、同居親族が役員である場合には「他の役員」に該当します（Q&A18）。

9　なお、フリーランス法の「特定受託事業者」には「家内労働者」も含まれるため、家内労働者の取引については引き続き家内労働法が適用されるとともに、業種横断的に共通する最低限の規律としての性質を有する本法も適用されます（政省令等パブコメ1-2-8）。

10　Q&A10。

　法律事務所のように、個人事業主A及びBが共同で運営している事務所において、個人事業主Bが単独でアシスタントスタッフを雇用しているケースがあります。このような場合、個人事業主Bが雇用しているアシスタントスタッフと個人事業主Aの間に直接の雇用関係がなく、事実上、当該アシスタントスタッフが個人事業主Aの仕事を手伝っているに過ぎなければ、個人事業主Aは「従業員を使用」しているとはいえませんので、個人事業主Aに対する業務委託はフリーランス法の適用対象となり得ます[11]。

　一方、個人事業主A及びBが共同で運営している事務所において、当該事務所が雇用主となってアシスタントスタッフを雇用しているケースもあります。このような場合、当該事務所が民法上の組合である場合には、各組合員がそのアシスタントスタッフを雇用しているものと考えられ、組合員である個人事業主A及びBは「従業員を使用」しているといえますので、個人事業主A及びBに対する業務委託はフリーランス法の適用対象となりません。

　これに対し、当該事務所が権利能力なき社団である場合には、当該社団そのものがアシスタントスタッフを雇用しているものと考えられるため、個人事業主A及びBは「従業員を使用」しているとはいえません。このような場合、個人事業主A及びBに対する業務委託は、個人事業主A及びBが自ら「従業員を使用」していなければ、フリーランス法の適用対象となります[12]。

　また、複数名で組織しており、民法上の組合である事務所においては、事務所の内部において、いわゆるパートナー（共同経営者）からアソシエイト（業務委託である勤務者）への案件割当てや業務依頼について、パートナーがフリーランス法を遵守する必要があるかという点も問題になります。これについては、アソシエイトもまたアシスタントスタッフを雇用しているかによって、フリーランス法の適用の有無が変わ

11　Q&A11。
12　Q&A12。

ることになりますが、アソシエイトが個別に雇用していない場合には、アソシエイトも組合員の一人として事務所で雇用しているアシスタントスタッフを雇用しているといえるかが重要となると考えられます。組合契約は、各当事者が出資をして共同の事業を営むことを約することによって、その効力を生じ、またその出資は金銭等ではなく労務によることも可能です（民法667条）。また、組合の業務の決定及び執行は、他の組合員等に委任することも可能です（民法670条）。したがって、金銭出資の有無や事務所経営の意思決定への直接の参画有無等によって、ただちに組合員といえるかどうかが定まるわけではありませんが、（パートナー同様に）組合員であるといえる実態がアソシエイトに認められない場合には、当該アソシエイトは基本的にフリーランスとして取り扱われることになるでしょう。

（4）役員

　受注事業者が法人である場合において「特定受託事業者」に該当するためには、従業員を使用していないことに加え「一の代表者以外に他の役員がないこと」も必要となります。なお、同居親族を使用していることは「従業員を使用」に該当しませんが、同居親族は「役員」には該当します[13]。

　ここでの「役員」とは、理事、取締役、執行役、業務を執行する社員、監事若しくは監査役又はこれらに準ずる者を指します（法2条1項2号）。フリーランス法においてはこの理事等の解釈、特に「これに準ずる者」の範囲について触れている行政解釈は見当たりませんが、例えば独占禁止法においては「この法律において『役員』とは、理事、取締役、執行役、業務を執行する社員、監事若しくは監査役若しくはこれらに準ずる者、支配人又は本店若しくは支店の事業の主任者をいう」との定めがあり（独占禁止法2条3項。「支配人又は本店若しくは支店の事業の主任者」まで含まれている点がフリーランス法と異なります）、その解釈につい

13　Q&A18。

て以下のような見解があります[14]。

> 理事と監事は事業者団体の役員であることが多く（中協35条、中団5の23条3項、農協30条等）、「これらに準ずる者」として管理人等を挙げることができる（独禁法2条2項二、95条2、3項、95条の3等）。また、株式会社・相互会社の取締役・監査役、合名会社・合資会社・合同会社の業務を執行する社員、会社法上の支配人（会社10条）、会社法で支配人と同じ権限を有するとみなされる会社の使用人（例えば、本店総支配人、支店長、営業本部長）等が「役員」に含まれる。「これらに準ずる者」とは、取締役、監査役等に当たらないが、相談役、顧問、参与等の名称で、事実上、役員会に出席するなど会社の経営に実際に参画している者をいう。部長、課長、係長、主任等の名称のみを有する者は、従業員であって役員ではない（企業結合ガイドライン第1-2-(1)）。さらに、会社法上または保険業法上、取締役、会計参与、執行役、監査役または会計監査人をまとめて株式会社または相互会社の役員等と呼び、これらの者の会社に対する責任を特別に定めている（会社423条、保険業法53条の33）。したがって、会計参与と会計監査人も「これらに準ずる者」に含まれるものと解される。

これを踏まえると、「これらに準ずる者」には、会計参与や会計監査人のように会社法上登記される者に加え「相談役、顧問、参与等の名称で、事実上、役員会に出席するなど会社の経営に実際に参画している者」までも含まれ得ることになります。

他方で、フリーランス法と全く同じ「役員」の定義を置いている、競争の導入による公共サービスの改革に関する法律10条7号に関しては、以下の解釈が示されています[15]。

> ①　「理事」、「監事」とは、財団法人及び社団法人等におけるものである。
>
> ②　「取締役」、「執行役」、「業務を執行する社員」、「監査役」とは、会社

14　根岸哲 編『注釈独占禁止法』（2009年・有斐閣）13頁。
15　例えば、総務省の平成18年12月13日付事務連絡「競争の導入による公共サービスの改革に関する法律に規定する暴力団排除に関する欠格事由の運用要領について」。

> 法の株式会社、持分会社等におけるものである。
>
> ③　「これらに準ずる者」とは、法人格を有する他の団体における役員で、理事、取締役、執行役、業務を執行する社員、監事、監査役と名称は異なるが、これらに準ずる者をいう。

　これを踏まえると、「これらに準ずる者」は、あくまで財団法人・社団法人や、株式会社・持分会社ではない「法人格を有する他の団体」における場合のみを対象とするものとなるため、例えば受注事業者が株式会社なのであれば、同社において「取締役」「執行役」「業務を執行する社員」「監査役」のいずれでもないが、実質的には取締役以上に経営に強い影響力を有する者がいたとしても「取締役」等に「準ずる者」に該当するわけではないということになると考えられます。

　このように、他の法律においても「役員」、特に「これらに準ずる者」の解釈は異なるところです。この点、フリーランス法では、発注者にとっては、受注事業者という他者における役員の有無によって規制が課せられるかが変わることとなります。そのことを踏まえると、従業員の有無と同様、役員の有無についてもある程度外形的に確認・観察できるものであること、また明確にその有無が判定できるものであることが適当であるといえます。更に「役員」の範囲が広すぎると、受注事業者が特定受託事業者に該当しない場合が増えることとなり、フリーランス法による保護の対象が狭いものになりかねません。したがって、競争の導入による公共サービスの改革に関する法律10条7号が定める「役員」に関する、上記の明確かつ抑制的な解釈と同様に考えるべきでしょう[16]。ただし、受注事業者がいわゆる権利能力なき社団である場合、法人格は有していないものの当該権利能力なき社団の構成員は、理事や取締役等に「準ずる者」には該当するものとして、「役員」に該当すると考えら

---

[16]　なお、立法担当者は、「これらに準ずる者」としては、「特定非営利法人の構成員や株式会社の株主等が想定される」と考えていたようです（法案説明資料）。しかしながら、代表者以外に株主がいることのみをもって直ちにフリーランスではないと整理されることになってしまいますし、発注者側の確認範囲も曖昧に広汎なものとなりかねず、適当ではありません。

れます（結果として、通常複数の構成員で構成される権利能力なき社団が「特定受託事業者」に該当することは基本的にないといえるでしょう）[17]。

（5）特定受託事業者該当性の確認

ア　確認の必要性

発注者から業務委託を行う際、受注事業者が特定受託事業者に該当する場合はフリーランス法が適用されることになりますので、発注者としては全ての取引についてフリーランス法の規律に準拠させるのでない限り、それぞれの委託先が特定受託事業者に該当するかどうかを確認する必要が生じることとなります。

イ　確認の方法等

受注事業者（委託先）が特定受託事業者に該当するかの確認に当たっては、受注事業者における**①従業員の使用の有無、②受注事業者が法人である場合は代表者以外の役員の有無**、を確認することとなります。この際、発注者や受注事業者にとって過度な負担とならず、かつ記録が残る方法で確認することが望まれるとされています。口頭による方法も不可ではありませんが[18]、トラブル防止の観点からは、例えば電子メールやSNSのメッセージ機能等を用いて相手方に確認する方法などが考えられます[19]。

また、確認のタイミングについては特に法定されておらず、定期的に受注事業者が「特定受託事業者」に該当するかを確認する義務も定められていません。この点、発注者がフリーランス法を遵守すべきこととなるのは、発注（業務委託）や契約更新の時点で、受注事業者が特定受託事業者に該当する場合（「従業員」及び「役員」のいずれもいない場合）

17　当局解説書32頁も参照。
18　Q&A7。
19　政省令等パブコメ1-2-16～18。

とされていること[20]や、後述のとおり発注等の時点では特定受託事業者に該当せず、事後的にその要件を満たすようになったに留まる場合にはフリーランス法の適用対象とはならないとされていることを踏まえれば、発注（業務委託）や契約更新の時点で確認すれば足りるということになります[21]。

ウ　発注後の状況の変化

発注後において、受注事業者や発注者に状況の変化があった場合のフリーランス法の適用関係については、以下のように整理されています。

<受注事業者の状況の変化>
・発注時点で受注事業者が「特定受託事業者」に該当しない場合、その業務の委託には、フリーランス法は適用されません。
・発注の後に、受注事業者が「特定受託事業者」の要件を満たすようになった場合も、フリーランス法は適用されません[22]。

<発注事業者の状況の変化>
・発注の後に、発注事業者が「特定業務委託事業者」の要件を満たすようになった場合、当該業務委託には「業務委託事業者」を対象とする規定のみが適用され、「特定業務委託事業者」を対象とする規定は適用されません[23]。
・発注時点で、発注事業者が「特定業務委託事業者」に該当していたものの、フリーランス法上問題となり得る行為があった時点では「特定業務委託事業者」に該当していなかった場合には、当該発注事業者は「業務委託事業者」の義務違反については勧告（行政指導）や命令（行政

20　Q&A7。
21　ただし、受注事業者における「従業員」の有無については、業務委託をする時点で確認するほか、給付の受領、報酬の支払、契約の更新等のタイミングなど、発注事業者にフリーランス法上の義務が課される時点でも適宜確認することが望まれるとされています（政省令等パブコメ1-2-19〜22）。
22　以上について、Q&A8。
23　Q&A9。

　処分）の対象となりますが、「特定業務委託事業者」のみの義務違反については、勧告（行政指導）や命令（行政処分）の対象となりません[24]。

　このように、フリーランス法が適用されるのは、基本的に受注事業者と発注者の双方が発注時点において適用の要件を満たしていた場合に限られるということになります。

　なお、業務の委託に係る契約が更新される場合（自動更新の場合を含みます）、更新の時点で改めて業務委託があったものと考えます（すなわち、上記における「発注」には契約の更新を含みます）。そのため、更新後の業務の委託が「業務委託」に該当する場合であって、受注事業者が「特定受託事業者」に該当するときは、当該更新後の業務委託にはフリーランス法が適用されます。また、更新時点で、発注事業者が「業務委託事業者」又は「特定業務委託事業者」のいずれに該当するかによって、更新後の業務委託において当該発注事業者に適用される規定が定まることとなります[25]。

エ　受注事業者の回答が事実と異なっていた場合

　発注者が受注事業者から「役員」や「従業員」の有無について事実と異なる回答をされたため、結果として発注者がフリーランス法に違反することとなってしまった場合であっても、その発注事業者の行為について是正する必要があることに変わりはないため、指導・助言（行政指導）は行うことがあるとされています。もっとも、勧告（行政指導）や命令（行政処分）を直ちに行うものではないともされています[26]。

（6）特定受託事業者該当性が問題となる場合

ア　労働者

　契約形式上はフリーランスとして業務委託を受けているような場合で

24　政省令等パブコメ1-2-10〜14。
25　政省令等パブコメ1-2-15。
26　政省令等パブコメ1-2-19〜22、Q&A13。

あっても、働き方の実態が労働者である場合は「特定受託事業者」には当たらず、フリーランス法の適用はありません。

すなわち、形式的には雇用契約を締結せず、請負契約や準委任契約などの契約で仕事をする場合であっても、労働関係法令の適用に当たっては、契約の形式や名称にかかわらず、個々の働き方の実態に基づいて、各法令における「労働者」に該当するかどうかが判断されます[27]。

そして、発注事業者との関係で受注事業者が労働基準法等における「労働者」と認められる場合は、フリーランス法の「特定受託事業者」には該当せず、労働基準法等の個別的労働関係法令[28]が適用されます[29]。例えば、労働基準関係法令の違反が疑われる場合には、都道府県労働局において、業務委託や請負等の契約の名称にかかわらず、実態を勘案して総合的に判断しており、実質的に「労働者」と認められる場合には労働基準関係法令が適用されます。

なお、労働組合法における「労働者」（労組法3条）は、労働基準法等における「労働者」とは判断基準が異なるため、発注事業者との関係で、受注事業者がフリーランス法の「特定受託事業者」に該当する者であっても、同時に労働組合法における「労働者」と認められる場合があります。この場合、当該発注事業者との関係では、フリーランス法が適用されつつ団体交渉等について同法による保護を受けることもできます[30]。

27　労働基準法9条の「労働者」に該当するかは、労働が他人の指揮監督下において行われているかどうか（すなわち、他人に従属して労務を提供しているかどうか）、及び報酬が「指揮監督下における労働」の対価として支払われているかどうか、という2つの基準（総称して「使用従属性」と呼ばれます。）に基づいて判断されるとされています（「労働基準法研究会報告（労働基準法の「労働者」の判断基準について）」（昭和60年12月19日）参照）。なお、厚生労働省は、労働者性判断に係る近時の代表的な裁判例を取りまとめた、「労働基準法における労働者性判断に係る参考資料集（令和6年10月時点）」を公開しています（https://www.mhlw.go.jp/content/001319389.pdf）。
28　労働基準法の他、労働契約法、育児介護休業法、男女雇用機会均等法等。
29　労働基準監督署には、自らの働き方が労働者に該当する可能性があると考えるフリーランスからの労働基準法等の違反に関する相談窓口が設置されています。
30　以上についてQ&A5、政省令等パブコメ1-2-9。なお、飲食物の配達サービスにおける配達業務を受託していた配達員が、労働組合法上の労働者と判断された東京都労働委員会令和4年11月25日付命令（Uber Japanほか1社事件）参照。問題とされた事実関係を踏まえると、当該配達員は労働基準法上の労働者性までも認めることは難しく、フリーランス法の適用対象になり得た（フリーランス法施行前の事案ですが、労働組合法に加えてフリーランス法も適用され得た）と思われます。

　なお、労働基準法上の「労働者」の判断基準と、労働組合法上の「労働者」の判断基準は、それぞれ次の図のとおりです。

【労働基準法上の「労働者」】

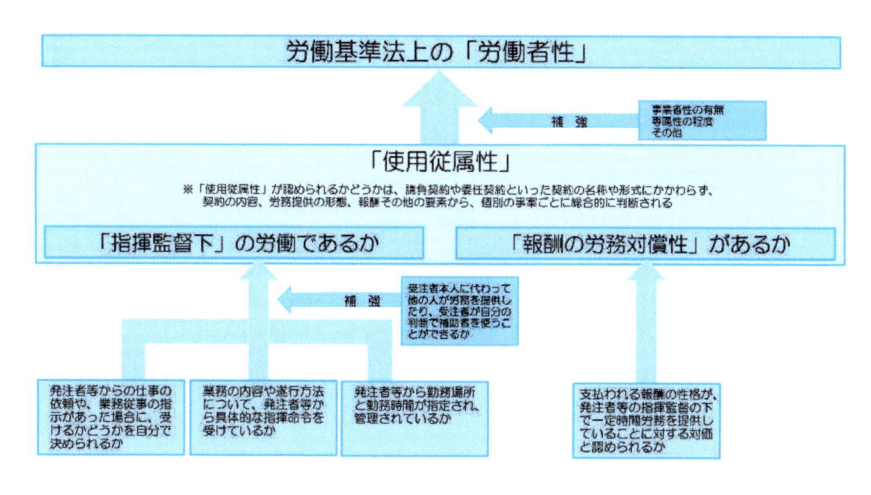

【労働組合法上の「労働者」】

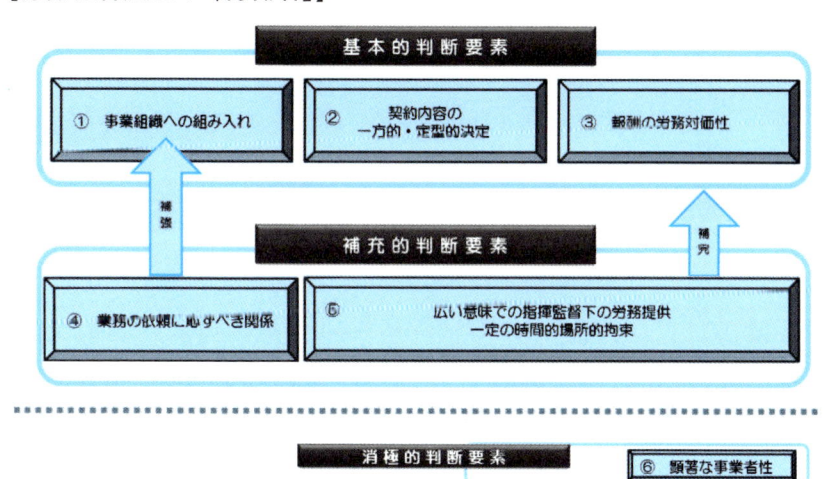

（出典：フリーランスガイドライン図2、図3）

イ　会社役員

　株式会社と取締役、会計参与、監査役、会計監査人やいわゆる委任型の執行役員との間の契約関係は会社の内部関係に過ぎず、これらの者は会社にとっての「他の事業者」とはいえないため、フリーランス法上の「業務委託」には該当しません[31]。

ウ　士業

　特定受託事業者に業種の限定はありませんので、例えば弁護士、公認会計士、司法書士、行政書士、税理士、弁理士等の士業であっても、要件を充足する限りは特定受託事業者に該当します[32]。ただし、同居親族以外の従業員を使用している場合は除かれるため、事務員・アシスタントスタッフ等を雇用している士業事務所等は特定受託事業者に該当しないケースも多いでしょう（*前記(3)ウ*も参照）。

2　業務委託

（1）定義の概要

　特定受託事業者に該当するかどうかについては、*前記1*のとおり受注事業者の状況によって判断するほか、取引の内容として「業務委託」を行っているかどうかによっても判断されます。

　「業務委託」とは、事業者がその事業のために他の事業者に以下のいずれかを委託する行為をいいます（**法2条3項、解釈ガイドライン第1部1(2)**）。

① 物品の製造（加工を含みます。）
② 情報成果物の作成
③ 役務の提供

　フリーランス法の「業務委託」については、業種・業界の限定はなく、

31　政省令等パブコメ1-2-29～32、Q&A19。
32　政省令等パブコメ1-2-23～25。

また、自家利用するものも含めた広い範囲の業務の委託を対象としています。この点は、他者に提供するための、下請構造にある取引を基本的な適用対象とする下請法と異なるところです。

（2）その事業のため

「その事業のため」に委託するとは、当該事業者が行う事業の用に供するために委託することをいいます（解釈ガイドライン第1部1(2)）。

法人である発注事業者については、自身の事業（必ずしも定款に具体的に記載されている目的に限られません）の用に供するために行う委託行為は「事業のため」に委託する行為に該当します。

また、個人である発注事業者については、事業者として契約の当事者となる場合も、消費者として契約の当事者となる場合もあり得ます。個々の具体的な業務委託に応じて、その個人が事業者として契約の当事者となっているといえる場合には「事業のため」に該当します。

「事業者として契約の当事者となっているか」の判断の際には、

① 契約締結の段階で、業務の内容が事業の目的を達成するためになされるものであることが客観的、外形的に明らかであるか

② 事業の目的を達成するためになされるか否かが客観的、外形的に明らかでない場合には、消費者として当該業務委託に係る給付を受けることが想定し難いものか

を考慮します。

なお、発注事業者（法人であるか個人であるかを問いません）が純粋に無償の行為のために行う委託は「事業のため」に委託する行為に該当しません[33]。

（3）物品の製造・加工委託

事業者がその事業のために他の事業者に物品の製造（加工を含みます）

---

33 以上について、Q&A21。

を委託することは、「業務委託」に該当します（法2条3項1号）。

「物品」とは、動産をいい、不動産は含まれません。

「製造」とは、原材料たる物品に一定の工作を加えて新たな物品を作り出すことをいいます。

「加工」とは、原材料たる物品に一定の工作を加えることによって、一定の価値を付加することをいいます。

物品の製造・加工の「委託」とは、事業者が他の事業者に、給付に係る仕様、内容等を指定して物品の製造を依頼することをいいます。具体的には、事業者が他の事業者に対し物品等の規格・品質・性能・形状・デザイン・ブランドなどを指定して製造・加工を依頼することが該当します。そのため、事業者が既製品を購入することは、原則として「委託」に該当しませんが、既製品であってもその一部でも加工等をさせる場合は「委託」に該当します[34]。「委託」に該当するかどうかは取引の実態に基づき判断するものであり、民法上の契約の類型のいずれに該当するか等、契約の形態は問いません（以上について、解釈ガイドライン第1部1(2)ア、政省令等パブコメ1-2-35）。

なお、下請法上の製造・加工委託の目的物は、発注事業者が業として行う販売の目的物又は業として請け負う製造の目的物に限定されているため、例えば発注事業者が製造過程で用いる製造機械や工具の製造（自家製造している場合を除きます）・加工を他の事業者に委託することは、製造・加工委託に含まれません。これに対し、フリーランス法上の物品の製造・加工委託の目的物については下請法のような限定がなく、事業のために他の事業者に物品の製造・加工を委託することは全て「業務委託」に該当しますので（上記のような場合も物品の製造・加工委託に該当します）、下請法よりも広い範囲の製造委託が対象となります[35]。

34　Q&A23。下請法においては、仕様等を指定して製造を依頼することの例として、規格品の製造の依頼に際し、依頼者の刻印を打つ、ラベルを貼付する、社名を印刷する、又は、規格品の針金、パイプ鋼材等を自社の仕様に合わせて一定の長さ、幅に切断するというような作業を行わせることなども当たるとの解釈が示されています（下請講習会テキスト20頁）。

35　Q&A24。

（4）情報成果物の作成委託

　事業者がその事業のために他の事業者に情報成果物の作成を委託することは、「業務委託」に該当します（法2条3項1号）。

　「情報成果物」とは、フリーランス法2条4項各号に規定されるものをいい、具体的には、次のものが「情報成果物」に該当します。

一　プログラム（電子計算機に対する指令であって、一の結果を得ることができるように組み合わされたものをいう）
　例）ゲームソフト、会計ソフト、家電製品の制御プログラム、顧客管理システム
二　映画、放送番組その他影像又は音声その他の音響により構成されるもの[36]
　例）テレビ番組、テレビCM、ラジオ番組、映画、アニメーション
三　文字、図形若しくは記号若しくはこれらの結合又はこれらと色彩との結合により構成されるもの
　例）設計図、ポスターのデザイン、商品・容器のデザイン、コンサルティングレポート、雑誌広告、漫画、イラスト
四　前三号に掲げるもののほか、これらに類するもので政令で定めるもの
※第四号については、現時点において政令で定めているものはありません。

　情報成果物の作成における「委託」とは、事業者が他の事業者に、給付に係る仕様、内容等を指定して情報成果物の作成を依頼することをいいます。

　具体的には、事業者が他の事業者に対し、ソフトウェア、映像コンテンツ、各種デザイン、楽曲、文章等の仕様、テーマ、コンセプト等を指

36　作曲又は編曲を委託することについては、作成を委託された成果物が、例えば、その楽曲の楽譜等であれば「文字、図形若しくは記号若しくはこれらの結合又はこれらと色彩との結合により構成されるもの」（法2条4項3号）に該当し、その楽曲を収録した音響データ（当該データを記録した電子的記録媒体を含みます）であれば「映画、放送番組その他影像又は音声その他の音響により構成されるもの」（法2条4項2号）に該当するため、いずれであっても情報成果物の作成委託に該当します。なお、演奏会での演奏を委託することは、役務の提供委託に該当します（以上について、政省令等パブコメ1-2-36）。

定して作成を依頼することが該当します。そのため、例えば事業者が、ソフトウェアメーカーが既に販売しているパッケージソフトを購入する場合は、原則として「委託」に該当しませんが、その一部でも自社向けに仕様変更等をさせる場合は「委託」に該当します（以上について、解釈ガイドライン第1部1(2)イ、Q&A27）。

（5）役務の提供委託

　事業者がその事業のために他の事業者に役務の提供を委託すること（他の事業者をして自らに役務の提供をさせることを含む）は「業務委託」に該当します（法2条3項2号)。

　「役務の提供」とは、いわゆるサービス全般について労務又は便益を提供することをいいます。業種・業界の限定はなく、例えば運送、コンサルタント、営業、演技、演奏、セラピー、接客、配送等、全て役務の提供に該当します[37]。

　下請法では建設業法における建設工事は対象外とされていますが[38]、フリーランス法には業種・業界の限定はなく、建設工事も「業務委託」の対象となります。

　下請法2条2項の「修理委託」は、フリーランス法では役務提供委託に含まれます[39]。

　また、フリーランス法2条3項2号における「役務」は「他の事業者をして自らに役務の提供をさせることを含む」と定めているとおり、委託事業者が他者に提供する役務に限らず、委託事業者が自ら用いる役務（いわゆる自家利用役務）を含みます[40]。この点は下請法2条4項の「提供の目的たる役務」が、委託事業者が他者に提供する役務のことをいい、

37　政省令等パブコメ1-2-39、フリーランスパンフレット5頁。この他、建設会社から住宅建設の業務の一部を受託する一人親方、フードデリバリーサービスの提供事業者が消費者から受注した飲食物の配達を受託する当該サービスに登録して配送を行うもの、企業から同社の訴訟の代理を受託する弁護士も該当します（いずれも従業員を使用しないものに限ります）（Q&A4）。

38　下請法2条4項。

39　Q&A25。

40　Q&A26。

委託事業者が自ら用いる役務は含んでいない（すなわち、基本的に下請構造にある役務提供のみが適用対象となる）のと異なっています。これにより、フリーランス法は下請法に比べ非常に広い範囲の業務の委託（役務提供）が含まれることになります[41]。

　役務の提供における「委託」とは、事業者が他の事業者に役務の内容等を指定して役務の提供を依頼することをいいます（以上について、解釈ガイドライン第1部1(2)ウ）。

（6）業務委託には当たらないケース

　例えば、以下のようなケースは業務委託には当たらず、フリーランス法の適用はありません。

① 　給付に係る仕様、内容等を指定して物品の製造、情報成果物の作成又は役務の提供を依頼しておらず、「委託」に当たらない取引
　・単なる物品等の売買（ただし、物品等の規格・品質・性能・形状・デザイン・ブランドなどを指定している場合は製造「委託」に当たる）
　・単に既にある物品等の貸出しを依頼する場合（例えば、車（カーシェアリング）や空きスペース（スペースシェアリング）の貸出しなど）[42]
　・個人から肖像権等や財産の利用権のライセンスを受け、一定の条件を達成した場合に当該ライセンスについての報酬を支払うことを合意する場合[43]
② 　事業活動といえない相互扶助で、事業者間の行為といえないもの
　・集落その他の特定の地域において、近隣の住民がいずれも事業者である農業者ではあるものの、住民間相互に収穫作業等を協力し合うことが慣習となっている場合における、当該農業者間の収穫作業等の相互扶助[44]

41　政省令等パブコメ1-2-33。
42　Q&A22。
43　政省令等パブコメ1-2-37。
44　Q&A20。

3　特定受託業務従事者

「特定受託業務従事者」とは、特定受託事業者である法2条1項1号に掲げる個人及び特定受託事業者である同項2号に掲げる法人の代表者をいいます（法2条2項）。

「特定受託事業者」の定義は、取引主体としての事業者に着目して規定されており、個人で事業を行う者が事業とは無関係に本来的に有している自然人としての性格と異なる取引主体としての性格が前面に出たものとなっています。他方で、フリーランス法14条（ハラスメント対策に係る体制整備）等の規定は、特定受託事業者の自然人としての側面に着目して規定すべきである（すなわち事業者の育児介護等への配慮や事業者に対するハラスメントは観念できない）ところ、これらの規定の保護の対象が特定受託事業者という属性を有する自然人であることを示す必要があります。このため、特定受託事業者の定義（法2条1項）を引用する形で、個人事業者においては「その者」であること、法人にあっては代表者という個人に着目して対象を把握し、これを「特定受託業務従事者」とするものです[45]。

フリーランス法において「特定受託業務従事者」を直接の保護対象としている規律は、フリーランス法14条（ハラスメント対策に係る体制整備）のみとなっています。

4　業務委託事業者

「業務委託事業者」とは、特定受託事業者に業務委託をする事業者をいいます（法2条5項）。業務委託事業者であって、後述する特定業務委託事業者ではない場合、フリーランス法が発注者に課す規律のうち、3条（給付の内容その他の事項の明示等）の規律のみが課されることになります。

「特定受託事業者」及び「事業者」については前記1を、「業務委託」

45　以上について、法案説明資料。

については*前記2*を参照してください。

　以下では「業務委託事業者」該当性が問題となり得る場合について解説します。

（1）消費者

　業務委託事業者は「事業者」である必要があり、消費者はこれに含まれません。例えば、個人カメラマンがある一家から委託を受けて家族写真を撮影する場合は、発注者である当該一家は消費者となりますので「業務委託事業者」に当たりません。このように、フリーランス法はいわゆるB to Bの取引を対象にしたものであり、B to Cの取引は対象にしていないといえます。

（2）国・地方公共団体

　国や地方公共団体については、その活動が事業に該当し、その活動に関して特定受託事業者に業務委託を行う場合は「業務委託事業者」に該当します。例えば、水道事業、自動車運送事業、鉄道事業、電気事業、ガス事業、病院事業等は事業に該当すると考えられます（なお、*後記5*も参照）[46]。

（3）複数当事者が関わる場合

　特定受託事業者との取引に複数の当事者が関わっている場合、原則として特定受託事業者に業務を委託している事業者が「業務委託事業者」（法2条5項）に該当しますが、実質的に別の事業者が特定受託事業者に業務委託をしているといえる場合には、当該別の事業者が「業務委託事業者」に該当します[47]。

（4）仲介・マッチングサービス事業者

46　Q&A28。
47　政省令等パブコメ1-2-42、Q&A29。

　業務委託事業者と特定受託事業者を仲介している事業者が、委託の内容（物品、情報成果物又は役務の内容、相手方事業者の選定、報酬の額の決定等）への関与の状況のほか、必要に応じて反対給付たる金銭債権の内容及び性格、債務不履行時の責任主体等を、契約及び取引実態から総合的に考慮した上で実質的に特定受託事業者に業務委託をしているといえる場合には、当該事業者が「業務委託事業者」に該当します（解釈ガイドライン第1部3、政省令等パブコメ1-2-43～44、Q&A29参照）。

　例えばマッチングサービスの場合、マッチングサービスを提供する事業者が受注事業者との間で委託業務に係る業務委託契約を締結しておらず、実態としても発注事業者と受注事業者との間の事務手続の代行（注文書の取次ぎ、報酬の請求、支払等）を行っているに過ぎないような場合は、当該受注事業者に対して業務を委託しておらず単に仲介をしているだけであるため、当該受注事業者との関係ではマッチングサービスを提供する事業者は「業務委託事業者」とはならず、発注事業者が「業務委託事業者」となります。

　一方、マッチングサービスを提供する事業者が、受注事業者との間で委託業務に係る業務委託契約を締結していない場合であっても、実質的に受注事業者に対して業務委託をしているといえる場合は、当該受注事業者との関係では発注事業者は「業務委託事業者」とはならず、マッチングサービスを提供する事業者が「業務委託事業者」となります[48]。

5　特定業務委託事業者

　「特定業務委託事業者」とは、業務委託事業者であって、次の各号のいずれかに該当するものをいいます（法2条6項）。

　一　個人であって、従業員を使用するもの
　二　法人であって、二以上の役員があり、又は従業員を使用するもの

48　Q&A29。

　組織と一個人の間における交渉力等の格差に起因する問題を解消することがフリーランス法の趣旨であることから、業務委託事業者のうち、組織としての実態を有している「特定業務委託事業者」に対してフリーランス法の規律の全てが適用されることとなります。

　「従業員を使用」や「役員」の考え方は、*前記1(3)、(4)*と同様です（**解釈ガイドライン第1部4**）。

　国や地方公共団体は、原則として「特定業務委託事業者」に該当しません。ただし、個別の事例ごとに判断して国や地方公共団体の活動が事業に該当し、その活動に関して特定受託事業者に業務委託を行う場合は、国や地方公共団体も「特定業務委託事業者」に該当します[49]。

6　報酬

　「報酬」とは、業務委託事業者が業務委託をした場合に特定受託事業者の給付（役務の提供委託をした場合にあっては、当該役務の提供をすること）に対し支払うべき代金をいいます[50]。報酬には、消費税・地方消費税も含まれます。

　報酬の支払方法は、できる限り現金（金融機関口座へ振り込む方法を含みます）で支払う方法によらなければなりません。報酬を現金以外の方法で支払う場合には、その支払方法が特定受託事業者が報酬を容易に現金化することが可能である等、特定受託事業者の利益が害されない方法でなければなりません。

　「現金以外の方法で報酬を支払う場合」に該当する支払手段として、手形の交付、一括決済方式、電子記録債権、及び資金移動業者の資金移動業に係る口座への資金移動があります。各支払手段を用いる場合についての留意事項は、下請法と同様の考え方をとります（以上について、

49　政省令等パブコメ1-2-45。
50　法律事務所において、一定年限を勤務した弁護士が留学に行く際の学費などを負担する例がありますが、この場合、法律事務所の業務として留学に行くわけではなく、留学費用は業務の対価性がないため「報酬」に該当しません（政省令等パブコメ1-2-46）。

解釈ガイドライン第1部5、Q&A30、31）。また、各支払手段を用いる場合に3条通知により明示しなければならない事項については、*後記第3編第2章第2の4(10)*を参照してください。

7 越境取引の場合の適用関係

　国又は地域をまたがる業務委託については、その業務委託の全部又は一部が日本国内で行われていると判断される場合には、フリーランス法が適用されます[51]。具体的には、例えば以下のような場合がこれに該当すると考えられます[52]。

---

① 　日本に居住するフリーランスが海外に所在する発注事業者から業務委託を受ける場合

② 　海外に居住するフリーランスが日本に居住する発注者から業務委託を受ける場合について、委託契約が日本国内で行われたと判断される場合

③ 　業務委託に基づきフリーランスが商品の製造やサービスの提供等の事業活動を日本国内で行っていると判断される場合

51　政省令等パブコメ1-1-12。
52　令和5年4月21日第211回国会参議院本会議第17号における後藤茂之新しい資本主義担当大臣答弁。

第1 はじめに

1 取引適正化パートの規律の趣旨

フリーランス法第2章の「取引適正化パート」では、フリーランスの取引の適正化のためのルールが定められています。

フリーランスは「個人」で事業を行うという性質上、「組織」として事業を行う発注事業者との間で交渉力などに格差が生じやすくなります。こうしたことを背景として、フリーランスへの業務委託取引においては、報酬の支払遅延や一方的な仕事内容の変更といった発注事業者（取引先）とのトラブルが生じている実態があります。

このような事態の解決には、独占禁止法の優越的地位の濫用によることも考えられます[1]。しかし、独占禁止法は要件の個別認定など法執行に時間がかかることなどから、経済的基盤が脆弱なフリーランスの保護のために十分であるとはいえません。

また、下請法による解決も考えられます。実際、フリーランスとの取引のうち下請法も適用される取引については、下請法に基づく解決も試みられています[2]。しかし、下請法が適用される親事業者となるには少なくとも資本金1,000万円超が必要であるところ、フリーランスへの発注事業者のうち資本金1,000万円以下の小規模事業者は4割を占め、これらの者との取引には下請法が適用されません。

そこで新たに、下請法の規律をベースとしつつも、フリーランスへの委託取引を対象とすることや発注事業者が小規模な事業者・フリーランスである場合もあることについても考慮したフリーランス法の取引適正化に関するルールが定められることとなったのです。

1　フリーランスガイドライン参照。
2　フリーランスに対する下請法違反（不当な給付内容の変更及び不当なやり直しの禁止）による勧告が行われた近時の例として、令和6年6月19日の勧告があります。（https://www.jftc.go.jp/houdou/pressrelease/2024/jun/0619_kinki_shitauke.html）

2 規律の概要

　フリーランス法第2章の取引適正化パートでは、2つの「義務」と、7つの「禁止事項」のルールが定められています。発注する側がどういった事業者であるか、取引の状況によって、守らなければいけない義務や禁止事項の組み合わせが、下記I〜IIIの類型に分かれます。

発注者はどのような事業者か	義務・規制の内容		
	取引条件の明示義務	期日における報酬支払義務	7つの禁止行為
I　業務委託事業者 （＝個人を含む全発注事業者）	○	—	—
II　特定業務委託事業者 （＝従業員や他に役員がいる発注事業者）	○	○	—
III　特定業務委託事業者 （＋一定期間以上の期間行う業務の委託）	○	○	○

　まず類型Iとして、全ての発注者の義務として、**取引条件の明示義務**があります。これは文字通り、フリーランスに対して業務を発注する全ての発注者に対する義務ですので、企業だけではなく、個人であっても発注者となる場合には取引条件の明示義務を負うという点がポイントとなります。

　次に類型IIは、従業員や代表者のほかに役員がいることで、組織となっている発注者（いわば発注者がフリーランスではない場合）に課される義務です。個人であっても、従業員を使用している場合は類型IIに該当するため、注意が必要です。類型IIでは、前記取引条件の明示義務に加え、**期日における報酬支払義務**も課されます。

　最後に類型IIIは、類型II同様フリーランス以外の発注事業者であって、かつ、**一定期間（1か月）以上の期間行う業務を委託する**場合です。この場合は、前記2つの義務に加え、**7つの禁止行為**の全てを遵守する必要があります。

第2　取引条件の明示義務

（特定受託事業者の給付の内容その他の事項の明示等）

第3条　業務委託事業者は、特定受託事業者に対し業務委託をした場合は、直ちに、公正取引委員会規則で定めるところにより、特定受託事業者の給付の内容、報酬の額、支払期日その他の事項を、書面又は電磁的方法（電子情報処理組織を使用する方法その他の情報通信の技術を利用する方法であって公正取引委員会規則で定めるものをいう。以下この条において同じ。）により特定受託事業者に対し明示しなければならない。ただし、これらの事項のうちその内容が定められないことにつき正当な理由があるものについては、その明示を要しないものとし、この場合には、業務委託事業者は、当該事項の内容が定められた後直ちに、当該事項を書面又は電磁的方法により特定受託事業者に対し明示しなければならない。

2　業務委託事業者は、前項の規定により同項に規定する事項を電磁的方法により明示した場合において、特定受託事業者から当該事項を記載した書面の交付を求められたときは、遅滞なく、公正取引委員会規則で定めるところにより、これを交付しなければならない。ただし、特定受託事業者の保護に支障を生ずることがない場合として公正取引委員会規則で定める場合は、この限りでない。

1　趣旨等

（1）概要

　本条は、発注者（本条の解説においては特定業務委託事業者も含めた業務委託事業者全般を指します）が、フリーランスに対し業務委託をした場合に、業務内容や報酬についてなど一定の事項（取引条件）を、書面又は電磁的方法によりフリーランスに対し明示しなければならないこ

とを定めています。この明示を「3条通知」といいます（解釈ガイドライン第2部第1の1）。下請法3条においても親事業者は下請事業者に一定事項を記載した書面（いわゆる3条書面）を交付しなければならないとされていますが、これに類似したルールです[3]。

（2）契約内容等の明示義務が設けられた趣旨

　発注者がフリーランスに対し業務委託を行う場合、契約内容が口頭により示されることが少なくありません。しかし、実務では、こうした口頭のやり取りのために、具体的な業務内容や報酬額等について認識の齟齬が生ずるなど、契約内容が不明確であることに起因するトラブルが生じています。

　本条は、フリーランスへの業務委託の契約内容を、発注者からフリーランスに対して明示させることにより、発注者とフリーランス間の契約内容に関するトラブルを未然に防止しようとする規定です[4]。

2　明示の主体

　本条による給付内容等の明示の義務は、「業務委託事業者」（前記のとおり、本条の解説では「発注者」と表記します）に課されています。

　したがって、後記「第3　期日における報酬支払義務」や「第4　特定業務委託事業者の禁止行為」の規律と異なり、例えば発注者が企業でなく、個人事業主の場合であっても明示の義務が発生することに注意が必要です。

3　明示の時点

（1）業務委託をした場合

ア　業務委託をした場合

3　下請法との相違点については後記7参照。
4　以上について、法案説明資料。

　発注者がフリーランスに「業務委託をした場合」は、「直ちに」3条通知による明示をすることが必要です。「業務委託をした場合」とは、発注者とフリーランスとの間で、業務委託をすることについて合意した場合をいいます（解釈ガイドライン第2部第1の1(1))[5]。

　フリーランス法施行前に行われた業務の委託については、3条通知による明示を行う必要はありませんが、施行後に契約の更新（自動更新を含みます）が行われた場合には、新たな業務委託が行われたものとして3条通知による明示を行う必要があります[6]。

　また、フリーランス法施行後に行われた業務の委託について契約の更新（自動更新を含みます）が行われる場合、更新前に書面又は電磁的記録によって交付された契約書等に、3条通知により明示すべき事項が全て記載されており、契約の更新に当たって明示事項に該当する定めに変更がないときには、新たに3条通知により明示する必要はないと解されます[7]。

イ　基本契約を締結している場合はいつ明示を行うか

　発注者とフリーランスの間で、一定期間にわたって同種の業務委託を複数行う場合、個々の業務委託ごとに同様の内容を取り決める手間を省く観点から、あらかじめ個々の業務委託に一定期間共通して適用される事項（以下「共通事項」といいます）を取り決めることがあります。例えば、フリーランスとの間で業務委託に係る給付に関する基本的な事項

5　「業務委託をするとき」とせず、「業務委託をした場合」とされたのは、「業務委託に係る契約の締結をしようとするとき」と解釈される余地が生ずるのを防ぐためです。あくまでも本条は、当事者間で合意した契約内容を明確化することでその後のトラブルを防止することを狙いとするものとされています（法案説明資料）。

6　この場合、施行前に行われた業務の委託に係る契約書等に3条通知により明示すべき事項が全て記載されており、当該契約書等が書面又は電磁的方法によって交付されている場合には、契約の更新に当たって明示事項に該当する定めに変更がないときには、新たに3条通知により明示する必要はありません。ただし、発注者は、トラブル防止の観点から、フリーランスに対し、従前の契約書等の条項と明示事項との対応関係を明確にすることが求められます（政省令等パブコメ2-1-4、Q&A33）。

7　前記Q&A33のとおり、施行日後の更新に当たって明示事項に該当する定めに変更がない場合は新たに3条通知により明示する必要はないとされているところ、フリーランス法施行後に3条通知による明示を行った場合においても同様と解されます。

についての契約（以下「基本契約」といいます[8]）を結んだ上で、その後に個々の業務委託をすることについて合意（いわゆる「個別契約」）する場合などです。

この場合において、明示を行うべき「業務委託をした場合」とは、そのような共通事項を取り決めた場合のことを指すのではなく、後に個々の業務委託をすることについて合意した場合（個別契約を締結した場合）を指します（解釈ガイドライン第2部第1の1(1)）。

（2）直ちに

「直ちに」とは、すぐにという意味で、一切の遅れを許さないことをいいます（解釈ガイドライン第2部第1の1(2)）。この「直ちに」は、「速やかに」より時間的即時性が強いものであるとされています[9]。このような時間的即時性が要求されているのは、本条の趣旨が契約内容の明確化を図りトラブルを未然に防止することにあるため、フリーランスを保護する観点から、合意した契約内容をすぐに確認できる状況にしておく必要があると考えられたことによるものです[10]。

例えば、突発的な業務の発生により、作業の着手を速やかに行う必要がある場合であっても、業務委託をした場合は、直ちに3条通知による明示を行う必要があります[11]。

8　行政は、「基本契約」と「共通事項」とは、個々の業務委託に一定期間共通して適用される事項を取り決めたという点では同じであるものの、「基本契約」とは、発注者が、フリーランスとの間で締結する、業務委託に係る給付に関する基本的な事項についての契約をいい、業務委託の給付の内容について少なくともその概要が定められているものをいうと解しています。このため、給付の内容についての概要が定められていれば、名称は問わず、また契約書という形式でなくても基本契約に該当し得ますが、守秘義務を定める契約（いわゆるNDA）など、給付の内容に言及されていないものは基本契約に含まないと解されています（解釈ガイドライン第2部第2の2(1)ア、政省令等パブコメ2-3-9～12）。

9　また、フリーランス法特有の概念ではないと説明されています（政省令等パブコメ2-1-6）。

10　法案説明資料。

11　当局解説書48頁。

4 明示事項

（1）基本項目と例外的項目

　3条通知による明示が求められる事項には、以下のとおり、基本の9項目（①～⑨）と、特定の場合に例外的に明示が必要な項目（⑩～⑫）とがあります（法3条、公取則3条）。

基本の9項目

＜原則として全ての3条通知で明示が必須となる事項＞

①発注者・フリーランスの商号・氏名・名称等

②業務委託をした日

③給付の内容（提供される役務の内容）

④給付を受領する期日／役務の提供を受ける期日（期間を定めるものは当該期間）

⑤給付を受領する場所／役務の提供を受ける場所[12]

⑥報酬の額（具体的金額の記載が困難なやむを得ない事情がある場合、算定方法）

⑦報酬の支払期日

＜該当する取引の場合に明示が必要となる事項＞

⑧給付の内容について検査をする場合は、その検査を完了する期日

⑨現金以外の方法（手形、一括決済方式、電子記録債権、デジタル払い）で報酬を支払う場合に記載が必要となる事項

特定の場合に例外的に明示が必要となる項目

⑩未定事項がある場合に必要な事項

⑪共通事項をあらかじめ明示する場合に必要な事項

⑫再委託の例外を用いる場合に必要な事項

　3条通知の明示事項は、大部分が下請法3条（及び下請代金支払遅延等防止法第3条の書面の記載事項等に関する規則）により交付が求めら

12　後記(6)のとおり、⑤の明示は不要となる場合もあります。

れる書面（以下「3条書面」といいます）の記載事項と共通します[13]。

　フリーランス法及び下請法の両法が適用される業務委託の場合、発注者は、フリーランスに対して、同一の書面や電子メール等において、両法が定める記載事項をあわせて一括で示すことが可能です。この場合には、①フリーランス法と下請法のいずれかのみに基づく記載事項があるときはその事項も記載する必要があること、及び②電磁的方法による場合には下請法の規制（事前に下請事業者の承諾を得ること及び下請事業者が電磁的記録を出力して書面を作成できる方法によること）を遵守する必要があります[14]。

（2）発注者及びフリーランスの商号・氏名・名称等

　発注者は、自ら及びフリーランスの、商号・氏名・名称や、互いを識別するために両当事者間で付された番号・記号等を明示する必要があります（公取則1条1項1号[15]）。

　当事者間でトラブルにならない程度に双方を特定できるものであれば足ります[16]。

　実際の氏名までも明示することが必要なわけではありませんので、例えば、ニックネーム・ビジネスネーム・ハンドルネーム等を用いることも可能です[17]。もっとも、トラブル防止の観点からは、あらかじめ互い

13　下請法との相違点については後記7参照。
14　政省令等パブコメ2-1-1、Q&A32。
15　政省令等パブコメ2-1-21。なお、公取則1条1項1号の文言上は、「業務委託事業者及び特定受託事業者の商号、氏名若しくは名称又は事業者別に付された番号、記号その他の符号であって業務委託事業者及び特定受託事業者を識別できるもの」です。
16　Q&A37。
17　公正取引委員会「特定受託事業者に係る取引の適正化に関する検討会」においては、①実際の氏名は紛争が生じた際に必要となるため明示事項とすべきとの意見があった一方、②フリーランスに係る取引は実際の氏名を開示しない形での取引が非常に多く、実際の氏名を明示事項とすべきでない、トラブル防止に必要な事項と紛争解決に必要な事項は分けて考えるべきであるとの意見や③ハンドルネーム等を使って取引をしているフリーランスが自身の氏名を明らかにすることは個人情報の観点から非常に強い抵抗があるとの意見がありました。これらのことから、フリーランスの取引機会への影響を考慮し、双方を識別できる何らかのものを明示事項とすることは必要ではあるものの、実際の氏名までも明示事項とすることが必要とまでは考えられないとされました（政省令等パブコメ2-1-18、19、公正取引委員会「特定受託事業者に係る取引の適正化に関する検討会　報告書」第2・1（2頁）参照）。

に業務委託の相手方の氏名又は登記されている名称も把握しておくことも考えられます（以上について、解釈ガイドライン第2部第1の1(3)ア）。

> 記載例：○山×郎／○○株式会社／○○本舗（通称・屋号など）／
> 　　　　A-1234（双方が相手を特定できる番号など）

（3）業務委託をした日

3条通知に係る業務委託を特定するための基本的な情報として、業務委託をすることについて合意した日を記載します（公取則1条1項2号、解釈ガイドライン第2部第1の1(3)イ）[18]。例えば、業務委託契約を締結した日などがこれに当たります（この合意自体は契約書に限らず口頭によるものも含まれますので[19]、たとえ口約束でも業務委託の合意をした場合は直ちに3条通知をしなければなりません）。

契約書などで、業務に着手する日を定めたような場合であっても、委託業務を開始した日ではなく、あくまでも業務委託をすることについて合意した日がここでいう「業務委託をした日」に当たります[20]。また、契約に停止条件が付されていた場合でも、その存在にかかわらず、業務委託をすることについて合意をした日を記載します[21]。

前記のとおり、業務委託をした場合には直ちに3条通知が必要となりますので、実際には、取引条件を明示した日を記載しておくケースが多いと思われます。

（4）給付の内容

発注者は3条通知において、フリーランスの給付（役務提供委託の場合は提供される役務）の内容を記載する必要があります（公取則1条1項3号）。フリーランスに委託した業務遂行の結果として提供されるべ

18　当局解説書50頁。
19　もっとも、トラブル防止の観点からは、記録に残る方法によることが望まれます（Q&A36）。
20　政省令等パブコメ2-1-23、Q&A36。
21　政省令等パブコメ2-1-22。

き物品・情報成果物・役務について、その品目・品種・数量・規格・仕様等を明確に記載します。フリーランスが記載を見て、その内容を理解でき、発注者の指示に即した給付の内容を作成又は提供できる程度の情報を記載することが必要です[22]。

> 記載例[23]
> ・品目○○（仕様の詳細は別紙○○のとおり）、数量○○。
> ・○○作業（作業内容の詳細は別紙○○のとおり）
> ・集荷配達業務（○○エリア内）、車種○トン
> ・東京〜大阪間輸送業務（往復）、車種○トン

また、業務の遂行過程でフリーランスに知的財産権が発生する場合に、発注者が、目的物の給付（役務の提供）とともに、業務委託の目的としての使用範囲を超えて知的財産権を自らに譲渡・許諾させることを「給付の内容」とすることがあります（例えば、イベントの告知のためにイラストの作成を委託するが、イベントの告知以外の用途にもそのイラストを使用したい場合など）。このような場合、発注者は3条通知に「給付の内容」の一部として、知的財産権の譲渡・許諾の範囲を明確に記載する必要があります（以上について、解釈ガイドライン第2部第1の1⑶ウ。なお、あわせて対価の明示も必要となることについて、後記(7)ウ参照）。

著作者人格権に関する取り決めが知的財産権の許諾といえるものであれば、その取り決めの内容も「給付の内容」の一部として明示する必要があり、取り決めの内容等を勘案して定められた報酬の額を明示する必要があります[24]。

22　政省令等パブコメ2-1-24、25。
23　ここに記載したもののほか、フリーランスガイドライン〈別添1〉にも記載例があり、参考になります。
24　政省令等パブコメ2-1-28、29。

記載例[25]：

（譲渡する場合）

　当社の発注の作成過程において発生する貴殿の著作権（著作権法第27条及び第28条に定める権利を含みます）[26]については、発注の内容に含み、当社が譲渡を受けるものとします。

（譲渡して著作者人格権の不行使を合意する場合）

　発注の作成過程において発生するXXXに関する著作権（著作権法第27条及び第28条に定める権利も含む）については、発注内容に含み、貴社に譲渡します。また、XXXに関して、著作者人格権を貴社に対して行使しないものとします。

（許諾する場合①パンフレット等に業務の成果であるコラムやイラストを掲載）

　以下の範囲に限り、納品物の利用を認めます。

　目的：印刷物の掲出

　印刷物の名称：XXX

　掲出期間：XX 年 XX 月 XX 日から YY 年 YY 月 YY 日まで

　印刷部数：XXXX

（許諾する場合②WEB サイトに業務の成果である写真や文章を掲載）

　以下の範囲に限り、納品物の利用を認めます。

　目的：甲が運営する WEB サイトへの掲載

　WEBサイトの名称：XXXX（URL：https:// ・・・）

　掲載期間：XX年XX月XX日から YY年YY月YY日まで

25　下請講習会テキスト98頁、フリーランスガイドライン〈別添1〉。

26　著作権法61条2項により、著作権を譲渡する契約においては、同法27条又は28条に規定する権利を譲渡の目的として特掲しないときは、これらの権利は譲渡した者に留保されたものと推定されるため、注意が必要です。

　なお、発注者がフリーランスに対し、3条通知による明示を行ったといえる程度に委託内容を明らかにしていた場合には、取引の過程でより詳細な委託内容が確定したとしても、必ずしも詳細な委託内容を改めて3条通知により明示する必要はありません[27]。

（5）給付を受領し、又は役務の提供を受ける期日等

　フリーランスから給付を受領し、又は役務の提供を受ける期日（いわゆる「納期」や「作業日」）を明示します（公取則1条1項4号）。

　また、役務提供委託で期間を定める場合は、その期間を明示します（解釈ガイドライン第2部第1の1(3)エ)[28]。

> 記載例：
> ・○年○月○日
> ・（役務提供委託で期間を定める場合）○年○月○日～○年○月○日

（6）給付を受領し、又は役務の提供を受ける場所

　発注者は、給付を受領し、又は役務の提供を受ける場所（以下「給付を受領する場所等」といいます）を明示する必要があります（公取則1条1項5号）。

　ただし、主に役務の提供委託において、委託内容に給付を受領する場所等が明示されている場合や、給付を受領する場所等の特定が不可能な委託内容の場合には、場所の明示は要しません。

　また、主に情報成果物の作成委託において、電子メール等を用いて給

27　ただし、このような場合においても、3条通知による明示事項の明示が求められる趣旨から、発注者は、後に定めたより詳細な委託内容についてもフリーランスに伝え、当事者間での委託内容の明確化に努めることが望ましいとされています（Q&A41）。
28　下請法における解釈では、製造委託の場合、納期を幅のある期間として定めること（期間発注）は原則許容されないと解されています（清水敬＝木寺麻季「株式会社フェリシモに対する勧告について」公正取引753号75頁）。期間発注がなされると、期間内で発注者が必要とするタイミングで指示があれば、受注者として随時納品ができるように準備しておかざるを得ず、在庫負担やキャッシュフローの減少といった不利益が生ずるためです（長澤哲也著『優越的地位濫用規制と下請法の解説と分析〔第4版〕』（2021年・商事法務）177頁）。

付を受領する場合には、提出先として電子メールアドレス等を明示すれば給付を受領する場所等の明示として足ります（以上について、解釈ガイドライン第2部第1の1(3)オ）。

> 記載例[29]：
>
> ・（製品の納入の場合・自社等に納入）弊社本社○○課／弊社○○工場○○係
> ・（製品の納入の場合・他社に納入）○○市○○町○○株式会社○○課
> ・（ビルメンテナンスの委託の場合）㈱○○本社ビル
> ・（イベントの委託の場合）日比谷公会堂
> ・（情報処理サービスの委託の場合）弊社本社○○課
> ・（委託内容に委託場所が記されており委託場所の記載が不要な場合・運送委託）
>   委託内容：貨物積込先○○㈱（○○区○○町所在）→取卸先△△㈱（△△市△△町所在）
> ・（場所の特定が不可能な委託内容であるため場所の記載が不要なケース）
>   委託内容：○○商品のサポートサービス業務（場所が記載できない。）
> ・（アップロードによる場合）指定するウェブサーバー（https://www.XXXX.com/YY/）にPSD形式でアップロードすることによる
> ・（メールで提出する場合）指定する電子メールアドレス（ABC@YYY.ne.jp）にPDF形式ファイルでメール添付して提出する方法による
> ・（電磁的記録媒体で提出する場合）電磁的記録媒体にdoc形式で記録し、当該電磁的記録媒体を、甲の本社XX課へ持参することによる

（7）報酬の額

ア　原則

発注者は3条通知において「報酬の額」を明示することが必要です（公取則1条1項7号及び同条3項）。「報酬の額」とは、発注者がフリーラン

29　下請講習会テキスト97、109頁、フリーランスガイドライン〈別添1〉参照。

スに委託した業務が遂行された結果、フリーランスの給付に対し支払うべき代金の額をいいます（解釈ガイドライン第2部第1の1⑶キ）。報酬の金額の記載に当たっては、具体的な金額を明確に記載することが原則です。報酬額の明示については、特に以下のイ〜オに留意が必要です。

イ 「算定方法」を記載する場合

　前記のとおり、3条通知には具体的な金額の明記が原則ですが、具体的な金額を明示することが困難なやむを得ない事情がある場合には、報酬の具体的な金額を定めることとなる「算定方法」を明示することができます（公取則1条3項）。この場合の算定方法は、報酬の額の算定根拠となる事項が確定すれば、具体的な金額が自動的に確定するものでなければなりません。

　例えば後記の記載例の①〜④のような場合は、具体的な金額の代わりに「算定方法」による明示が可能です。

　また、基本契約で算定方法を明示し、これと別に3条通知を発行するなど、両者が別のものである場合においては、これら相互の関連性を明らかにしておく必要があります。

　更に報酬の具体的な金額を確定した後は、速やかにフリーランスにその金額を明示する必要があります（以上について、解釈ガイドライン第2部第1の1⑶キ㈐）。

記載例[30]：

①原材料費等が外的な要因により変動し、これらに連動して報酬の額が変動する場合

　a　為替相場に応じて価格を決定する算定方法

　　工賃○○円＋実際に海外から調達した原材料費Xドル×為替レート
　　（フリーランスが調達した時点○月○日の★★市場の終値）

　b　原材料の相場に応じて価格を決定する算定方法

30　下請講習会テキスト28頁、フリーランスガイドライン〈別添1〉参照。

工賃○○円＋原材料Ａをフリーランスが調達した時点○月○日のＡ
の★★市場の終値×調達したＡの量

②プログラム作成委託において、プログラム作成に従事した技術者の技
術水準によってあらかじめ定められている時間単価及び実際の作業時
間に応じて報酬が支払われる場合

時間当たり単価○○円×所要時間数＋作成に要した実費（交通費、
△△費…）

③一定期間を定めた役務提供であって、当該期間における提供する役務
の種類及び量に応じて報酬が支払われる場合（ただし、提供する役務
の種類及び量当たりの単価があらかじめ定められている場合に限る）

Ａ区間における運送の単価○○円×当該区間の運送回数
＋Ｂ区間における運送の単価○○円×当該区間の運送回数
＋Ｃ区間における運送の単価○○円×当該区間の運送回数

④文字数による場合

1字当たり○円（消費税等除く）

ウ　知的財産権の譲渡・許諾がある場合

　例えば記事の執筆やイラスト制作の依頼など、フリーランスに知的財
産権が発生する場合に、発注者が目的物の給付（役務の提供）とともに、
フリーランスの知的財産権を自らに譲渡・許諾させることを含めて業務
委託を行う場合、知的財産権の譲渡・許諾に係る対価を報酬に加える必
要があります。この場合、必ずしも報酬の内訳として知的財産権の対価
を明示する必要はありませんが、十分な協議を行い書面等で明らかにし
ておくことがトラブル防止の観点から有効です（解釈ガイドライン第2
部第1の1(3)キ(イ)）[31]。

31　政省令等パブコメ2-1-48。

記載例[32]：

（譲渡の対価の内訳を表示する場合）

　金〇〇円（うち、著作権に関する対価〇〇円）（※いずれも消費税等を除く）

（譲渡の対価は報酬に含まれるとする場合）

　金〇〇円（著作権に関する対価を含む）（消費税等除く）

（許諾の対価を明示する場合）

報酬：〇〇円（消費税等除く）

許諾の対価（〇年〇月〇日〜〇年〇月〇日までの利用）：〇〇円（消費税等除く）

（許諾の対価は報酬に含まれるとする場合）

報酬：〇〇円（消費税等除く）（〇年〇月〇日〜〇年〇月〇日までの利用許諾の対価を含む）

エ　費用等を発注者が負担する場合

　業務の遂行に要する、材料費、交通費、通信費等の費用等（名目は問いません）を発注者が負担する場合、これら費用等の金額を含めた総額が把握できるように「報酬の額」を明示する必要があります[33]。発注者及びフリーランスは、業務委託に先立ち、費用等の精算の有無や範囲等について十分に協議し決定することが望ましいといえます。特にフリーランスとしては、費用等の精算の有無等について特段の明示が無い場合、3条通知に記載した「報酬の額」のみを支払う旨明示したことになる（示された報酬の額が費用等を含めた金額である可能性が高い）とされてい

32　フリーランスガイドライン〈別添1〉参照。
33　諸経費が明示事項とはされていないことについての議論の経過は、公正取引委員会「特定受託事業者に係る取引の適正化に関する検討会　報告書」4頁参照。

る点に留意が必要です[34]。

　3条通知による明示の時点では費用等の発生の有無又はその金額が確定しておらず、「報酬の額」として具体的な金額を明示することができない場合もあります。この場合、発注者は、*前記イ*又は*後記(11)*の方法により「報酬の額」を明示することができます（*解釈ガイドライン第2部第1の1(3)キ(ウ)*）。3条通知に「報酬の額」として諸経費の取扱いを記載することが難しいことについて正当な理由が認められ、かつ、別途協議の上定めることとしてもフリーランスに不利益がない場合は、「諸費用の取扱いは、発注者・受注者間で別途協議の上、定める」といった記載も可能です。ただし、具体的な金額の明示をすることについて困難なやむを得ない事情がなくなった場合には、発注者は諸経費の取扱いについて特定受託事業者と速やかに協議をした上で決定し、フリーランスに対してその内容を直ちに明示することが必要です[35]。

> 記載例[36]：
> ・作成に要した交通費、〇〇費、〇〇費の実費は当社が負担します。
> ・代金については、別添の単価表に基づき算定された金額に、作成に要した交通費、〇〇費、〇〇費の実費を加えた額を支払います。

オ　消費税・地方消費税の明示

　「報酬の額」には、本体価格だけでなく、消費税・地方消費税の額も明示することが望ましいとされています。また、いわゆる内税方式として消費税・地方消費税込みの「報酬の額」を明示する場合には、その旨を明確に記載する必要があります（*解釈ガイドライン第2部第1の1(3)キ(エ)*）。

34　民法650条の費用負担との関係について政省令等パブコメ2-1-53参照。
35　Q&A38。
36　下請講習会テキスト34、100頁。

記載例[37]：

・本体価格○円、消費税等額○円（消費税等額は、法定税率による消費税額と地方消費税額を合わせたものです。）

・○○円（消費税額・地方消費税額込み）

・本注文書の金額は、消費税・地方消費税抜きの金額です。支払期日には法定税率による消費税額・地方消費税額分を加算して支払います。

（8）支払期日

　発注者は3条通知において「支払期日」を明示することが必要です（公取則1条1項7号）。「支払期日」とは、フリーランスへの報酬の支払日をいい、具体的な日が特定できる必要があります（解釈ガイドライン第2部第1の1(3)キ。支払期日についての詳細は、後記第3の2参照）。

記載例[38]：

○　○年○月○日

○　毎月末日納品締切、翌月○日支払

○　検収締切日毎月○日、支払日翌月○日

○　納品締切日毎月○日

　　　　・手形支払日翌月○日

　　　　・現金支払日翌月○日

×　○月○日まで（支払の期限を示しており、具体的な日が特定できない）

×　納品後○日以内（支払の期限を示しており、具体的な日が特定できない）

（9）給付の内容について検査をする場合は、その検査を完了する期日

　発注者は、フリーランスの給付の内容について検査をする場合は、そ

37　下請講習会テキスト97、100頁。

38　下請講習会テキスト36、98頁。

の検査を完了する期日を明示する必要があります（公取則1条1項6号、解釈ガイドライン第2部第1の1(3)カ）。

フリーランスが検査完了日を明確に理解できる限りにおいては、検査完了年月日の代わりに「納品物を納入した日の翌日から5日（5営業日）以内」とすることも可能です（「営業日」によって定める場合は、その解釈について発注者とフリーランスの認識に齟齬がないことが前提です）[39]。

> 記載例[40]：○月○日／納品後○日／納品物を納入した日の翌日から5営業日以内

（10）現金以外の方法で報酬を支払う場合の明示事項

フリーランスへの報酬の支払は、できる限り現金（金融機関口座へ振り込む方法を含みます）によるものとされています。報酬を現金以外の方法で支払う場合には、フリーランスが報酬を容易に現金化することが可能である等フリーランスの利益が害されない方法でなければなりません（解釈ガイドライン第1部の5、Q&A30）。

現金以外の方法で報酬を支払う場合には、支払方法に応じて次の事項を明示しなければなりません（公取則1条1項8号から11号）。報酬の全部ではなく一部に現金以外のいずれかの支払方法を用いる場合には、その額を記載する方法のほか、報酬の総額のうち当該支払方法により支払う額の占める比率を明示することも可能です（解釈ガイドライン第2部第1の1(3)ク）。

39　政省令等パブコメ2-1-35。
40　下請講習会テキスト98頁。

支払方法	明示する事項
①手形を交付する場合（公取則1条1項8号）	・手形の金額 ・手形の満期
②一括決済方式[41]（債権譲渡担保方式[42]／ファクタリング方式[43]／併存的債務引受方式[44]）で支払う場合（公取則1条1項9号）	・金融機関の名称 ・金融機関から貸付け又は支払を受けることができることとする額 ・報酬債権又は報酬債務の額に相当する金銭を金融機関に支払う期日
③電子記録債権[45]で支払う場合（公取則1条1項10号）	・電子記録債権の額 ・電子記録債権法16条1項2号に規定する電子記録債権の支払期日
④デジタル払い（○○ペイなどのこと）[46]をする場合（公取則1条1項11号）	・資金移動業者の名称 ・資金移動に係る額

第3編　第2章　特定受託事業者の取引適正化

41　一括決済方式とは、手形の発行量の増大に伴い手形発行・受取に係る業務量が親事業者・下請事業者双方にとって大きな負担となってきたため、手形に代わる手段として考案されたもので、手形と実質的に同じ機能を果たすものです（下請講習会テキスト119頁参照）。なお、各支払手段を用いる場合の留意事項は下請法と同様の考え方を採るとされているところ（Q&A31）、一括決済方式については、「一括決済方式が下請代金の支払手段として用いられる場合の下請代金支払遅延等防止法及び独占禁止法の運用について」（平成21年12月25日事務総長通達第16号）、「一括決済方式が下請代金の支払手段として用いられる場合の指導方針について」（平成11年7月1日取引部長通知）が出されています。

42　フリーランスが、報酬の額に相当する報酬債権を担保として、金融機関から当該報酬の額に相当する金銭の貸付けを受ける方式。

43　フリーランスが、報酬の額に相当する報酬債権を金融機関に譲渡することにより、当該金融機関から当該報酬の額に相当する金銭の支払を受ける方式。

44　フリーランスが、報酬の額に相当する報酬債務を発注者とともに負った金融機関から、当該報酬の額に相当する金銭の支払を受ける方式。

45　報酬の全部又は一部の支払につき、発注者及びフリーランスが電子記録債権（電子記録債権法2条1項に規定する電子記録債権）の発生記録（同法15条に規定する発生記録をいいます）をし又は譲渡記録（同法17条に規定する譲渡記録をいいます）をする場合。なお、各支払手段を用いる場合の留意事項は下請法と同様の考え方を採るとされているところ（Q&A31）、電子記録債権については、「電子記録債権が下請代金の支払手段として用いられる場合の下請代金支払遅延等防止法及び私的独占の禁止及び公正取引の確保に関する法律の運用について」（平成21年6月19日事務総長通達第12号）、「電子記録債権が下請代金の支払手段として用いられる場合の指導方針について」（平成21年6月19日取引部長通知）が出されています。

46　報酬の全部又は一部の支払につき、発注者が、資金決済に関する法律36条の2　1項に規定する第一種資金移動業を営む同法2条3項に規定する資金移動業者（以下単に「資金移動業者」といいます）の第一種資金移動業に係る口座、同法36条の2　2項に規定する第二種資金移動業を営む資金移動業者の第二種資金移動業に係る口座又は同条3項に規定する第三種資金移動業を営む資金移動業者の第三種資金移動業に係る口座への資金移動を行う場合。

記載例[47]：

・全額現金払（口座振込による。支払期日が金融機関の休業日に当たる場合、順延期間が2日以内の場合には当該金融機関の翌営業日に支払う）

・現金○％、手形○％（手形期間○日、総額○万円未満のときは全額現金払）

・支払総額○万円以上のときは手形払、期間○日

・支払総額○万円未満全額現金

　　支払総額○万円以上のときは、

　　　　・手形○％（期間○日）

　　　　・残額現金

・現金○％

　　一括決済方式○％（金融機関名、金融機関との決済期日○年○月○日[48]）

・手形○％、手形期間○日

　　電子記録債権○％（電子記録債権の満期日○年○月○日[49]）

・○○ペイ（資金移動業者名○○）、資金移動に係る額○円

（11）未定事項がある場合

ア　未定事項とは

　発注者は、業務委託をしたときは、原則として直ちに、全ての明示事項をフリーランスに明示しなければなりません。

　もっとも、明示事項のうち「その内容が定められないことにつき正当な理由がある」もの（以下「未定事項」といいます）は、明示を要しません（法3条1項但書）。

　「その内容が定められないことにつき正当な理由がある」とは、業務委託の性質上、業務委託をした時点ではその事項の内容について決定す

47　下請講習会テキスト98頁。
48　決済は支払期日から起算して○日目と記載することも可能。
49　決済は支払期日から起算して○日目と記載することも可能。

ることができないと客観的に認められる理由がある場合をいいます。例えば、

・ソフトウェア作成委託において、委託した時点では最終ユーザーが求める仕様が確定しておらず、フリーランスに対する正確な委託内容を決定することができない

・放送番組の作成委託において、タイトル、放送時間、コンセプトについては決まっているが、業務委託時には、放送番組の具体的な内容については決定できず、「報酬の額」が定められない場合

といった場合は、「給付の内容」を定められない場合に当たると考えられます[50]。

　業務委託をした時点で、明示事項の内容について決定できるにもかかわらず、これを決定せず、これらの事項の内容を3条通知により明示しないことは認められません。単に「忙しいから」、「フリーランスも了承しているから」といった理由で明示事項の内容を決定しないことも認められません[51]。

　また、報酬の額として具体的な金額を定めることとなる算定方法を3条通知により明示することが可能である場合には、報酬の額についてその内容が定められないことにつき正当な理由があるとはいえず、3条通知により算定方法を明示（詳細は*前記(7)*参照）する必要があります（以上について、*解釈ガイドライン第2部第1の1(3)ケ(ア)*）。

イ　未定事項がある場合の対応方法

　発注者は、未定事項がある場合、以下のように、「当初の明示」をした後に、「補充の明示」を行う必要があります（*公取則1条4項及び4条、解釈ガイドライン第2部第1の1(3)ケ(イ)*）。

50　政省令等パブコメ2-1-57〜59、Q&A39。この他、下請講習会テキスト29頁以下に下請法における例示があり、参考になると思われます。
51　当局解説書57頁。

第3編　第2章　特定受託事業者の取引適正化

①「当初の明示」：3 条通知で次の事項を明示する（公取則 1 条 4 項）。
- ・未定事項以外の事項
- ・未定事項の内容が定められない理由
- ・未定事項の内容を定めることとなる予定期日

　　↓速やかに

②発注者は、未定事項について、フリーランスと十分な協議をして定める。

　　↓未定事項を定めた後、直ちに

③「補充の明示」：未定事項をフリーランスに明示する。なお、「当初の明示」と「補充の明示」は、相互の関連性が明らかになるようにする（公取則 4 条）。

記載例[52]：

（未定事項の部分の記載例）
- ・詳細仕様は未定（後日交付する「○○仕様書」による。）

（未定事項の内容が定められない理由の記載例）
- ・ユーザーの詳細仕様が未確定であるため

（未定事項の内容を定めることとなる予定期日の記載例）
- ○　○年○月○日
- ○　発注後○日[53]
- △　納期（具体的な日が特定可能であり、実際に納期まで決まらないのであれば認められるが、そのような実態がない場合は認められない。また、当初書面において納期を記載していない場合には認められない。）

52　下請講習会テキスト 30、32、103 頁。
53　全ての発注において「発注日から○日」などと一律の記載をすることは、実際に一律の時期に特定可能となるということであれば可能ですが、通常そのような場合は考えにくいとされています（下請講習会テキスト 32 頁）。

　×　納入月（具体的な日が特定できない）

（補充の明示における、当初の明示との関連性の記載例）
　・本書は○年○月○日付け[54]の注文書の記載事項を補充するものです。

（12）共通事項がある場合

　発注者は、原則として業務委託をする都度、3条通知による明示が必要です。

　もっとも、複数の取引に共通する事項（共通事項）がある場合には、例えば基本契約書に記載しておくとか、基本的な取引条件として提示しておくなど、あらかじめ書面の交付又は電磁的方法による提供により共通事項を示すことにより、共通事項を業務委託の都度明示することは不要となります（公取則3条）。ただし、この場合、個別の3条通知には、あらかじめ明示した共通事項との関連性を記載しなければなりません。

個別の3条通知における共通事項との関連性の記載例[55]：
○　品名・規格・仕様等は○年○月○日付け「○○仕様書」のとおり。
○　作業単価は○年○月○日付け「単価表」のとおり。
○　支払期日・方法等は○年○月○日付け「支払方法等について」による。
○　支払条件等は○年○月○日交付の当社支払規程による。
×　支払条件等は別途通知のとおり（通常、別途通知形式の文書がいくつもあり、不明確）
×　その他当社規程による（何の規程か不明確）

　また、共通事項の明示に当たっては、その共通事項が有効である期間もあわせて明示する必要があるとされています。具体的な有効期間を記

---

[54]　当初書面の交付日付でなくても、当初書面と補充書面の注文番号を同じとするなど、当初書面の内容を補充する書面であることが分かる記載があればよく、書式・内容は問わないとされています（下請講習会テキスト103頁）。
[55]　下請講習会テキスト27、104頁。

載することのほか、共通事項について「新たな明示が行われるまでの間は有効とする」といった明示も可能です。共通事項を基本契約書で定めている場合には、当該基本契約書に契約期間が記載されていれば、それで足りるでしょう。

　なお、発注者側において、年に1回、明示済みの共通事項の内容について自ら確認し、又は社内の購買・外注担当者に周知徹底を図ることが望ましいとされています（以上について、解釈ガイドライン第2部第1の1(3)コ）。

（13）再委託の例外を用いる場合

　他の事業者から業務委託を受けた者が、その業務（以下「元委託業務」といいます）の全部又は一部をフリーランスに再委託する場合があります。このような再委託をする場合に、発注者は、フリーランスに一定の事項を明示することで、フリーランスへの報酬の支払期日を、フリーランスの給付を受領した日（又は役務の提供を受けた日）から起算して60日を超えて、元委託業務を委託した事業者（以下「元委託者」といいます）より元委託業務の対価の支払を受ける日から起算して30日以内の期間に定めることができます（法4条3項）。つまり、原則的な60日以内の報酬支払義務（後記第3の3参照）の期間を延期できるということです。

　再委託の例外を用いる場合、発注者は、フリーランスに対し、次の①から③までの事項を明示する必要があります（公取則1条2項、6条）。

> ①　再委託である旨（公取則6条1号）[56]
> ②　元委託者の商号、氏名若しくは名称又は事業者別に付された番号、記号その他の符号であって元委託者を識別できるもの（公取則6条2号）[57]

---

[56]　「再委託である旨」の明示は、フリーランスにおいて、当該業務が再委託であることを把握し得る程度のもので足ります（解釈ガイドライン第2部第1の1(4)ア）。
[57]　考え方は前記(2)と同様です（解釈ガイドライン第2部第1の1(4)イ）。

③ 元委託業務の対価の支払期日（公取則6条3号）[58]

　この再委託の例外規定は、再委託をした場合に必ず適用されるわけではなく、発注者が3条通知に上記事項を明示した場合のみ適用を受けることができるものです[59]。再委託の例外の適用を受けるための明示をする場合は、フリーランス法3条1項に基づく明示を行うときにあわせて行う必要があります[60]。

5 明示の方法

（1）書面又は電磁的方法

　3条通知による明示は、「書面」又は「電磁的方法」により行わなければならず、口頭のみで行うことは認められません（法3条1項）。

　「書面」によるか「電磁的方法」によるかは、発注者が選択することができます。電磁的方法により提供する場合にも事前にフリーランスの承諾を得る必要はありません（この点は下請法と異なる点です。ただし、フリーランス法と下請法の双方が適用される取引の場合は下請法の規律に従う必要がありますので、フリーランスの事前の承諾が必要です[61]）。

（2）書面による明示

　書面（紙）により明示する場合、必要な明示事項が記載された書面であれば特に様式は問われませんので、取引内容に応じて適切な書面を作成することで足ります。「フリーランス法3条通知」などと題する書面を交付する方法でも構いませんし、発注書や業務委託契約書などに明示

58　「元委託業務の対価の支払期日」（以下「元委託支払期日」といいます）とは、元委託者から特定業務委託事業者（発注者）に元委託業務の対価を支払う日として定められた期日をいいます。元委託支払期日が3条通知において明示事項となっていることから、元委託者は、速やかに元委託支払期日を確定させることが望ましいとされています（解釈ガイドライン第2部第1の1(4)ウ）。

59　政省令等パブコメ2-2-18。

60　当局解説書59頁。

61　下請法3条2項、公正取引委員会「下請取引における電磁的記録の提供に関する留意事項」（下請講習会テキスト148頁以下参照）。

事項を記載する方法も可能です[62]。

　受信と同時に書面により出力されるファクシミリで送信する方法は、「書面の交付」に該当します（解釈ガイドライン第2部第1の1(5)ア）。

（3）電磁的方法による明示

ア　電磁的方法による明示とは

　電磁的方法による明示（法3条1項及び公取則2条）は、明示事項が文字、番号、記号その他の符号で表示される方法でなければなりません。

　電磁的方法による提供には、「電子メール等」による方法（公取則1条5項、2条1項1号及び同条2項）と、「電磁的記録媒体をもって調製するファイルに明示すべき事項を記録したもの」を交付する方法（公取則2条1項2号）があります。

イ　電子メール等による方法

　3条通知には、「電子メール等」[63]を用いることができます。ここにいう「電子メール等」とは、電子メールのほか、ショートメッセージサービス（SMS）やソーシャルネットワーキングサービス（SNS）のメッセージ・チャットツール機能等のうち、送信者が受信者を特定して送信することのできるものをいいます。

　フリーランスがインターネット上に開設しているブログやウェブページ等への書き込み等のように、入力情報を第三者に閲覧させることに付随して特定の個人への情報伝達機能が提供されるものについては、「その受信する者を特定して情報を伝達するために用いられる電気通信」には含まれません。

　例えば、次のような方法は、「電子メール等」により送信する方法に該当します。

62　政省令等パブコメ2-1-2。
63　電子メールその他のその受信する者を特定して情報を伝達するために用いられる電気通信（電気通信事業法2条1号に規定する電気通信をいいます）。

①メールに添付して送信

明示事項を記載した電子ファイル（PDFファイルなど）を電子メールに添付して、フリーランスの指定する電子メールアドレス宛てに送信する方法

②SNSのメッセージ機能

明示事項を記載したメッセージを送信する方法（第三者が閲覧することができないメッセージ機能に限られます。いわゆるダイレクトメッセージ等です）

③ウェブページのURLを送信

明示事項の一部を掲載しているウェブページをあらかじめインターネット上に設け、他の明示事項とともにそのページのURLをフリーランス宛てに電子メールにより送信する方法[64]

④ファックス送信

フリーランスのファックスが電磁的記録をファイルに記録する機能を有する場合[65]

⑤電子契約締結サービス[66]

電子メール等により明示する場合は、フリーランスの使用する通信端末機器等が電子メール等を受信したときにフリーランスに到達したものとみなされます（公取則1条5項）。例えば、ウェブメールサービス、クラウドサービス等のようにフリーランスの通信端末機器等に必ずしも到達しない方法による場合は、通常であれば、フリーランスが3条通知の内容を確認し得る状態となれば「通信端末機器等により受信」したといえ、3条通知がフリーランスに到達したものとみなされます。

なお、電子メール等により明示する場合には、明示事項をフリーラン

64　ダウンロード可能なウェブページ等をあらかじめインターネット上に設けているだけでは足りず、当該ウェブページのURL 等をフリーランスに電子メール等により送信する必要があります（解釈ガイドライン第2部第1の1(5)イ(ア)、政省令等パブコメ2-1-69参照）。

65　受信と同時に書面により出力されるファクシミリへ送信する方法は、「書面の交付」に該当します（解釈ガイドライン第2部第1の1(5)ア）。

66　政省令等パブコメ2-1-70。

スが一括で確認できるようにする等、フリーランスが明示事項を分かりやすく認識できる方法によることが望ましいとされています。特にチャットのやり取りなどを用いて徐々に取引条件を定める形で明示を行った場合などは、3条通知の明示事項が一覧できなくなることもありますので、ひととおり取引条件が定まったところで整理して明示することも一つの方法です。

　また、フリーランスは、電子メール等により3条通知の明示を受けた場合、トラブル防止の観点から、内容をダウンロードしたりスクリーンショットをとるなどして、記録・保存することが望ましいでしょう（以上について、解釈ガイドライン第2部第1の1(5)イ(ア)、Q&A40）。

ウ　電磁的記録媒体をもって調製するファイルに明示すべき事項を記録したものを交付する方法

　例えば、発注者が明示事項を記載した電子ファイルのデータを保存したUSBメモリやCD-R等をフリーランスに交付することをいいます。

6　書面交付請求

（1）書面交付請求とは

　フリーランスは、発注者が明示事項を電磁的方法により明示した場合であっても、明示事項を記載した書面（紙）の交付を求めること（以下「書面交付請求」といいます）ができます（法3条2項）[67]。前記のとおり、発注者はフリーランスの事前の承諾なく電磁的方法により3条通知をすることが認められていますが、フリーランスの中には、電子メールやインターネットを使えない又は使い慣れていないなど、電磁的方法によっ

---

[67]　なお、発注者から書面の交付によって明示を受けたフリーランスが電磁的方法による明示を求めるという制度はありません。書面の交付により取引条件が明示された場合、フリーランスにおいて取引条件を容易に確認することが可能であり、これに加えて電磁的方法を認めるという必要性は乏しいということ、一般的に発注者にとって書面の交付から電磁的方法に変更することは比較的容易であり、フリーランスの求めがあれば発注者が自発的に電磁的方法による提供に応じることも十分期待できると考えられたことによるものです（令和5年4月27日　第211回国会参議院内閣委員会第12号　品川武政府参考人答弁）。

て3条通知の内容を確認するのに支障がある者も存在することに鑑み、そのような者を保護しようとするものです[68]。

　フリーランスは、書面交付請求を行う際には、共通事項についての明示かそれともいずれかの個別の業務委託についての明示であるのか等、書面交付を求めている対象を特定し得る程度の情報を示す必要があります（以上について、解釈ガイドライン第2部第1・1(6)ア）。

　発注者は、フリーランスから書面交付請求があったときは、遅滞なく、書面を交付しなければなりません。

（2）書面を交付する必要がない場合

　書面交付請求があった場合でも、発注者は、フリーランスの「保護に支障を生ずることがない場合」には、必ずしも書面を交付する必要はありません。

　フリーランスの「保護に支障を生ずることがない場合」とは、公取則5条2項各号のいずれかに該当する場合をいいます。

① フリーランスからの電磁的方法による提供の求めに応じて明示をした場合（公取則5条2項1号）
② 業務委託が、契約の締結も含め、インターネットのみを利用する方法によるもので、発注者により作成された定型約款がインターネットを利用してフリーランスが閲覧できる状態に置かれている場合（公取則5条2項2号）
③ 既に一度明示事項を記載した書面の交付をしている場合（公取則5条2項3号）

　上記のうち、明示事項が①又は②に該当する場合において、電子メール等により送信する方法により明示された後に、フリーランスがその責めに帰すべき事由がないのに閲覧することができなくなったときは、書面の交付が必要です。例えば、ソーシャルネットワーキングサービス

68　政省令等パブコメ2-1-71。

のサービス終了に伴い3条通知を含むメッセージの内容が確認できなくなった場合は書面の交付が必要です[69]。また、発注者が自社アプリケーションにより3条通知を行った後、フリーランスの契約違反行為があったことを理由にアカウントを停止したため、明示事項が閲覧できなくなったという場合、フリーランスが契約違反行為を行ったこと自体は、明示事項を閲覧できなくなったことの直接的な理由とはいえないため、フリーランスの責めに帰すべき事由がないのに明示事項を閲覧できなくなった場合に該当し、書面交付請求に応ずる必要があります[70]。

（3）フリーランスからの書面の交付の求めに応じる期間

　明示事項を電磁的方法により明示した発注者は、その業務委託の報酬を支払うまでは、フリーランスからの書面交付請求に応じる必要があります。

　ただし、業務委託から報酬の支払完了までが短期間である等の事情により、報酬の支払完了後にもフリーランスが書面交付請求を行うことを希望する場合があり得ます。そこで、明示事項を電磁的方法により明示した発注者は、報酬支払後であっても、一定の期間においてフリーランスからの書面交付請求に応じることが望ましいとされています。

　なお、発注者があらかじめ共通事項を電磁的方法により明示している場合において、フリーランスからその共通事項に係る書面交付請求を受けたときは、共通事項が有効な期間はこれに応じる必要があります（以上について、解釈ガイドライン第2部第1・1(6)ウ）。

69　フリーランスが自ら当該サービスのアカウントを削除し、その結果当該明示事項が閲覧できなくなったことを理由に書面交付請求をした場合は、これに応ずる必要はありません（以上について、解釈ガイドライン第2部第1・1(6)イ）。
70　Q&A42。

7 下請法との相違点

① 明示（記載）事項の違い

　前記のとおりフリーランス法の3条通知と下請法の3条書面は類似した仕組みであり、明示事項も大部分が共通していますが、両者の異同を整理すると、以下の表のとおりとなります[71]。

○：明示（記載）を要する事項、―：法令上明示（記載）を求められてはいない事項

記載事項		フリーランス法	下請法
発注事業者・受注事業者の名称等		○	○
業務委託をした日		○	○
給付・役務の内容		○	○
給付・役務提供の期日（期間を定める場合はその期間）		○	○
給付・役務提供の場所		○	○
報酬・下請代金の額		○	○
報酬・下請代金の支払期日		○	○
（検査する場合は）検査完了日		○	○
支払方法	（手形を交付する場合は）手形の金額・満期	○	○
	（債権譲渡担保方式・ファクタリング方式・併存的債務引受方式による支払等の場合は）金融機関の名称・支払額・金融機関への支払期日	○	○
	（電子記録債権を用いる場合は）債権の額・支払期日	○	○

71　Q&A35。

	（資金移動を行う場合は）資金移動業者の名称・支払額	○	—
（原材料等を発注者から購入させる場合は）品名・数量・対価・引渡期日・決済期日と方法		—	○
（再委託の場合の支払期日の特例を適用しようとする場合は）再委託である旨・元委託者の名称等・元委託業務の対価の支払期日		○	—

② 明示（交付）する方法の違い

　フリーランス法の明示の方法と、下請法の書面等を交付する方法を整理すると以下の表のとおりとなります[72]。

		フリーランス法	下請法
書面		○	○
電磁的方法	認められる方法	電子メール等 CD-R USBメモリ SNSのメッセージ等	電子メール CD-R USBメモリ等
	フリーランス/下請事業者の承諾が必要か否か	不要　※	必要
	フリーランス/下請事業者が出力して書面作成が可能であること	不要	必要

※書面交付請求あり

　下請法では電磁的方法による場合には下請事業者の承諾が必要であるのに対し、フリーランス法では書面によるか電磁的方法によるかを発注者が選択することができ、フリーランスの承諾は不要です（ただし、電

72　Q&A35(2)を加工して作成。

磁的方法による場合は書面交付請求の制度があります）。

　また、下請法では電磁的方法による場合、下請事業者の電子計算機に備えられたファイルに記録される必要があります。これに対し、フリーランス法ではフリーランスの電子計算機に記録されるかどうかは問わないため、電子メール、ショートメッセージサービス（SMS）、ソーシャルネットワーキングサービス（SNS）のメッセージ機能等による提供のほか、電子メールについてもウェブメールサービスやクラウドサービスの利用も可能となっています。

　更に、下請法では、電磁的方法について、下請事業者がファイルへの記録を出力することによる書面を作成できるものである必要がありますが（下請代金支払遅延等防止法第3条の書面の記載事項等に関する規則）、フリーランス法では出力による書面作成が可能である必要はありません[73]。

第3編 第2章 特定受託事業者の取引適正化

③　下請法5条に定めるような書類の作成保存義務がないこと

　下請法では、親事業者は下請取引に関する一定事項を記載した書類又は電磁的記録を作成し、これを2年間保存する義務があります[74]。親事業者自らが下請事業者との取引の状況について常に注意を払うようにすることや、同法9条の規定による公正取引委員会等の調査を容易にするために設けられたものです[75]。

　一方、下請法のように発注者の規模要件を設定していないフリーランス法では、発注者に過度な負担となる規律はできる限り避けるべきと考えられます。また、フリーランスによる3条通知の取引記録としての保存を周知啓発することにより政府機関の調査を容易にするという効果は一定程度実現が可能と考えられ、書類の作成・保存義務は定めないこと

73　以上について、当局解説書233頁。
74　下請法5条、下請代金支払遅延等防止法第5条の書類又は電磁的記録の作成及び保存に関する規則3条。
75　鎌田明編著『下請法の実務［第4版］』（2017年・公益財団法人公正取引協会）106頁。

とされました[76]。

④　3条通知の義務違反に直罰規定がないこと

　下請法3条書面の交付義務違反には直罰規定がありますが（下請法10条1号）、フリーランス法にはこれに相当する規定がありません。下請法の書面交付義務は、書類の作成及び保存義務（下請法5条）とともに、行政機関による調査を容易にするためのものであることに鑑み、下請取引への政府の積極的な監視を実現するとの考え方に基づいて設けられたものですが、フリーランス法においては*前記③*のとおり、下請法の考え方は採用しないこととされました[77]。

76　法案説明資料。
77　法案説明資料。

第3 期日における報酬支払義務

（報酬の支払期日等）

第4条 特定業務委託事業者が特定受託事業者に対し業務委託をした場合における報酬の支払期日は、当該特定業務委託事業者が特定受託事業者の給付の内容について検査をするかどうかを問わず、当該特定業務委託事業者が特定受託事業者の給付を受領した日（第二条第三項第二号に該当する業務委託をした場合にあっては、特定受託事業者から当該役務の提供を受けた日。次項において同じ。）から起算して六十日の期間内において、かつ、できる限り短い期間内において、定められなければならない。

2　前項の場合において、報酬の支払期日が定められなかったときは特定業務委託事業者が特定受託事業者の給付を受領した日が、同項の規定に違反して報酬の支払期日が定められたときは特定業務委託事業者が特定受託事業者の給付を受領した日から起算して六十日を経過する日が、それぞれ報酬の支払期日と定められたものとみなす。

3　前二項の規定にかかわらず、他の事業者（以下この項及び第六項において「元委託者」という。）から業務委託を受けた特定業務委託事業者が、当該業務委託に係る業務（以下この項及び第六項において「元委託業務」という。）の全部又は一部について特定受託事業者に再委託をした場合（前条第一項の規定により再委託である旨、元委託者の氏名又は名称、元委託業務の対価の支払期日（以下この項及び次項において「元委託支払期日」という。）その他の公正取引委員会規則で定める事項を特定受託事業者に対し明示した場合に限る。）には、当該再委託に係る報酬の支払期日は、元委託支払期日から起算して三十日の期間内において、かつ、できる限り短い期間内において、定められなければならない。

4　前項の場合において、報酬の支払期日が定められなかったときは元

> 委託支払期日が、同項の規定に違反して報酬の支払期日が定められた
> ときは元委託支払期日から起算して三十日を経過する日が、それぞれ
> 報酬の支払期日と定められたものとみなす。
>
> 5　特定業務委託事業者は、第一項若しくは第三項の規定により定めら
> れた支払期日又は第二項若しくは前項の支払期日までに報酬を支払わ
> なければならない。ただし、特定受託事業者の責めに帰すべき事由に
> より支払うことができなかったときは、当該事由が消滅した日から起
> 算して六十日（第三項の場合にあっては、三十日）以内に報酬を支払
> わなければならない。
>
> 6　第三項の場合において、特定業務委託事業者は、元委託者から前払
> 金の支払を受けたときは、元委託業務の全部又は一部について再委託
> をした特定受託事業者に対して、資材の調達その他の業務委託に係る
> 業務の着手に必要な費用を前払金として支払うよう適切な配慮をしな
> ければならない。

1　趣旨等

（1）概要

　発注者（本条の解説においては特定業務委託事業者を指します）は、
フリーランスに業務委託をした場合、フリーランスの給付に係る報酬の
支払日である「支払期日」を定め、定めた支払期日までに報酬を支払わ
なければなりません。下請法2条の2に類似した規定です[78]。

（2）報酬の支払についてのルールが設けられた趣旨

　フリーランスへの業務委託の報酬について、「支払が遅れた」「期日に
支払われなかった」といった問題事例が多く生じています。しかし、フ
リーランスは取引関係を維持することを優先して、こうした納得できな
い行為も受け入れざるを得ない状況に置かれていることが多く、フリー

78　下請法では「60日ルール」と呼ばれることもあります。フリーランス法と下請法との相違点に
ついては後記7参照。

ランス側からの主張を待って改善を図ることが難しい状況にあります。
業務を履行したにもかかわらず、フリーランスに報酬が支払われなければ、フリーランスの事業の資金繰りを困難にするだけでなく、その生活まで脅かしかねません。

　一方で、一定期間の報酬支払を一律に義務付けることは、かえってフリーランスが業務を受注できるケースを失わせる結果を招くことも懸念されます。

　本条は、これらを踏まえて、事業者がフリーランスに対し業務委託をした場合における支払に関するルールを設けるもので、報酬を現実に手元に得られる時期の予見可能性と確実性を付与し、フリーランスが安定して経営できるようにすることを狙いとしたものです[79]。

2 原則的な支払期日

（1）原則的な支払期日

　発注者がフリーランスに業務委託をした場合の原則的な支払期日は次のとおりです**（法4条1、2項、解釈ガイドライン第2部第2の1(2)）**。

① 給付を受領した日から起算して60日以内に支払期日を定めたときは、その定められた支払期日
② 支払期日を定めなかったときは、給付を受領した日
③ 給付を受領した日から起算して60日を超えて支払期日を定めたときは、給付を受領した日から起算して60日を経過した日の前日[80]

79　以上につき、法案説明資料。
80　要するに、給付を受領した日を1日目として60日目に当たる日のことです。

第3編
第2章
特定受託事業者の取引適正化

（2）原則的な支払期日の定め方

　発注者は、給付を受領した日から起算して60日以内のできる限り短い期間内[81]で、報酬の支払期日を定める義務があります。60日の計算には、給付を受領した日が算入されます。また、給付の内容について検査をするかどうかは問いません（法4条1項）。

　支払期日は、「何月何日に支払う」「毎月末日に支払う」など、具体的な日を特定できるように定める必要があります。

> ＜支払期日の定め方の例[82]＞
> ○　「○月○日支払」
> ○　「毎月末日納品締切、翌月○日支払」
> ×　「○月○日まで」（支払の期限を示したもので、具体的な日が特定できない）
> ×　「納品後○日以内」（支払の期限を示したもので、具体的な日が特定できない）

【原則的な支払期日の定め方】

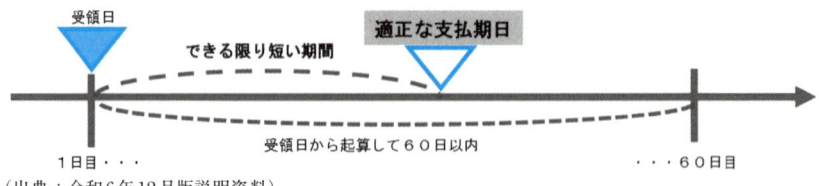

（出典：令和6年12月版説明資料）

（3）支払期日を定めなかった場合・法に違反して定めた場合

　支払期日を定めなかったときは、給付受領日が支払期日とみなされます（法4条2項）。要するに、即日払いとなるということです。*前記(1)*の

81　フリーランス法施行前から同法の業務委託に該当する取引が継続的に行われている場合に、同法が施行されることのみを理由として、殊更に現状設定されている支払期日よりも遅い支払期日を新たに設定することは、「できる限り短い期間内」に支払期日を定めたものとはいえず、同法4条1項又は3項違反として問題となります（政省令等パブコメ2-2-20、21、Q&A48）。
82　下請講習会テキスト36頁Q48参照。

とおり具体的な日を定めていない場合も支払期日を定めていないものと
みなされます。

　また、フリーランス法4条1項の規定に違反して支払期日が定められ
たときは、**給付受領日から起算して60日を経過する日**[83]**が、支払期日と
定められた**ものとみなされます**（法4条2項）**。

　このようなみなし規定は、支払期日が設定されないことでいつの時点
から支払遅延となるのかの基準点が明らかでなくなったり、支払期日を
設定しないことで事業者が意図して支払遅延の状態を作り出さないと
いったことを防止するために設けられたものです[84]。

　なお、支払期日の設定義務違反も助言・指導（法22条）の対象には
なりますが、勧告（法8条）の対象とはされていません。支払期日にお
ける支払義務（法4条5項）違反が生じることで初めて勧告の対象とな
ります（法8条2項）。

（4）支払期日が金融機関の休業日に当たったとき

　報酬を毎月の特定日に金融機関を利用して支払うこととしている場合
に、支払日が金融機関の休業日に当たることがあります。このような場
合、支払日が土曜日又は日曜日に当たるなど、支払を順延する期間が2
日以内である場合[85]であって、発注者とフリーランスとの間で支払日を
金融機関の翌営業日に順延することについてあらかじめ書面又は電磁的
方法で合意しているときは、結果として給付を受領した日から起算して
60日（*後記4*の再委託の例外〔法4条3項〕の場合は元委託支払期日か
ら起算して30日。以下本項において同じです）を超えて報酬が支払わ
れても問題にはなりません。

　なお、順延後の支払期日が給付を受領した日から起算して60日以内

83　解釈ガイドラインでは「給付を受領した日から起算して60日を経過した日の前日」と表現され
ていますが、同じ日を指します。要するに、給付を受領した日を1日目として60日目に当たる日の
ことです。
84　法案説明資料。
85　年末年始など、金融機関の休業日が3日以上となる場合はこれに該当しないため注意が必要です。

となる場合には、フリーランスとの間であらかじめその旨を書面又は電磁的方法で合意していれば、金融機関の休業日による順延期間が2日を超えても問題にはなりません（以上につき、解釈ガイドライン第2部第2の1(5)）。

3　支払期日の起算日

（1）給付を受領した日

　支払期日の起算日は「給付を受領した日」です。「給付を受領した日」は、業務委託の類型によって異なります（解釈ガイドライン第2部第2の1(1)）。

＜業務委託類型ごとの支払期日の起算日（給付を受領した日）[86]の整理＞

物品の製造・加工委託

　　検査の有無は関係なく、発注事業者が、物品を受け取り、自己の占有下に置いた日

情報成果物の作成委託

- ・　情報成果物を記録した電磁的記録媒体（USB メモリ、CD-R 等）を受け取り、自己の占有下に置いた日
- ・　電気通信回線を通じて発注事業者の用いる電子計算機内に記録されたとき

役務の提供委託

- ・　個々の役務の提供を受けた日
- ・　役務の提供に日数を要する場合には、一連の役務の提供が終了した日

　　　（例）A地点からB地点までの運送に2日間かかる場合など

86　フリーランスパンフレット10頁。

（2）物品の製造委託の場合

ア　製造委託と「給付を受領した日」

　物品の製造委託の「給付を受領した日」とは、発注者がフリーランスの給付の目的物の物品を自己の占有下に置いた日をいいます。例えば発注者がフリーランスから給付の目的物を受け取る、発注者の指定する場所に目的物が納付されるなどにより、発注者が給付の目的物を占有することをいいます[87]。

イ　検査と「給付を受領した日」

　「受領した」かどうかは自己の占有下に置かれたかどうかにより判断され、給付の目的物である物品の内容について検査をするかどうかは関係がありません（検査が終了した日をもって「受領した」と解するわけではありません）。

　ただし、発注者の検査員がフリーランスの事務所等に出張し検査を行うような場合には、当該検査員が検査を開始すれば「受領した」ことになります（以上について、解釈ガイドライン第2部第2の1(1)ア）。

ウ　月単位の締切制度

　継続的な取引においては、毎月の特定日に代金を支払う、いわゆる「月単位の締切制度」を採用することがあります（例えば毎月末日を納品締切とし、翌月末日に支払うなど）。このような月単位の締切制度を採用する場合でも、個々の給付を受領した日から60日以内に支払を行う必要があります。したがって、例えば毎月末日締切とした場合でも、月の初めに受領した分の支払が60日以内に行われるよう、翌月末日までに支払期日を設定する必要があります[88]。

87　政省令等パブコメ2-2-1。
88　例えば、毎月末日締切とした場合に、10月1日に納品された物品については10月末日締切となりますが、この場合は翌月末日（11月末日）までに支払期日を設定する必要があるということになります。翌々月である12月のいずれかの日を支払期日としてしまうと、10月1日から数えて60日をオーバーしてしまうため認められません。

　なお、月単位の締切制度では、月によっては31日の月（いわゆる「大の月」）があるため、前月の納品締切日の翌日に給付を受領した場合には報酬の支払が給付を受領した日から61日目又は62日目の支払となる場合があります。このような場合も、給付を受領した日から「60日以内」との規定は給付を受領した日から「2か月以内」として運用されるため、問題とはなりません[89]。

（3）情報成果物の作成委託の場合

ア　情報成果物作成委託と「給付を受領した日」

　情報成果物の作成委託の「給付を受領した日」とは、以下のような時点をいいます。

- 電磁的記録媒体（USBメモリやCD-R等、給付の目的物として作成された情報成果物を記録したもの）を受け取り、自己の占有下に置いた日
- 電磁的記録媒体を用いないときは、例えば、電気通信回線を通じて発注者の用いる電子計算機内に記録されたとき

イ　一時的に発注者の支配下に置く場合と「給付を受領した日」

　情報成果物の作成委託では、作成過程で、フリーランスの作成内容の確認や今後の作業の指示等を行うために情報成果物を一時的に発注者の支配下に置く場合があります。この時点では当該情報成果物が給付としての水準[90]に達し得るかどうか明らかではない場合に、あらかじめ発注者とフリーランスとの間で、発注者が自己の支配下に置いた当該情報成果物が一定の水準を満たしていることを確認した時点で給付を受領したこととすることを合意している場合には、発注者が情報成果物を自己の支配下に置いたとしても直ちに受領したものとは扱われません。

89　政省令等パブコメ2-2-14、15、Q&A47。この点は下請法と同様の運用です（下請講習会テキスト45頁）。
90　「給付としての水準」とは、業務委託の当事者間において定める、給付の受領といえるために満たすべき給付の内容の質をいいます（政省令等パブコメ2-2-2）。

　ただし、3条通知に明記された納期において情報成果物が発注者の支配下にあれば、内容の確認が終わっているかどうかを問わず、納期に受領したものとして、支払期日の起算日となります。

　なお、上記取扱いは、情報成果物の場合、外形的には全く内容が分からないことから特に認められているもので、情報成果物以外の場合には認められていません（以上について、解釈ガイドライン第2部第2の1(1)イ）。

ウ　月単位の締切制度

　前記(2)ウを参照してください。

（4）役務提供委託の場合

ア　役務提供委託と「役務の提供を受けた日」

　役務提供委託における「役務の提供を受けた日」とは、発注者がフリーランスから個々の役務の提供を受けた日をいいます。役務提供委託では原則として受領という概念はなく、発注者はフリーランスが提供する個々の役務ごとに役務の提供を受けることになるためです[91]。

　役務の提供に日数を要する場合には、一連の役務の提供が終了した日が役務の提供を受けた日となります。例えば、運送の委託において、出発日の翌日に目的地に到着するような場合は、到着日が「一連の役務の提供が終了した日」となり「役務の提供を受けた日」となります[92]。

イ　月単位の締切制度と役務提供委託の例外的な起算日

　役務提供委託においても月単位の締切制度を採用することが可能ですが、次のような例外的な起算日が認められています。

91　フリーランスに対し、4月1日東京、4月15日大阪、5月1日名古屋、5月30日福岡での各公演の実演を委託した場合、4月1日の出演に係る報酬は、4月1日を起算日として支払期日を定める必要があり、最後の公演日である5月30日を起算日として全公演分の報酬の支払期日を定めることはできません（Q&A46）。
92　当局解説書71頁。

　すなわち、個々の役務が連続して提供される役務[93]であって、次の①から③までの全ての要件を満たす場合には、月単位で設定された締切対象期間の末日に当該役務が提供されたものとして取り扱い、当該日から起算して60日（2か月）以内に報酬を支払うことが認められています[94]。

> ①　**月単位の締切制度の事前合意と3条通知への明示**
>
> 　報酬の支払は、フリーランスと協議の上、月単位で設定される締切対象期間の末日までに提供した役務に対して行われることがあらかじめ合意され、その旨が3条通知に明確に記載されていること
>
> ②　**3条通知への報酬額又は算定方式の明示**
>
> 　3条通知に、当該期間の報酬の額又は報酬の具体的な金額を定めることとなる算定方式（役務の種類・量当たりの単価があらかじめ定められている場合に限る）が明確に記載されていること
>
> ③　**役務が同種であること**
>
> 　連続して提供する役務が同種のものであること

　なお、個々の役務が連続して提供される期間が1か月未満の役務の提供委託の場合には、当該期間の末日に役務が提供されたものと扱われます（以上について、**解釈ガイドライン第2部第2の1(1)ウ**）。

ウ　成果が上がった日を役務提供委託の報酬支払期日の起算日とする場合

　営業等の役務に関し、一定の成果を上げることの他に、当該成果を上げるために必要となる業務を実施することも含めて包括的に委託した上で、フリーランスが一定の成果を上げた場合にのみ報酬を支払うことと

---

[93]　たとえば、1か月に何回も配送を行う委託など。

[94]　この例外が適用された場合、例えば、月末締めの役務提供委託であれば、7月1日に行われた役務提供は7月31日に行ったものとして取り扱われるため、7月31日を起算日として60日（2か月）以内である9月30日までを支払期日とすればよいことになります。

する場合があります。このような報酬体系をとっている役務提供委託では、包括的な役務の対価として、一定の成果に基づいて報酬が支払われることとなります。この場合にフリーランスに支払うべき報酬が発生するのは当該成果が上がった日であることから、当該成果が上がった日が「役務の提供を受けた日」に該当すると考えられますので、当該成果が上がった日を報酬の支払期日の起算日とすることが可能です[95]。

（5）フリーランスの責めに帰すべき事由があるとしてやり直しをさせた場合

　フリーランスの給付に、提供されるべき物品及び情報成果物と適合しないこと等があるなど、フリーランスの責めに帰すべき事由があり、報酬の支払前にやり直しをさせた場合には、やり直しをさせた後の物品又は情報成果物を受領した日（役務提供委託の場合、役務の提供を受けた日）が支払期日の起算日となります（解釈ガイドライン第2部第2の1(1)エ、Q&A45）。

（6）フリーランスの納期遅れがあった場合

　フリーランスの納期遅れにより、あらかじめ3条通知により明示した給付を受領する日よりも、実際に給付を受領した日が遅くなった場合、発注者は、実際に給付を受領した日から起算して60日以内のできる限り短い期間内で報酬の支払期日を定めた上で、支払う必要があります[96]。

第3編　第2章　特定受託事業者の取引適正化

95　政省令等パブコメ2-2-8、9。なお、成果を上げるために必要となる業務のコスト等も考慮して、包括的に委託している役務に対する報酬の額を定める必要があります。
96　政省令等パブコメ2-2-13。

4　再委託の例外による場合の支払期日の定め方

第4条

3　前二項の規定にかかわらず、他の事業者（以下この項及び第六項において「元委託者」という。）から業務委託を受けた特定業務委託事業者が、当該業務委託に係る業務（以下この項及び第六項において「元委託業務」という。）の全部又は一部について特定受託事業者に再委託をした場合（前条第一項の規定により再委託である旨、元委託者の氏名又は名称、元委託業務の対価の支払期日（以下この項及び次項において「元委託支払期日」という。）その他の公正取引委員会規則で定める事項を特定受託事業者に対し明示した場合に限る。）には、当該再委託に係る報酬の支払期日は、元委託支払期日から起算して三十日の期間内において、かつ、できる限り短い期間内において、定められなければならない。

（1）概要・趣旨

発注者が、委託を受けた業務（元委託業務）の全部又は一部を、フリーランスに再委託することがあります。

【再委託とは】

元委託　　　　　　　　再委託

| 元委託者 | → | 発注者 | → | フリーランス |

（特定業務委託事業者）　　　　（特定受託事業者）

このような再委託が行われる場合、発注者がフリーランスに一定の事項を明示することにより、受領日から60日以内という原則的な支払期日（法4条1項・2項）よりも、支払期日を延期することができます（法4条3項）。

こうした例外は下請法にはみられないものですが、フリーランス法にこのような例外が設けられた趣旨は、フリーランス法の発注者には小規模な事業者も含まれるため、一律に60日以内の支払を義務付けると、発注者の資金繰り悪化やフリーランスへの発注控えなどが生ずる可能性があると懸念されたことによるものです[97]。

再委託の例外は、再委託をした場合に必ず適用されるわけではなく、発注者が3条通知に*後記(3)の①～③*の事項を明示した場合のみ適用を受けることができます[98]。

（2）再委託をした場合

再委託の例外が適用されるには、発注者が、元委託者から「業務委託」を受けていることが前提となります。このため発注者が、消費者からの委託を受けている場合や、既製品を販売するために一部の業務をフリーランスに委託するような場合には、再委託の例外は適用されず原則どおりの支払期日（60日ルール）となります[99]。

発注者が元委託者から受託した元委託業務と、フリーランスに委託した業務との間に*業務の関連性*及び*対価の関連性*が認められる場合には、「再委託をした場合」に該当します。元委託業務とフリーランスに委託する業務の種類が異なっているとしても、上記の各関連性があれば「再委託をした場合」に該当します[100]。

業務の関連性は、発注者がフリーランスに委託した業務が元委託業務に含まれる場合に認められます。

対価の関連性は、発注者からフリーランスに支払われる報酬が、元委託者から発注者に対して支払われる元委託業務に係る報酬に関連して定められている場合に認められます。

なお、発注者が同一のフリーランスに委託している業務が複数ある場

97　解釈ガイドライン第2・1(2)イ(ア)。
98　政省令等パブコメ2-2-18、Q&A54。
99　当局解説書75頁。
100　Q&A52。

合には、それぞれの業務について業務の関連性及び対価の関連性が判断されます。

　また、発注者が一つの元委託業務を切り分けて、複数のフリーランスに委託する場合は、それぞれのフリーランスに委託されている業務について、業務の関連性及び対価の関連性が判断されます[101]。

　例えば以下のような場合には、「再委託をした場合」に該当するとされています[102]。

> ①　元委託業務の全部を再委託する場合
>
> 　例えば、荷主企業から配送業務を受託した配送業者が、荷物の配送をフリーランスの運送業者に委託すること
>
> ②　元委託業務の一部を再委託する場合
>
> 　例えば、顧客企業から社内用システムの構築を受託したシステム開発会社が、システムを構成するプログラムの作成をフリーランスのプログラマーに委託すること
>
> ③　元委託業務と種類の異なる業務を再委託する場合
>
> 　例えば、テレビ局から放送コンテンツの作成を受託した番組制作会社が、楽曲の制作、番組への出演、撮影等の業務をそれぞれフリーランスの作曲家、俳優、カメラマン等に委託すること

　なお、トンネル会社や実態のない会社を介在させるなどして再委託の外形を作出したような場合は、実質的にフリーランスに業務委託をしているといえる別の事業者が存在する（解釈ガイドライン第1部3参照）として、再委託の例外の適用が認められない可能性もあります[103]。

（3）再委託の例外による場合に明示すべき事項

　再委託の例外による場合に発注者がフリーランスに明示すべき事項は

101　以上について、政省令等パブコメ2-2-22、Q&A49。
102　Q&A53。
103　政省令等パブコメ2-2-24、25参照。

以下のとおりです（詳細は*前記第2の4⒀*参照）。

① 再委託である旨（公取則6条1号）
② 元委託者の商号、氏名若しくは名称又は事業者別に付された番号、記号その他の符号であって元委託者を識別できるもの（公取則6条2号）
③ 元委託業務の対価の支払期日（公取則6条3号）

（4）再委託の例外による場合の支払期日の定め方

発注者は、*前記⑵*（*前記第2の4⒀*）の事項を明示した上でフリーランスに再委託をした場合に、元委託支払期日から起算して30日の期間内（元委託支払期日を算入します）のできる限り短い期間内で、報酬の支払期日を定めることができます（法4条3項）。この場合の支払期日は、次のとおりです（解釈ガイドライン第2部第2の1⑵イ⒤）。

① 元委託支払期日から起算して30日以内に支払期日を定めたときは、その定められた支払期日
② 支払期日を定めなかったときは、元委託支払期日
③ 元委託支払期日から起算して30日を超えて支払期日を定めたときは、元委託支払期日から起算して30日を経過した日の前日[104]

「元委託支払期日から起算して30日の期間内」とは、元委託者と発注者が元委託業務について従前から定めていた元委託支払期日から起算して30日の期間内をいいます。

再委託の例外を用いる場合に3条通知に明示すべき「元委託業務の対価の支払期日」は、元委託者から発注者に対して元委託業務に対する対価を支払う日として定められた期日[105]であり、実際に元委託者から元委

104　要するに、給付を受領した日を1日目として30日目に当たる日のことです。
105　元委託者から発注者に分割で対価が支払われるときは、元委託業務の対価の最後の支払日。もっとも、分割で支払われる各期日から30日以内にフリーランスに報酬を支払うことに特段の支障がない場合にはそのように支払うことが望まれるとされています（Q&A56）。

託業務に対する対価が支払われた日ではありません[106]。

　元委託者から元委託支払期日よりも早く元委託業務の対価が支払われた場合であっても、発注者からフリーランスに対する再委託に係る報酬の支払期日は前倒しにはならず、フリーランスとの間で定めた支払期日までに支払を行えば問題にはなりません[107]。逆に、元委託者から発注者への報酬の支払が元委託支払期日より遅れたとしても、フリーランスへの報酬の支払を遅らせることはできません[108]。

　なお、*前記(1)* のフリーランス法4条3項の趣旨から、「元委託支払期日から起算して30日の期間」が同条1項に定める期間（給付受領日から60日）より前に経過するとしても、発注者からフリーランスに対する報酬の支払期日は、同条1項に定める期間（60日）内において定めれば足りるとされています（以上について、解釈ガイドライン第2の1(2)イ(ア)）。

【再委託の例外による支払期日】

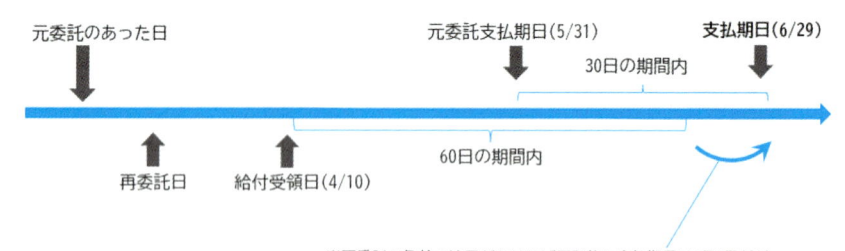

（5）再委託の場合の明示事項を明示していないとき

　フリーランス法4条3項に基づく明示事項を明示していないときは、*前記2(3)* のとおり、特定業務委託事業者が特定受託事業者の給付を受領した日から起算して60日を経過する日が報酬の支払期日と定められたものとみなされます（解釈ガイドライン第2の1(2)イ）。

106　Q&A51。
107　Q&A55。
108　第211回国会参議院内閣委員会第12号令和5年4月27日品川武政府参考人（027）、当局解説書79頁。

120

（6）支払期日を定めなかった場合・法に違反して定められた場合

　再委託の場合で、報酬の支払期日が定められなかったときは、元委託支払期日が報酬の支払期日と定められたものとみなされます。

　また、再委託の場合で、フリーランス法4条3項の規定に違反して報酬の支払期日が定められたときは元委託支払期日から起算して30日を経過する日[109]が報酬の支払期日と定められたものとみなされます（法4条4項）。

5　支払期日までに報酬を支払う義務等

第4条
　5　特定業務委託事業者は、第一項若しくは第三項の規定により定められた支払期日又は第二項若しくは前項の支払期日までに報酬を支払わなければならない。ただし、特定受託事業者の責めに帰すべき事由により支払うことができなかったときは、当該事由が消滅した日から起算して六十日（第三項の場合にあっては、三十日）以内に報酬を支払わなければならない。

（1）支払期日までに報酬を支払う義務

　発注者は、定められた支払期日までに報酬を支払わなければなりません（法4条5項）。定められた支払期日より前に報酬を支払うことは差し支えないと考えられます[110]。一方、60日以内の日をいったん支払期日として定めたにもかかわらず、これに遅れて支払うことは、たとえ60日以内に支払われたとしても本項の違反となると解されます。

109　解釈ガイドラインでは「元委託支払期日から起算して30日を経過した日の前日」と表現されていますが、同じ日を指します。要するに、元委託支払期日を1日目として30日目に当たる日のことです。
110　下請講習会テキスト36頁Q48。

（2）フリーランスの責めに帰すべき事由により支払期日までに支払うことができなかったとき

フリーランスの「責めに帰すべき事由により支払うことができなかったとき」は、その「事由が消滅」した日から起算して60日（法4条3項の場合は30日）以内に報酬を支払わなければなりません（法4条5項）。

フリーランスの「責めに帰すべき事由により支払うことができなかったとき」とは、例えば、フリーランスが誤った口座番号を発注者に伝えていたために支払期日までにフリーランスが報酬を受け取ることができなかったときが該当するとされています（解釈ガイドライン第2の1(3)ア）。これに対し、フリーランスから請求書が提出されなかったことは、フリーランスの「責めに帰すべき事由により支払うことができなかったとき」に当たりません[111]。

（3）責めに帰すべき事由の消滅

フリーランスの責めに帰すべき「事由が消滅」とは、例えば、フリーランスが正しい口座番号を伝えるなど報酬を支払うことができなかった客観的事情が消滅した場合を指すとされています（解釈ガイドライン第2の1(3)イ）。

6　再委託の発注者が前払金の支払を受けたとき

第4条

6　第三項の場合において、特定業務委託事業者は、元委託者から前払金の支払を受けたときは、元委託業務の全部又は一部について再委託をした特定受託事業者に対して、資材の調達その他の業務委託に係る業務の着手に必要な費用を前払金として支払うよう適切な配慮をしなければならない。

111　Q&A57。

（1）概要・趣旨

　発注者が、フリーランスに一定の事項を明示して元委託業務の全部又は一部について再委託をし、元委託支払期日から起算して30日以内の期日に支払期日を定めている場合、元委託者から「前払金」の支払を受けた発注者は、フリーランスに対して、「資材の調達その他の業務委託に係る業務の着手に必要な費用」を前払金として支払うよう「適切な配慮」をしなければなりません（法4条6項、解釈ガイドライン第2部第2の1⑷）。

　フリーランスが業務の着手に当たって費用を要する場合、前払金の支払を受けられなければ、報酬が支払われるまでの間、その費用相当額を自ら負担することとなってしまいます。特に、前記のとおり再委託の例外（法4条3項）が用いられる場合、フリーランスは、より長期にわたって業務委託に係る業務の着手に当たって要した費用相当額を負担する可能性があります。一方で、発注者がフリーランスに対し、業務の着手に当たって要した費用について必ず前払金として支払うこととすると、今度は発注者にとって過度な負担となる可能性もあります。

　そこで本項は、発注者に対し、元委託者から前払金の支払を受けた場合に限り、フリーランスが再委託を受けた業務の着手に必要な費用の範囲で、フリーランスに前払金として支払うよう適切な配慮をしなければならない旨（前払金の支払配慮義務）を定めているものです（以上について、解釈ガイドライン第2部第2の1⑷エ）。

　なお、前払金の支払配慮義務違反も助言・指導（法22条）の対象にはなりますが、勧告（法8条）の対象とはされていません。

（2）前払金

　「前払金」とは、業務委託の対価の支払期日より前に支払われる金銭のうち業務委託の相手方事業者（再委託先を含みます）が、業務の遂行に要し、又は要した費用の全部又は一部として支払われるものをいいま

す。支払われる金銭の名目は問いません（解釈ガイドライン第2部第2の1(4)ア）。

　また、前払金の支払時期については、発注者又はフリーランスによる元委託業務の着手の有無や、元委託業務の完成の前後は問いません（解釈ガイドライン第2部第2の1(4)イ）。

（3）資材の調達その他の業務委託に係る業務の着手に必要な費用

　「資材の調達その他の業務委託に係る業務の着手に必要な費用」とは、フリーランスが発注者から再委託を受けた業務の着手までの間に、資材の調達その他の当該業務委託に係る業務の着手のために要し、又は要した費用をいいます（解釈ガイドライン第2部第2の1(4)ウ）。

（4）適切な配慮（配慮すべき内容）

　発注者は、本項の趣旨に鑑み、元委託者から支払を受けた前払金について、フリーランスとの間で適切に分配するなどの配慮をする必要があります。

　例えば、業務の着手に当たって発注者自身は費用を要せず、フリーランスのみが費用を要する場合には、通常、発注者に前払金を必要とする合理的な理由は無いことから、元委託者から受け取った前払金の全部をフリーランスに支払うことが望ましいとされています。

　業務の着手に当たって発注者自身も相当の費用を負担する場合であっても、フリーランスが要する費用の額等を踏まえ、フリーランスに過度な負担を課すこととならないよう十分に協議して前払金の支払額を定めるといった配慮が必要です（以上について、解釈ガイドライン第2部第2の1(4)エ(イ)）。

7 下請法との相違点

① 再委託の例外等の定めがあること

前記のとおり、フリーランス法においては、再委託の例外（*前記4*）及び再委託をした発注者が前払金の支払を受けた場合の配慮（*前記6*）のルールがある点は下請法との大きな相違点です。フリーランス法においては、発注者側も小規模な事業者である場合もあることを考慮した規定の一つです。

② 遅延利息の規定がないこと

下請法4条の2は、支払期日までに下請代金を支払わなかった場合に、年14.6％の遅延利息を支払わなければならないことを定めています（下請代金支払遅延等防止法第4条の2の規定による遅延利息の率を定める規則）。このような遅延利息の定めは、支払期日の遵守を図るために有効と考えられたこと、また、下請取引において親事業者と下請事業者との間で自主的に遅延利息の取り決めをすることは両者の力関係からいって実現可能性が乏しいと考えられたことから設けられたものです[112]。

これに対し、フリーランス法には、下請法4条の2のような、遅延利息を定める規定は設けられていません。下請法のように発注者の規模要件を設定していないフリーランス法では、特定業務委託事業者（発注者）に小規模な事業者も含まれるところ、年14.6％という高額な遅延利息を積極的に課す立法事実は乏しいため、独自の遅延利息は定められなかったものです[113]。

---

[112] 鎌田明編著『下請法の実務［第4版］』（2017年・公益財団法人公正取引協会）116頁、辻吉彦著『詳解下請代金支払遅延等防止法（改訂版）』（2000年・財団法人公正取引協会）249頁。
[113] 法案説明資料。

第4 特定業務委託事業者の禁止行為

（特定業務委託事業者の遵守事項）

第5条　特定業務委託事業者は、特定受託事業者に対し業務委託（政令で定める期間以上の期間行うもの（当該業務委託に係る契約の更新により当該政令で定める期間以上継続して行うこととなるものを含む。）に限る。以下この条において同じ。）をした場合は、次に掲げる行為（第二条第三項第二号に該当する業務委託をした場合にあっては、第一号及び第三号に掲げる行為を除く。）をしてはならない。

　一　特定受託事業者の責めに帰すべき事由がないのに、特定受託事業者の給付の受領を拒むこと。

　二　特定受託事業者の責めに帰すべき事由がないのに、報酬の額を減ずること。

　三　特定受託事業者の責めに帰すべき事由がないのに、特定受託事業者の給付を受領した後、特定受託事業者にその給付に係る物を引き取らせること。

　四　特定受託事業者の給付の内容と同種又は類似の内容の給付に対し通常支払われる対価に比し著しく低い報酬の額を不当に定めること。

　五　特定受託事業者の給付の内容を均質にし、又はその改善を図るため必要がある場合その他正当な理由がある場合を除き、自己の指定する物を強制して購入させ、又は役務を強制して利用させること。

2　特定業務委託事業者は、特定受託事業者に対し業務委託をした場合は、次に掲げる行為をすることによって、特定受託事業者の利益を不当に害してはならない。

　一　自己のために金銭、役務その他の経済上の利益を提供させること。

　二　特定受託事業者の責めに帰すべき事由がないのに、特定受託事業

> 者の給付の内容を変更させ、又は特定受託事業者の給付を受領した
> 後（第二条第三項第二号に該当する業務委託をした場合にあっては、
> 特定受託事業者から当該役務の提供を受けた後）に給付をやり直さ
> せること。

1 趣旨等

　本条は、フリーランスの利益を害するものとして、発注者（本条の解説においては特定業務委託事業者を指します）が行うことが禁止される7項目の禁止行為を定めています。

　本条による禁止行為は、全ての業務委託におけるものが対象となるわけでなく、「特定業務委託事業者」が委託するもので、かつ「1か月」以上の期間行う業務委託のみが対象となっています（施行令1条）。

　このように1か月以上の期間行うもののみが規律の対象となっているのは、継続的な取引の場合に、経済的な依存関係が生じ、発注事業者から不利益な取扱いを受けやすい傾向にあるというフリーランスの保護の必要性と、発注事業者に小規模事業者が含まれるため過度な負担が生じることがないようにするという観点が考慮されたものです[114]。

　本条の禁止行為は下請法4条の禁止行為の多くと重なっており、その運用については、下請法と同様の解釈を取ることが適当と考えられています[115]。フリーランス法と下請法の対応関係を整理したのが以下の表で

114　法案説明資料によると、フリーランス法の適用対象が広いこと、一般に民事裁判その他の手続によって解決が図られる民対民の紛争についてその是正を目的に行政が介入するものであり、行政の介入の範囲を必要かつ相当な範囲に限定する必要があること、下請法と異なり勧告の後に命令や罰則といった「処分」が予定されていることも考慮して、適用される範囲を限定することでバランスを取る必要があったこと、内閣官房の実態調査（令和4年）の結果、契約期間が長くなるにつれて収入依存度が高くなったり一つの取引先に依存する傾向がみられたこと（フリーランスは取引先の拡大に人手を割くことが難しいため、特定の発注者との取引の継続や維持を望む傾向があり、かつ、継続的な関係があるほど従属的な立場に立ちやすい性質を持っていることから、その保護と被害の未然防止が必要であること等が考慮されたとのことです。
115　第211回国会衆議院内閣委員会第10号（令和5年4月5日）№125品川政府参考人答弁、法案説明資料。

第3編　第2章　特定受託事業者の取引適正化

す[116]。

禁止行為	フリーランス法	下請法
【受領拒否】注文した物品等又は情報成果物の受領を拒む	5条1項1号 解釈GL第2部第2の2(2)ア	4条1項1号
【減額】あらかじめ定めた代金を減額する	5条1項2号 解釈GL第2部第2の2(2)イ	4条1項3号
【返品】受け取った物を返品する	5条1項3号 解釈GL第2部第2の2(2)ウ	4条1項4号
【買いたたき】類似品等の価格又は市価に比べて著しく低い報酬を不当に定める	5条1項4号 解釈GL第2部第2の2(2)エ	4条1項5号
【購入・利用強制】指定する物・役務を強制的に購入・利用させる	5条1項5号 解釈GL第2部第2の2(2)オ	4条1項6号
【不当な経済上の利益の提供要請】金銭、役務の提供等をさせる	5条2項1号 解釈GL第2部第2の2(2)カ	4条2項3号
【不当な給付内容の変更・不当なやり直し】費用を負担せず注文内容を変更し、又は受領後にやり直しをさせる	5条2項2号 解釈GL第2部第2の2(2)キ	4条2項4号

2　1か月以上の期間行う業務委託

（1）概要

　前記のとおり、本条による禁止は、全ての業務委託が対象となるわけ

116　表中の「解釈GL」とは、解釈ガイドラインを指します。

でなく、「1か月」以上の期間行うもののみが規律の対象となっています（法5条、令1条）[117]。ここにいう1か月以上の期間行う業務委託とは、業務委託を行ってから1か月以上の期間を経過した業務委託のみならず、1か月以上の期間行うことを予定している業務委託や、契約の更新により通算して1か月以上の期間継続して行うこととなる予定の業務委託も含みます（解釈ガイドライン第2部第2の2(1)）[118]。これは、1か月以上の期間行うことを予定している業務委託を一度受ければ、その期間中契約上の拘束を受けることとなり、仮に委託時点では発注者・フリーランス間で経済的依存・従属関係が生じていなくとも、その後生ずることとなる蓋然性が高いことから、両者間において契約関係が生じる日から本条の規律を及ぼす趣旨です[119]。

（2）期間の始期と終期に関する考え方

1か月以上の期間行うものであるかどうかは、契約の始期と終期の間の長さによって算定します。その具体的な考え方は、以下のとおりです（解釈ガイドライン第2部第2の2(1)、Q&A59）。なお、1か月以上かどうかの期間の計算については、初日を算入します。

第3編 第2章 特定受託事業者の取引適正化

---

117 「1か月」と定められたのは、公正取引委員会「特定受託事業者に係る取引の適正化に関する検討会」において、①令和5年度実態調査の結果を踏まえれば、本法の未然防止効果を広く及ぼすためには、本法第5条の規定の対象となる業務委託の期間は1か月とすることが妥当、②同様の規定内容を有する下請法には期間に関する規定がないことを踏まえれば本法において当該期間を長く設定する必要はない、③個人であるフリーランスにとって報酬は生活の原資であり1か月の業務委託であっても報酬の減額等が行われる影響は大きいため、当該期間は1か月とすべき、④本法第5条の報酬の減額や買いたたき等を禁止する規律は、特定業務委託事業者が当然に遵守すべきものであって、当該期間を長く設定し対象となる取引を限定する積極的な理由はないといった意見があったこと等を踏まえたものです（「特定受託事業者に係る取引の適正化に関する検討会　報告書」10頁参照）。
118 なお、フリーランス法13条が定める配慮義務は、6か月以上の業務委託の場合に課されるので、その前提とする期間は異なることになります（ただし、期間の算定に関する考え方は同様とされています。すなわち、解釈ガイドライン第2部第2の2(1)は、直接はフリーランス法5条における期間の解釈を示すものですが、解釈ガイドライン第3部2において、「具体的な期間の長さは本法第5条の対象となる業務委託と異なるが、期間の始期や終期等の考え方は第2部第2の2(1)参照」とされています）。
119 当局解説書93頁。

ケース	始期	終期
単一の業務委託の場合	業務委託に係る契約を締結した日 ※具体的には、3条通知により明示する「業務委託をした日」	業務委託に係る契約が終了する日 ※具体的には、 ①3条通知により明示する給付・役務受領日（期間を定めるものにあっては、当該期間の最終日） 又は ②別途当該業務委託に係る契約の終了する日を定めた場合にはその日 のいずれか遅い日
基本契約も締結している場合	①業務委託に係る契約を締結した日 又は ②基本契約を締結した日 のいずれか早い日	上記①②の日 又は ③基本契約が終了する日 のいずれか遅い日
契約の更新により継続して行うこととなる場合	最初の業務委託又は基本契約の始期	最後の業務委託又は基本契約の終期

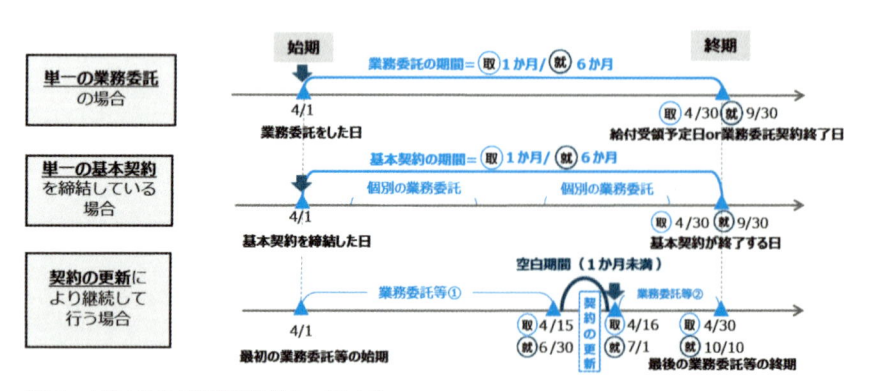

（出典：令和6年12月版説明資料を一部加工）

　単一の業務委託に限らず、基本契約（業務委託に係る給付に関する基本的な事項についての契約）[120] を締結する場合には、以下のとおり基本契約の締結日や終了日も始期や終期の対象になります。

① 　始期は、(i)業務委託に係る契約を締結した日（3条通知により明示する「業務委託をした日」）、又は(ii)基本契約を締結する場合には当該基本契約を締結した日、のいずれか早い日です[121]。

② 　終期は、(i)3条通知により明示する「特定受託事業者の給付を受領し、又は役務の提供を受ける期日」（ただし、期間を定めるものにあっては、当該期間の最終日）[122]、(ii)発注者とフリーランスとの間で、別途当該業務委託に係る契約の終了する日を定めた場合にはその日、又は(iii)基本契約を締結する場合には当該基本契約が終了する日、のいずれか遅い日です。

③ 　業務委託に係る契約又は基本契約において、これらの契約が終了する日を定めなかった場合は、1か月以上の期間行う業務委託に該当するものとされます[123]。

④ 　始期から現に1か月以上を経過した場合に限られるものではなく、1か月は経過しておらずとも、始期から終期までの期間が1か月以上であることが見込まれれば、（当初から）1か月以上の期間行う業務委託に該当するものと考えられます[124]。

第3編　第2章

特定受託事業者の取引適正化

120　基本契約の定義については前記第2の3参照。

121　業務委託をした日（契約の締結日等）から実際の業務履行の開始まで間が空くことも少なくありませんが、その場合でも1か月以上の期間行う業務委託の判定に係る契約の始期は、あくまで業務委託をした日と解されます（政省令等パブコメ2-3-16～18）。

122　実際に給付を受領した日が、3条通知により明示する期日等よりも前倒し又は後ろ倒しとなることがありますが、これによる終期の変動はありません（解釈ガイドライン第2部第2の2(1)ア(イ)、Q&A61）。

123　なお、3条通知においては、「特定受託事業者の給付を受領し、又は役務の提供を受ける期日（期間を定めるものにあっては、当該期間）」等を明示することとされているため、その意味では、終期が3条通知の法定記載事項として記載されている場合もあります。もっとも、基本契約では特に契約期間を定めず、個別契約では役務提供期間を定めている場合であれば、やはり「基本契約において、これらの契約が終了する日を定めなかった場合」であるとして、1か月以上の期間であるものと解されます。

124　フリーランス法13条の「継続的業務委託」の解釈に関するものではありますが、指針第3の1(3)参照。

(3) 契約の更新により継続して行うこととなる場合

ア 基本的な考え方

　直接の注文に係る単一の業務委託や基本契約の期間が1か月に満たない場合でも、契約の更新により通算して1か月以上の期間継続して行うこととなる場合は、更新後の業務委託が1か月以上の期間行う業務委託に該当することになります。

　なお、前述のとおり、1か月以上の期間行う業務委託に該当するのは始期から現に1か月は経過しておらずとも、始期から終期までの期間が1か月以上であることが見込まれる場合を含みます[125]。

　契約の更新により継続して行うこととなる業務委託の期間については、最初の業務委託又は基本契約の始期から、最後の業務委託又は基本契約の終期までを算定します。この点、「契約の更新により継続して行うこととなる」と判断されるためには、以下の2つの要件を満たす必要があります（解釈ガイドライン第2部第2の2(1)イ、Q&A63）[126][127]。これらがあれば、取引関係の継続性が認められ、当事者間で一定の経済的依存・従属関係があると考えられるとの整理に基づくものです[128]。

---

[125] 他方で、契約期間が1か月未満の契約が自動更新されることになっている場合には、当事者が契約終了の通知等を行わない限り、自動更新されて1か月以上継続することになりますが、そのことのみによっては、始期から終期までの期間が1か月以上であることが見込まれていることにはならないものと解されます。また、契約が更新される場合（自動更新の場合を含みます）、更新によって新たに業務委託があったものと考え、更新時点で「特定業務委託事業者」該当性等が判断されますので（政省令等パブコメ1-2-15）、この場合も単に自動更新となっているだけでは、最初の契約の始期から1か月以上の契約期間が見込まれていることにはならないでしょう。

[126] なお、1か月以上の期間かどうかの算定は、（最初の）契約の始期から、（最後の）契約の終期までの期間をもって判断することになりますので、空白期間も算定対象に含まれます。例えば、14日間の契約終了後、7日間の空白期間を経て、また14日間の契約を締結した場合には、最初の契約の始期から最後の契約の終期は35日間と計算されます（政省令等パブコメ3-2-23、Q&A71）。

[127] 公正取引委員会「特定受託事業者に係る取引の適正化に関する検討会 報告書」11頁参照。

[128] 政省令等パブコメ2-3-28。

（ⅰ）同一性の要件

契約の当事者が同一であり、その給付又は役務の提供の内容が少なくとも一定程度の同一性を有すること

（ⅱ）空白期間の要件

前の業務委託に係る契約又は基本契約が終了した日の翌日から、次の業務委託に係る契約又は基本契約を締結した日の前日までの期間（空白期間）の日数[129]が1か月未満であること

イ　同一性の要件

「契約の当事者が同一である」とは、前の業務委託と次の業務委託の契約の当事者が同一であることをいいます。契約の当事者が法人である場合は法人単位で判断しますので、グループ会社であっても同一法人ではない場合は、前後の契約の当事者は同一とはされません[130]。

また、「給付又は役務の提供の内容が少なくとも一定程度の同一性を有すること」の判断に当たっては、その機能、効用、態様等を考慮要素として判断します。その際、原則として「日本標準産業分類」の小分類（3桁分類）を参照し、前後の業務委託に係る給付等の内容が同一の分類に属するか否かで判断することになります。それが適当ではないと考えられる事情がある場合には、上記の考慮要素から個別に判断します。適当ではないと考えられる事情とは、例えば当事者間のこれまでの契約や当該発注者における同種の業務委託に係る契約の状況等に鑑み、通常、前後の業務委託は一体のものとしてなされている状況がある場合などがあるとされています（以上について、解釈ガイドライン第2部第2の2(1)イ(ア)、Q&A65。また、一定程度の同一性を有すると考えられる

129　空白期間の算定においては、当該期間の初日から起算して翌月の応当日（月違いの同日）の前日をもって「1か月」とします。例えば、前の業務委託の終了した日が3月2日で、次の業務委託に係る契約を締結した日が4月3日の場合は、前の業務委託と後の業務委託との間に3月3日から4月2日までの期間があり、当該期間はちょうど1か月となります（政省令等パブコメ3-2-24、Q&A69）。
130　Q&A64。

具体例については **Q&A66 〜 68**）。

ウ　空白期間の要件

　空白期間の始期である「前の業務委託に係る契約又は基本契約が終了した日」とは、*前記(2)②*の単一の業務委託又は基本契約による場合における終期を指します。ただし、3条通知により明示する「特定受託事業者の給付を受領し、又は役務の提供を受ける期日」（期間を定めるものにあっては、当該期間の最終日）よりも、実際には遅く給付を受領した場合には、同日と業務委託に係る契約又は基本契約の終了する日のいずれか遅い日をいうことになります。

　また、空白期間の終期である「次の業務委託に係る契約又は基本契約を締結した日」とは、*前記(2)①*の単一の業務委託又は基本契約による場合における始期を指します（以上について、解釈ガイドライン第2部第2の2(1)イ(ア)、Q&A70）。

3　受領拒否

> **第5条1項**
> 　一　特定受託事業者の責めに帰すべき事由がないのに、特定受託事業者の給付の受領を拒むこと。

（1）趣旨等

　「特定受託事業者の責めに帰すべき事由がないのに、特定受託事業者の給付の受領を拒むこと」は「受領拒否」として禁止されています（法5条1項1号）。

　一定以上の期間の業務委託関係にあるフリーランスは、その取引先である発注者との取引に依存している傾向が認められることから、発注者の「委託」に基づき製造等をした目的物について受領を拒否されると、

他への転売も困難であることも相俟って、著しく大きい不利益を受けます。これを防止するため、受領拒否の禁止が規定されたものです[131]。

（2）給付の受領

受領拒否はフリーランスの責めに帰すべき事由がないのに「給付の受領」を拒むことで成立します。

「給付の受領」とは、給付の目的物を受け取ることであり、相手方の給付の目的物を事実上、自己の支配下に置くことをいいます[132]。その考え方は、支払期日の起算日の「給付を受領した日」（*前記第3の3*）と同様です（*解釈ガイドライン第2部第2の2(2)ア(ア)*）。すなわち、物品の製造委託の場合は給付の目的物たる物品を受け取り自己の占有下に置くことを、情報成果物の作成委託の場合は情報成果物を記録した電磁的記録媒体を受け取ることや電気通信回線を通じて発注者の用いる電子計算機内に記録されることをいいます。

なお、役務の提供委託においては受領拒否の禁止規定は適用されませんが、フリーランスの責めに帰すべき事由がないのに一方的に業務委託を取り消すなどの行為は、不当な給付内容の変更として問題となることがあります[133]。

（3）受領を拒む

「受領を拒む」とは、フリーランスの給付の全部又は一部を納期に受け取らないことです。業務委託を取り消すこと（契約の解除）により給付を受け取らないことや、納期を延期することにより定められた納期に受け取らないことも原則として含まれます（*解釈ガイドライン第2部第2の2(2)ア(イ)*）。

フリーランスが、正式に業務委託を受ける前に見込みで製作した物品

131　法案説明資料。
132　法案説明資料。
133　Q&A73。

第3編　第2章　特定受託事業者の取引適正化

や情報成果物の受領を拒んでも、まだ業務委託を行っていない場合には、直ちに問題とはなりません[134]。

（4）特定受託事業者の責めに帰すべき事由

「特定受託事業者（フリーランス）の責めに帰すべき事由」がある場合には給付の受領を拒否しても違反とはなりません。

もっとも、受領拒否の禁止規定は、業務委託を受ける上で弱い立場に置かれるフリーランスを保護する趣旨で設けられた規定です。このため、フリーランスの「責めに帰すべき事由[135]」があるとして給付の受領を拒むことが認められる場合は、次の①②の2つの場合のみに限定的に解されています（解釈ガイドライン第2部第2の2⑵ア㈱）。

> ①　フリーランスの給付の内容が委託内容と適合しないこと等がある場合
> ②　フリーランスの給付が3条通知に記載された納期までに行われなかったため、そのものが不要になった場合

また、上記①②の原因が発注者側にある場合にも、受領を拒むことはできません（解釈ガイドライン第2部第2の2⑵ア㈱）。例えば、①に関し次のような場合には、委託内容と適合しないことの原因が発注者側にあるため、受領を拒むことは認められません。

> ・3条通知に委託内容が明確に記載されておらず、又は検査基準が明確でない等のため、フリーランスの給付の内容が委託内容と適合しないことが明らかでない場合

134　ただし、実際には口頭で業務委託を行っているにもかかわらず、3条通知を行っていないといったケースにおいてフリーランスの給付の受領を拒むことは、3条通知による明示義務違反となるほか、受領拒否の問題となります（Q&A72）。
135　なお、法案説明資料によると、下請法では責めに帰すべき「理由」と規定しているのに対し、本条では責めに帰すべき「事由」と規定していますが、これは近時の法律では責めに帰すべき「事由」という表現を用いるのが一般的であること等を踏まえたものであり、その実質的な内容を変更するものではないようです（次号以下についても同じ）。

・業務委託後に検査基準を恣意的に厳しくすることにより、委託内容と適合しないとして、従来の検査基準であれば合格とされたものを不合格とする場合
・取引の過程において、委託内容についてフリーランスが提案し、確認を求めたところ、発注者が了承したので、フリーランスが当該内容に基づき製造等を行ったにもかかわらず、給付の内容が委託内容と適合しないとする場合

また、②に関し次のような場合には、納期遅れの原因が発注者側にあるため、納期遅れを理由として受領を拒むことは認められません。

・3条通知に納期が明確に記載されていない等のため、納期遅れであることが明らかでない場合
・納期がフリーランスの事情を考慮せずに一方的に決定されたものである場合

4 減額

第5条1項
　二　特定受託事業者の責めに帰すべき事由がないのに、報酬の額を減ずること。

（1）趣旨等

「特定受託事業者の責めに帰すべき事由がないのに、業務委託時に定めた報酬の額を減ずること」は「減額」として禁止されています（法5条1項2号）。

一定以上の期間の業務委託関係にあるフリーランスは、その取引先である発注者との取引に依存している傾向が認められ、一度決められた報

酬の額について事後に値引き・減ずることが要求されやすい立場にあり
ますが、フリーランスとしてはこのような要求を拒否することが困難で
す。こうした報酬の減額がなされると直接にフリーランスの利益が害さ
れることになるため、これを防止することを目的として、減額の禁止が
定められたものです[136]。

　報酬の額を減ずることは、「特定受託事業者（フリーランス）の責め
に帰すべき事由」がある場合以外、すべての場合において禁止されます。

（2）報酬の額を減ずること
ア　報酬の額を減ずること

　報酬の額を「減ずること」とは、一旦決定された報酬の額を事後に減
ずることをいいます。減額の名目[137]、方法、金額の多寡を問わず、業務
委託後いつの時点で減じても違反となります。

　また、仮に発注者とフリーランスとの間で報酬の減額等についてあら
かじめ合意[138]があったとしても、フリーランスの責めに帰すべき事由が
ない限り、減額は違反となります。

　報酬から減ずる金額を差し引く方法のほか、発注者の金融機関口座へ
減ずる金額を振り込ませる方法等も含まれます（以上について、解釈ガ
イドライン第2部第2の2(2)イ(ア)）。

イ　「報酬の額を減ずること」に該当する場合の具体例

　例えば、次のような場合は、「報酬の額を減ずること」に該当します（解

136　法案説明資料。
137　これまで下請法において違反とされたことのある減額の名目として「歩引き」「仕入歩引」「不
良品歩引き」「分引き」「リベート」「基本割戻金」「協定販売促進費」「特別価格協力金」「販売奨励金」
「販売協力金」「一時金」「オープン新店」「協賛金」「決算」「協力金」「協力費」「値引き」「協力値引き」
「協賛店値引」「一括値引き」「原価低減」「コストダウン協力金」「支払手数料」「手数料」「本部手数料」
「管理料」「物流及び情報システム使用料」「物流手数料」「センターフィー」「品質管理指導料」「年間」
「割引料」「金利」などがあるとされており（下請講習会テキスト53頁）、これらの控除を行っている
ような場合は要注意です。
138　「あらかじめ合意があった」とは、報酬の額を減ずる前に減ずることについてあらかじめ合意
があった場合を意味するため、そのような合意が給付の前に行われた場合も、給付の後に行われた
場合も含みます（政省令等パブコメ2-3-31）。

釈ガイドライン第2部第2の2(2)イ(イ))。

① フリーランスとの間で単価の引下げについて合意して単価改定した場合に、単価引下げの合意日前に旧単価で発注したものについても新単価を遡及適用し、旧単価と新単価との差額を報酬の額から差し引くこと[139]。

② 消費税・地方消費税額相当分を支払わないこと。

③ 発注者からの作成に必要な原材料等の支給の遅れ又は無理な納期指定によって生じた納期遅れ等をフリーランスの責任によるものとして、納期遅れによる商品価値の低下分とする額を報酬の額から差し引くこと。

④ 報酬の支払に際し、端数が生じた場合、端数を1円以上切り捨てて支払うこと[140]。

⑤ 発注者の客先からのキャンセル、市況変化等により不要品となったことを理由に、不要品の対価に相当する額を報酬の額から差し引くこと。

⑥ 単価の引下げ要求に応じないフリーランスに、あらかじめ定められた一定の割合又は一定額を報酬の額から差し引くこと。

⑦ 報酬の総額はそのままにしておいて、発注数量を増加させること。

⑧ 発注者が、フリーランスが業務委託に係る業務の遂行に要する費用等を発注者が自ら負担する旨を明示していた場合に、当該費用等相当額を支払わないこと。

⑨ 発注者がフリーランスに対して元委託業務の一部を再委託した場合において、発注者とフリーランスの間で、元委託業務の実施に当た

第3編　第2章　特定受託事業者の取引適正化

139　既に従来の算定方法に基づき報酬の額を定めていた業務委託について、変更後の算定方法を用いて引き下げた報酬の額のみを支払うことは、報酬の減額として問題となります。これに対し、個々の業務委託に共通して適用する報酬の算定方法を先に変更することにより、変更後に行う業務委託について、報酬の額が従来の報酬の額よりも低い額となることは、報酬の減額には該当しませんが、算定方法の変更により引き下げる報酬の額によっては、買いたたきの問題となるおそれがあります（Q&A74）。

140　報酬の算定方法が複数の計算式からなる場合などで、算出金額の合計額について1円未満の端数を処理することは問題ありませんが、計算過程で生じた端数を切り捨てて行った結果、1円を超える場合には減額に当たります（政省令等パブコメ2-3-38、Q&A76）。

> り発注者が締結した保険契約の保険料の一部をフリーランスが負担
> する旨の取り決めを行っていなかったにもかかわらず、発注者が当
> 該保険料の一部相当額を報酬の額から差し引くこと。
> ⑩ 発注者とフリーランスの間で、業務委託に係る契約の更新は義務と
> なっておらず、かつ、契約の更新を行わなかった際には違約金等が
> 発生する旨の合意がなされていなかったにもかかわらず、発注者が
> フリーランスに契約の更新を求め、フリーランスがこれを拒んだと
> ころ、報酬の額から違約金等の名目で一定の割合又は一定額を報酬
> の額から差し引くこと。

ウ　振込手数料の差し引き

　実務上問題となりやすいのが、フリーランスに報酬を支払う際の振込
手数料の負担についてです。フリーランスと業務委託前に書面又は電磁
的方法で合意することなく、報酬をフリーランスの金融機関口座へ振り
込む際の手数料を報酬から差し引くことは、本条の対象である減額とし
て問題となります。

　これに対し、業務委託前に、書面又は電磁的方法で、振込手数料をフ
リーランスが負担することについて合意しており、発注者が報酬を振り
込む際に金融機関に支払う実費の範囲内で当該手数料を差し引いて報酬
を支払う場合には、「報酬の額を減ずること」に該当しません。

　もっとも、報酬からの差し引きは実際の振込手数料の範囲内であるこ
とが必要であるため、金融機関に支払う実費を超えた振込手数料額を差
し引いてしまった場合は減額の違反となります。例えば、振込手数料額
の改定などにより実際にかかる振込手数料額よりも多く差し引いてし
まった場合は違反となり得ますので注意が必要です（以上について、解
釈ガイドライン第2部第2の2⑵イ⑷⑽、Q&A77）。

（3）特定受託事業者の責めに帰すべき事由

「特定受託事業者（フリーランス）の責めに帰すべき事由」がある場合には報酬の額を減じても違反とはなりません。

もっとも、減額の禁止規定は、業務委託を受ける上で弱い立場に置かれるフリーランスを保護する趣旨で設けられた規定です。このため、フリーランスの「責めに帰すべき事由」があると認められるのは次の①〜③の場合に限られ、これ以外の場合に報酬の額を減ずることは許されていません（解釈ガイドライン第2部第2の2(2)イ(エ)）。

> フリーランスの責めに帰すべき事由（委託内容と適合しないこと、納期遅れ等）があるとして、受領拒否又は返品することが本法違反とならない場合において、
> ① 受領拒否又は返品をして、その給付に係る報酬の額を減ずるとき。
> ② 受領拒否又は返品をせずに、発注者自ら手直しをした場合（役務提供委託の場合は、役務の提供を受けた後に自ら手直しをしたとき）に、手直しに要した費用等、客観的に相当と認められる額を報酬の額から減ずるとき。
> ③ 受領拒否又は返品をせずに、委託内容と適合しないこと等又は納期遅れによる商品価値の低下が明らかな場合に、客観的に相当と認められる額を報酬の額から減ずるとき。

5 返品

第5条1項

　三　特定受託事業者の責めに帰すべき事由がないのに、特定受託事業者の給付を受領した後、特定受託事業者にその給付に係る物を引き取らせること。

（1）趣旨等

「特定受託事業者の責めに帰すべき事由がないのに、特定受託事業者の給付を受領した後、特定受託事業者にその給付に係る物を引き取らせること」は、「返品」として禁止されています（法5条1項3号）。

一定以上の期間の業務委託関係にあるフリーランスは、その取引先である発注者との取引に依存している傾向が認められることから、発注者の「委託」に基づき製造等をした目的物について返品されると、他への転売も困難であることも相俟って、著しく大きな不利益を受けます。これを防止するため、返品の禁止が定められたものです。

受領拒否（法5条1項3号）が給付受領「前」までの行為を規制しているのに対し、返品は、給付を受領した「後」の行為を規制する規定ですが、その趣旨は同様です[141]。

（2）返品（給付に係る物を引き取らせること）

給付をいったん受領した後は、契約不適合であるなど、「フリーランスの責めに帰すべき事由」があるときを除いて、返品は認められません。返品の禁止は、検査の前後を問わず、また報酬の支払の前後も問いません。

本号で禁止される返品は、発注者の取引先からのキャンセルや商品の入替えといった名目を問わず、また、たとえ返品の数量が少ないとしても関係なく禁止されるものです。また、仮に発注者とフリーランスとの間で返品することについて合意があったとしても、フリーランスの責めに帰すべき事由なく返品することは違反となります。

なお、役務の提供委託については本号の対象とはなりませんが、給付の目的物が存在する役務の提供委託において、発注者がフリーランスに

141　フリーランス法における返品は、下請法上の「下請事業者」を「特定受託事業者（＝フリーランス）」と読み替えたほかは、下請法と同様の規定となっています。これは、受領拒否の問題がフリーランスにおいても多く認められ、これと趣旨を同じくする返品についても対応すべき必要があるためです。下請法と同様の規定としていることから、その解釈も同一のものとされています（以上について、法案説明資料）。

当該目的物を引き取らせた場合には、**不当な給付内容の変更及び不当な**
やり直しの禁止（法5条2項2号）の違反となる場合があります（以上
について、**解釈ガイドライン第2部第2の2⑵ウ**）。

（3）特定受託事業者の責めに帰すべき事由
ア 「特定受託事業者の責めに帰すべき事由」がある場合とは

　「特定受託事業者（フリーランス）の責めに帰すべき事由」がある場
合は、フリーランスの給付を受領した後にフリーランスにその給付に係
る物を引き取らせても違反とはなりません。

　もっとも、フリーランスの給付の内容に「委託内容と適合しないこと」
等がある場合で、かつ、返品が可能な期間内に限られています。

イ フリーランスの給付の内容に「委託内容と適合しないこと」がある
こと

　「委託内容と適合しないこと」とは、要するに3条通知で定めた委託
内容と合っていないこと（製造した物の欠陥、品質不良など）をいいます。

　例えば次のような場合は、返品が認められません。

① 3条通知に委託内容が明確に記載されていない／検査基準が明確で
　ない等のため、委託内容と適合していないことが明らかでない場合
② 業務委託後に検査基準を恣意的に厳しくすることにより、従来の検
　査基準で合格とされたものを不合格とする場合
③ 検査を省略する場合
④ 検査を発注者が行わず、かつ、検査をフリーランスに書面又は電磁
　的方法によって委任していない場合

ウ 返品が可能な期間内であること

　「特定受託事業者（フリーランス）の責めに帰すべき事由」があると
して返品することができる期間は、フリーランスの給付の内容に、直ち

に発見することができる委託内容と適合しないことがある場合とそうでない場合で異なります（**解釈ガイドライン第2部第2の2(2)ウ(ア)(イ)**）。

① 直ちに発見することができる「委託内容と適合しないこと」がある場合

この場合は、受領後速やかに返品することは認められます。ただし、この場合であっても、発注者が意図的に検査期間を延ばし、その後に返品することは認められません。

② 直ちに発見することができない「委託内容と適合しないこと」がある場合[142]

この場合は、給付の受領後6か月以内に返品することは認められますが、6か月を超えた後の返品は本号違反となります。

ただし、発注者が、フリーランスの給付を使用した商品について一般消費者に対して6か月を超える保証期間を定めている場合には、その保証期間に応じて、最長1年以内であれば返品が認められます。

6　買いたたき

> **第5条1項**
> 　四　特定受託事業者の給付の内容と同種又は類似の内容の給付に対し通常支払われる対価に比し著しく低い報酬の額を不当に定めること。

（1）趣旨等

「特定受託事業者の給付の内容と同種又は類似の内容の給付に対し通

142　フリーランスに検査を書面又は電磁的方法で委任していた場合で、フリーランスの検査に明らかな過失があったときも同様です（Q&A78）。

常支払われる対価に比し著しく低い報酬の額を不当に定めること」は、「買いたたき」として禁止されています（法5条1項4号）。

　一定以上の期間の業務委託関係にあるフリーランスは、その取引先である発注者との取引に依存している傾向が認められることから、通常支払われる対価と比べて著しく低い報酬の額を押し付けられやすく、こうした行為によりフリーランスの利益が害されます。これを防止することを目的として、買いたたきの禁止が定められたものです[143]。

　前記4の報酬の減額（同項2号）が一旦決定された報酬の額を事後に減ずるものであるのに対し、買いたたきは、発注者がフリーランスに業務委託をする時点で生ずるものです（解釈ガイドライン第2部第2の2(2)エ）。

（2）通常支払われる対価に比し著しく低い報酬の額を定めること

　「通常支払われる対価」とは、フリーランスの給付と同種又は類似の給付について、そのフリーランスの属する取引地域において一般に支払われる対価をいいます（いわゆる市価）。

　もっとも、実際の取引では、通常支払われる対価を把握することが不可能又は困難である場合も多くあります。そのような場合、例えば、その給付が従前の給付と同種又は類似のものであれば、次の額が通常支払われる対価に比し著しく低い報酬の額とされます（解釈ガイドライン第2部第2の2(2)エ(ア)）[144]。

> ①　従前の給付に係る単価で計算された対価に比し著しく低い報酬の額
> ②　当該給付に係る主なコスト（労務費[145]、原材料価格、エネルギーコス

143　フリーランス法の買いたたきは、「下請事業者」を「特定受託事業者」に、「下請代金の額」を「報酬の額」と読み替えたほかは、下請法と同様の規定となっていますが、これは、下請法で規定される買いたたきの問題がフリーランスにおいても同様に認められるためです。同様の規定としていることから、その解釈も同一のものとするとされています（以上について、法案説明資料）。
144　下請代金支払遅延等防止法に関する運用基準第4の5(1)と同旨です。
145　フリーランスにとっての「労務費」とは、例えば「従業員を使用」に該当しない臨時の労働者等を使用している場合に、その労働者等に支払う給与が該当します（政省令等パブコメ2-3-51）。

> ト等）の著しい上昇を、例えば、最低賃金の上昇率、春季労使交渉の
> 妥結額やその上昇率などの経済の実態が反映されていると考えられる
> 公表資料から把握することができる場合において、据え置かれた報酬
> の額[146]

（3）買いたたきに該当するか否かの判断要素

買いたたきに該当するかどうかの判断は、一義的になされるものではなく、次のような要素を勘案して総合的に判断するものとされています（解釈ガイドライン第2部第2の2(2)エ(イ)）。

> ①　報酬の額の決定に当たり、フリーランスと十分な協議が行われたか
> 　　どうかなど対価の決定方法[147]
> ②　差別的であるかどうかなど対価の決定内容
> ③　「通常支払われる対価」と当該給付に支払われる対価との乖離状況
> ④　当該給付に必要な原材料等の価格動向

（4）買いたたきに該当するおそれがある具体例

例えば、次のような方法で報酬の額を定めることは、買いたたきに該当するおそれがあります（解釈ガイドライン第2部第2の2(2)エ(ウ)）。

> ①　大量発注を前提にした単価設定
> 　　継続的な委託を行い大量の発注をすることを前提としてフリーランス
> に単価の見積りをさせ、その見積価格の単価を短期で少量の委託しかし

146　給付に係る主なコスト（労務費、原材料価格、エネルギーコスト等）が上昇しているときには「従前の対価」にその上昇分を反映させた額が通常の対価として取り扱われるということになります（当局解説書114頁）。

147　フリーランスとの十分な協議の結果として報酬の額が定められた場合には一般的には「買いたたきに該当するおそれがある」とはいえず、また、その額が他のフリーランスに対する報酬の額より低かったとしてもそのことのみをもって直ちに買いたたきとして問題となるものではないと解されています（政省令等パブコメ2-3-53、54）。法案説明資料では、発注者が何らかの圧力を加えて強要した場合は当然のこと、ほかにも、低廉な価格で受けざるをえないように仕向けた場合や、不当な手段で誘引した場合等も含まれるとされています。

ない場合の単価として報酬の額を定めること。

② 見積段階との前提違い

見積段階より給付又は提供すべき役務が増えたのにもかかわらず、報酬の額の見直しをせず、当初の見積価格を報酬の額として定めること。

③ 一律一定率の単価引き下げ

一律に一定比率で単価を引き下げて報酬の額を定めること。

④ 発注者の都合による単価設定

発注者の予算単価のみを基準として、一方的に通常支払われる対価より低い単価で報酬の額を定めること。

⑤ 短納期発注

短納期発注を行う場合に、フリーランスに発生する費用増を考慮せずに通常支払われる対価より低い報酬の額を定めること。

⑥ 差別的な報酬設定

・ 合理的な理由がないにもかかわらず、特定のフリーランスを差別して取り扱い、他のフリーランスより低い報酬の額を定めること。

・ 同種の給付について、特定の地域又は顧客向けであることを理由に、通常支払われる対価より低い単価で報酬の額を定めること。

⑦ 知的財産権を考慮しない報酬設定

情報成果物の作成委託において給付の内容に知的財産権が含まれている場合に、当該知的財産権の対価について、フリーランスと協議することなく、一方的に通常支払われる対価より低い額を定めること[148]。

⑧ コスト上昇を反映しない報酬設定

・ 労務費[149]、原材料価格、エネルギーコスト等のコスト上昇分の取引価格への反映の必要性について、価格の交渉の場において明示的に協議することなく、従来どおりに報酬を据え置くこと。

・ 労務費、原材料価格、エネルギーコスト等のコストが上昇したため、フリーランスが報酬の引上げを求めたにもかかわらず、価格転嫁を

第3編 第2章 特定受託事業者の取引適正化

---

148 Q&A80参照。
149 「労務費の適切な転嫁のための価格交渉に関する指針」（令和5年11月29日内閣官房・公正取引委員会）で示された考え方は、フリーランス法にも当てはまるとされています（Q&A116）。

> しない理由を書面、電子メール等でフリーランスに回答することなく、従来どおりに報酬を据え置くこと。
> ⑨　委託内容への対応費用を考慮しない報酬設定
> 　委託内容に対応するため、フリーランスにおける品質改良等に伴う費用が増加したにもかかわらず、一方的に通常支払われる対価より低い価格で報酬の額を定めること[150]。

　また、下請法の事例ではありますが、フリーランスに記事作成及び写真撮影業務を委託していたところ、十分な協議を行うことなく、発注単価を従前の単価から引き下げた行為が、**下請法4条1項5号違反（買いたたき）** に当たるとされたケースもあります[151]。

（5）インボイス制度と買いたたき

　消費税の課税事業者である発注者が、消費税の適格請求書等保存方式（インボイス制度）に対応するために、免税事業者である取引先のフリーランスに対し、課税事業者になるよう要請すること自体は問題となりません。

　しかし、課税事業者になるよう要請することにとどまらず、課税事業者にならなければ取引価格を引き下げる、それにも応じなければ取引を打ち切ることにするなどと一方的に通告することは問題となることがあります。例えば、免税事業者が取引価格の維持を求めたにもかかわらず、取引価格を引き下げる理由を書面、電子メール等で免税事業者に回答することなく、取引価格を引き下げる場合は、買いたたきの問題となるおそれがあります。

　また、免税事業者が、当該要請に応じて課税事業者となるに際し、例

150　フリーランスが支払っている安全衛生や保険に係る経費を報酬の額に含めないこと自体は、直ちに買いたたきに該当するものではありません。ただし、業務委託を行うに当たって、発注者が、フリーランスから必要とされる経費を考慮した上で報酬の額を定めるよう求められたにもかかわらず、フリーランスと十分な協議をすることなく、一方的に通常支払われる対価を大幅に下回る報酬の額を定めたような場合には、買いたたきとして本法上問題となるおそれがあります（Q&A75）。
151　令和6年11月12日公正取引委員会勧告。

えば消費税の適正な転嫁分の取引価格への反映の必要性について、価格の交渉の場において明示的に協議することなく、従来どおりに取引価格を据え置く場合についても同様です。

　したがって、取引先の免税事業者との間で、取引価格等について再交渉する場合には、免税事業者と十分に協議を行い、発注者（仕入側）の都合のみで低い価格を設定する等しないよう注意する必要があります[152]。

7 購入・利用強制

> **第5条1項**
> 　五　特定受託事業者の給付の内容を均質にし、又はその改善を図るため必要がある場合その他正当な理由がある場合を除き、自己の指定する物を強制して購入させ、又は役務を強制して利用させること。

（1）趣旨等

　「特定受託事業者の給付の内容を均質にし、又はその改善を図るため必要がある場合その他正当な理由がある場合を除き、自己の指定する物を強制して購入させ、又は役務を強制して利用させること」により、フリーランスにその対価を負担させることは、購入・利用強制として禁止されています **（法5条1項5号）**。

　発注者が自らの製品等の売上の増大を図るため、あるいは余剰の原材料を処分するために、取引上劣位にある受注者たるフリーランスにこれらのものの購入を強制するといった行為がなされることがあります。これによって不当にフリーランスの利益が害されることがないよう、正当な理由がある場合を除いて、発注者が自己の指定する物を強制して購入させることや、自己の指定する役務を強制して利用させること等を禁止

152　以上について、Q&A115。

したものです[153]。

（2）自己の指定する物又は役務

「自己の指定する物」とは、発注者又はその関連会社等が販売する物であって、フリーランスに購入させる対象として特定した物が全て含まれます。例えば、原材料等のほか、売れ残り商品、自社イベントのチケット等も含まれます。

「自己の指定する役務」とは、発注者又はその関連会社等が提供するものであって、フリーランスに利用させる対象として特定した役務が全て含まれます。例えば、保険、リース、インターネット・プロバイダ等も含まれます[154]（以上について、解釈ガイドライン第2部第2の2(2)オ(ア)、Q&A79）。

（3）強制して購入させる、又は利用させること

「強制して」購入させる、又は利用させるとは、物の購入又は役務の利用を取引の条件とする場合や、購入又は利用しないことに対して不利益を与える場合の他、取引関係を利用して、事実上購入又は利用を余儀なくさせている場合も含まれます。

すなわち、発注者が任意の購入等を依頼したと認識していても、特に継続的な取引関係にある場合には依存関係が生じ弱い立場に置かれることから、発注者に依頼されると依頼を拒否できない場合もあり得ます。このため、事実上、フリーランスに購入等を余儀なくさせていると認め

153　フリーランス法における購入・利用強制は、下請法の「下請事業者」を「特定受託事業者」と読み替えた他は、下請法と同様の規定となっています。フリーランスがいわば裸一貫の個人事業主で働く者であり組織として分業等が行い得る者よりも情報や分業の点で劣位に立ちやすいことに加え、継続的な取引関係にありその特定の取引先に依存する傾向が高く、構造的格差があります。このため下請法と同様、発注者が取引上優越した地位を利用して不公正な行為をなし、フリーランスの利益を害するおそれがあることからフリーランス法においても規律を設けることとされたものです。同様の規定としていることから、その解釈も同一のものとすることとされています（以上について、法案説明資料）。
154　なお、発注者が、フリーランスに対し役務の利用を要請した場合、要請に応じることでコストが生じるにもかかわらず、そのコストを考慮することなく、著しく低い報酬の額を不当に定めたときは、買いたたきとして問題となります（政省令等パブコメ2-3-60）。

られる場合には違反となります（解釈ガイドライン第2部第2の2(2)オ(イ)）。形式的には「お願い」や、「強制するものではありません」といった表現をとっていたとしても、実態として強制して購入させるものであれば、違反となる可能性があると考えられます[155]。

（4）正当な理由

発注者がフリーランスに対する業務委託の遂行にあたり使用する物品や役務を指定し購入させることが一切禁止されるわけではありません。例えば、物品の製造を委託した場合にその目的物の品質を一定に保つため、発注者自らが指定する原材料等を使用することを命じる等、場合によって許容されるべきケースは存在します[156]。このような場合は、「正当な理由」があるものとして、違反にはなりません。

ただし「正当な理由」が認められるのは限定的な場合に限られると解されます。この点、本号と同様の規定を定める下請法の解釈においては、例外的に許容されるべきケースと認められ得る典型的な場合として、物品の製造の委託において、その目的物の品質の維持や向上を図るために必要不可欠な部品、原材料、製造工具等を発注者が委託先（フリーランス）に有償支給する場合があるとされています。また、それ以外にも例外として認められる場合はあり得るものの、その規制の趣旨等からいって極めて限定的に解されるべきとされており、発注者が主観的に正当な理由があると判断するだけでは足りず、上記例示に準ずるような客観的な合理性を備えた場合に限られるべきとの解釈が示されています[157]。フリーランス法においても同様の解釈が妥当すると思われます。

155　辻吉彦著『詳解下請代金支払遅延等防止法（改訂版）』（2000年・財団法人公正取引協会）195頁。
156　法案説明資料。
157　辻吉彦著『詳解下請代金支払遅延等防止法（改訂版）』（2000年・財団法人公正取引協会）196頁。

（5）購入・利用強制に該当するおそれのある具体例

例えば、次のような方法でフリーランスに自己の指定する物の購入又は役務の利用を要請することは、購入・利用強制に該当するおそれがあるとされています（解釈ガイドライン第2部第2の2(2)オ(ウ)）。

① 購買・外注担当者等、業務委託先の選定又は決定に影響を及ぼすこととなる者がフリーランスに購入又は利用を要請すること[158]。
② フリーランスごとに目標額又は目標量を定めて購入又は利用を要請すること。
③ フリーランスに、購入又は利用しなければ不利益な取扱いをする旨示唆して購入又は利用を要請すること。
④ フリーランスが購入若しくは利用する意思がないと表明したにもかかわらず、又はその表明がなくとも明らかに購入若しくは利用する意思がないと認められるにもかかわらず、重ねて購入又は利用を要請すること。
⑤ フリーランスから購入する旨の申出がないのに、一方的にフリーランスに物を送付すること。

8　不当な経済上の利益の提供要請

第5条2項
一　自己のために金銭、役務その他の経済上の利益を提供させること。

（1）趣旨等

特定業務委託事業者が特定受託事業者に「自己のために金銭、役務その他の経済上の利益を提供させること」により、「特定受託事業者の利

158　これらの者から購入を要請されると、発注者との継続的な取引関係を望むフリーランスは、応じなければ今後の取引に悪影響が出ることをおそれて受け入れざるを得ない（心理的な強制が実現されやすい条件のもとにある）と考えられたものです（辻吉彦著『詳解下請代金支払遅延等防止法（改訂版）』（2000年・財団法人公正取引協会）195頁）。

益を不当に害」することは、不当な経済上の利益の提供要請として禁止されています（法5条2項1号）。

　フリーランスが発注者のために協賛金等の経済上の利益を提供させられることにより、フリーランスの利益が不当に害されることを防止するために、遵守事項として定められたものです[159]。

（2）金銭、役務その他の経済上の利益

　「金銭、役務その他の経済上の利益」とは、協賛金、協力金等の名目を問わず、報酬の支払とは独立して行われる金銭の提供、作業への労務の提供等を含みます（解釈ガイドライン第2部第2の2(2)カ(ア)）。

　例えば、フリーランスが所有する機器の貸与要請、フリーランスに帰属する著作権等の無償譲渡、無償で技術指導や試作品製造を行わせること等も含みます[160]。発注者の提供するシステム、物品、施設、サービス等の開発費・調達費等の徴収も不当な経済上の利益の提供要請に該当するおそれがありますが、利用に伴って生じる費用についてフリーランスが得る利益の範囲内で負担を求める場合は該当しません[161]。

（3）フリーランスの利益を不当に害すること

　フリーランス法5条は、1か月以上の期間の業務委託をする発注者がしてはならない行為を定めていますが、1項各号に掲げる行為はすべてフリーランスとの取引に付随して起こり得るものであって、当然にフリーランスの利益を害することになるものといえます。

　これに対し、2項各号に掲げる行為は、必ずしも全てのフリーランスとの取引に付随して起こり得るものではない上、フリーランスにとって

159　フリーランス法の利益提供要請は、「親事業者」を「特定業務委託事業者」と、「製造委託等」を「業務委託」と、「下請事業者」を「特定受託事業者」と、フリーランス法の主体等に合わせて読み替えた他は、下請法と同様の規定となっています。これは、下請法で規定される利益提供要請の問題がフリーランスにおいても同様に認められるためです。同様の規定としていることから、その解釈も同一のものとすることとされています（法案説明資料）。
160　法案説明資料。
161　当局解説書119頁。ただし、物品・役務の購入・利用強制に当たらないよう注意が必要です。

もメリットのある場合もあります。例えば、協賛金等の負担要請は、全てのフリーランスとの取引に付随して起こり得るものではありませんし、発注者の販売促進につながる結果、フリーランスの取引機会の増大に役立つなど、フリーランスにとってメリットがあるケースも考えられます[162]。このため、2項各号は、発注者の行為によってフリーランスの「利益を不当に害」する場合に限って禁止されています。

　具体的には、フリーランスが「経済上の利益」を提供することが業務委託を受けた物品の販売促進につながるなど、「直接の利益」[163] になるものとして自由な意思により提供する場合には、フリーランスの利益を不当に害するものであるとはいえません。ここでいう「直接の利益」とは、経済上の利益を提供することにより実際に生じる利益が不利益を上回るもので、将来の取引が有利になるというような間接的な利益を含まないと解されています。

　一方、発注者の決算対策等を理由とした協賛金の要請等、フリーランスの直接の利益とならない場合には、フリーランスの利益を不当に害するものとして問題となります。

　また、フリーランスが「経済上の利益」を提供することと、フリーランスの利益との関係を発注者が明確にしないで提供させる場合（負担額及び算出根拠、使途、提供の条件等について明確になっていない場合や、虚偽の数字を示して提供させる場合を含みます）にも、フリーランスの利益を不当に害するものとして問題となります（以上について、解釈ガイドライン第2部第2の2⑵カ(イ)）。

（4）知的財産権の譲渡・許諾等が発生する場合

　業務委託の目的物たる給付に関し、フリーランスの知的財産権が発生する場合があります。このような場合に、発注者がフリーランスに発生

162　法案説明資料。
163　「直接の利益」についての判断事例として、独占禁止法上の優越的地位の濫用についての裁判例ではありますが、東京高判令和3年3月3日判例時報2551号14頁（ラルズ事件）、東京高裁判決令和5年5月26日金融・商事判例1688号40頁（ダイレックス事件）参照。

した知的財産権を、業務委託の目的たる使用の範囲を超えて無償で譲渡・許諾させることは、不当な経済上の利益の提供要請に該当します。

また、物品の製造を委託する場合において、業務委託時にフリーランスの給付の内容になかった知的財産権やノウハウが含まれる技術資料を無償で提供させるなどしてフリーランスの利益を不当に害する場合も、不当な経済上の利益の提供要請に該当します。

更に、例えば、発注者が、フリーランスが知的財産権を有する情報成果物について、収益をフリーランスに配分しない、収益の配分割合を一方的に定める、フリーランスによる二次利用を制限するなどしてフリーランスの利益を不当に害する場合も、不当な経済上の利益の提供要請に該当します（以上について、解釈ガイドライン第2部第2の2⑵カ⑶、Q&A80）。

（5）不当な経済上の利益の提供要請に該当するおそれのある具体例

例えば、次のような方法で自己のために経済上の利益の提供を要請することは、不当な経済上の利益の提供要請に該当するおそれがあります（解釈ガイドライン第2部第2の2⑵カ㈜）。

① 購買・外注担当者等、業務委託先の選定又は決定に影響を及ぼすこととなる者がフリーランスに金銭・労務等の提供を要請すること。

② フリーランスごとに目標額又は目標量を定めて金銭・労務等の提供を要請すること。

③ フリーランスに、要請に応じなければ不利益な取扱いをする旨示唆して金銭・労務等の提供を要請すること。

④ フリーランスが提供する意思がないと表明したにもかかわらず、又はその表明がなくとも明らかに提供する意思がないと認められるにもかかわらず、重ねて金銭・労務等の提供を要請すること。

⑤ 情報成果物等の作成に関し、フリーランスの知的財産権が発生する場合において、発注者が3条通知の「給付の内容」に知的財産権の譲渡・

> 許諾が含まれる旨を記載していないにもかかわらず、当該情報成果物等に加えて、無償で、作成の目的たる使用の範囲を超えて当該知的財産権を発注者に譲渡・許諾させること。

9　不当な給付内容の変更及び不当なやり直し

第5条2項

二　特定受託事業者の責めに帰すべき事由がないのに、特定受託事業者の給付の内容を変更させ、又は特定受託事業者の給付を受領した後（第二条第三項第二号に該当する業務委託をした場合にあっては、特定受託事業者から当該役務の提供を受けた後）に給付をやり直させること。

（1）趣旨

　発注者がフリーランスに「特定受託事業者の責めに帰すべき事由がないのに、特定受託事業者の給付の内容を変更させ、又は特定受託事業者の給付を受領した後（役務提供委託の場合は役務の提供を受けた後）に給付をやり直させること」により、「特定受託事業者の利益を不当に害」することは、不当な給付内容の変更及び不当なやり直しとして禁止されています（法5条2項2号）。

　フリーランスの責めに帰すべき事由がないのに、発注者がフリーランスに対して、費用を負担せずに給付の内容の変更を行い、又はやり直しをさせることは、フリーランスに当初委託された内容からすれば必要のない作業を行うことになるだけでなく、それまでに行った作業を無為にさせます。これらに要した費用等をすべてフリーランスが負担することになるとフリーランスの利益を害することになりますので、これを防止する

ため不当な給付内容の変更及び不当なやり直しが禁止されたものです[164]。

（2）給付の内容を変更

「給付の内容を変更させ」るとは、発注者が給付の受領前に、フリーランスに、3条通知に記載された「給付の内容」を変更し、当初の委託内容とは異なる作業を行わせることをいいます。業務委託を取り消すこと（契約の解除）も給付内容の変更に該当します（解釈ガイドライン第2部第2の2(2)キ(ア)）。

（3）給付をやり直させる

「給付をやり直させる」とは、発注者が給付を受領した後（役務の提供委託の場合は、フリーランスから役務の提供を受けた後）に、フリーランスに、その給付に関して追加的な作業を行わせることをいいます（解釈ガイドライン第2部第2の2(2)キ(イ)）。

（4）フリーランスの利益を不当に害する

前述のとおり、2項各号は、必ずしもすべてのフリーランスとの取引に付随して起こり得るものではなく、また、フリーランスにとってもメリットがある場合もあるため、発注者の行為によってフリーランスの利益を害する場合に限って禁止されます。

給付内容の変更や、やり直しによってフリーランスがそれまでに行った作業が無駄になり、又はフリーランスにとって当初委託された内容にはない追加的な作業が必要となった場合に、発注者がその費用を負担しないことは、フリーランスの利益を不当に害することとなります。

ただし、給付内容の変更又はやり直しのために必要な費用を発注者が

---

[164] フリーランス法における不当なやり直しは、「親事業者」を「特定業務委託事業者」と、「製造委託等」を「業務委託」と、「下請事業者」を「特定受託事業者」と読み替えた他は、下請法と同様の規定となっています。これは、下請法で規定される不当なやり直しの問題がフリーランスにおいても同様に認められるためです。同様の規定としていることから、その解釈も同一のものとすることとされています（法案説明資料）。

負担する等により、フリーランスの利益を不当に害しないと認められる場合には、不当な給付内容の変更及び不当なやり直しの問題とはなりません（以上について、解釈ガイドライン第2部第2の2(2)キ(ウ)）。

（5）特定受託事業者の責めに帰すべき事由

「特定受託事業者（フリーランス）の責めに帰すべき事由」がある場合には給付内容の変更ややり直しをさせても違反とはなりません。

しかし前記のとおり、本条の禁止規定は業務委託を受ける上で特に弱い立場に置かれるフリーランスを保護するという趣旨から設けられたものですので、フリーランスの「責めに帰すべき事由」があるとして、発注者が費用を負担することなく「給付の内容を変更」し、又は「給付をやり直させる」ことが認められるのは、次の①～③の場合に限られます（解釈ガイドライン第2部第2の2(2)キ(エ)、Q&A81）。

① 給付を受領する前にフリーランスの要請により給付の内容を変更する場合
② 給付を受領する前にフリーランスの給付の内容を確認したところ、給付の内容が3条通知に記載された「給付の内容」と適合しないこと等があることが合理的に判断され、給付の内容を変更させる場合
③ フリーランスの給付の受領後、フリーランスの給付の内容が3条通知に記載された「給付の内容」と適合しないこと等があるため、やり直しをさせる場合

（6）不当な給付内容の変更又は不当なやり直しに該当する場合

次のような場合は、不当な給付内容の変更又はやり直しに該当し、これを行うことは認められません（解釈ガイドライン第2部第2の2(2)キ(オ)）。

① フリーランスの給付の受領前に、フリーランスから給付の内容を明確にするよう求めがあったにもかかわらず、発注者が正当な理由な

　　　　く給付の内容を明確にせず、フリーランスに継続して作業を行わせ、
　　　　その後、給付の内容が委託内容と適合しないとする場合
②　取引の過程において、委託内容についてフリーランスが提案し、確
　　　　認を求めたところ、発注者が了承したので、フリーランスが当該内
　　　　容に基づき、製造等を行ったにもかかわらず、給付の内容が委託内
　　　　容と適合しないとする場合
③　業務委託後に検査基準を恣意的に厳しくし、給付の内容が委託内容
　　　　と適合しないとする場合
④　通常の検査で委託内容と適合しないことを発見できないフリーラン
　　　　スの給付について、受領後1年を経過した場合（ただし、発注者が、
　　　　顧客等（一般消費者に限りません）に1年を超えた契約不適合責任
　　　　期間を定めている場合に、発注者とフリーランスがそれに応じた契
　　　　約不適合責任期間をあらかじめ定めているときは除きます）

　また、下請法の事例ではありますが、フリーランスにパッケージ等の
デザインを作成委託していたところ、受入検査で問題がないとしたにも
かかわらず、その後に自社の顧客からやり直しの依頼があったことを理
由としてデザインのやり直しを無償でさせていたことや、フリーランス
にイラスト・動画用2D・3Dモデルの作成を委託していたところ、発注
書等で示された仕様等からは作業が必要であることが分からないやり直
しを無償でさせていたことが、**下請法4条2項4号違反（不当なやり直し）**
に当たるとされたケースもあります[165]。

（7）情報成果物の作成委託における給付内容の変更又は給付のや
##　　り直しに関する考え方

　情報成果物の作成委託においては、発注者の価値判断等により評価さ
れる部分があり、事前に委託内容として給付を充足する条件を明確に3
条通知に記載することが不可能な場合があります。このような場合には、

165　令和6年6月19日公正取引委員会勧告、令和6年10月25日公正取引委員会勧告。

発注者がやり直し等をさせるに至った経緯等を踏まえ、やり直し等の費用についてフリーランスと十分な協議をした上で合理的な負担割合を決定しそれを負担すれば、やり直し等をさせても問題となりません。

　ただし、発注者が一方的に負担割合を決定することによりフリーランスに不当な不利益を与える場合には、不当なやり直し等に該当します。なお、この場合においても*前記(6)①から④*までに該当する場合には、発注者が費用の全額を負担することなく、給付内容の変更又はやり直しを要請することは認められません（以上について、**解釈ガイドライン第2部第2の2(2)キ(カ)**）。

10　下請法との相違点

①　1か月以上の期間行う業務委託に適用されること

　前記のとおり、**フリーランス法5条による禁止行為**は、全ての業務委託が対象となるわけでなく、「1か月」以上の期間行う者のみが遵守事項の規律の対象となっており、この点は期間の制限を設けていない下請法と異なっています。

②　支払遅延（下請法4条1項2号）の位置付け

　下請法は、禁止事項を定めた**下請法4条1項2号**において**支払期日の経過後なお支払わないことを禁止**しています。

　フリーランスとの取引においてもこうした支払遅延は非常に重要な問題ですので、フリーランスへの業務委託全般に規律を課す必要があると考えられました。そこで、1か月以上の期間の業務委託に限定して規律を課すフリーランス法5条ではなく、**報酬支払に関するルール（法4条）**の中で支払期日までに支払う義務を課すこととされました[166]。

166　法案説明資料。

③　報復措置（下請法4条1項7号）の位置付け

　下請法は、下請法4条各号に定める行為のみを対象に、行政機関に申告したことをもって不利益取扱いをすることを禁じているところ、フリーランス法においては、書面の交付又は電磁的記録の提供の義務（法3条）等、他の義務にかかる申告を原因とする不利益取扱いも想定されます。そのため、別にフリーランス法6条を設け、申告を受け付ける規定及び不利益な扱いを禁ずる規定を設けることとしたため、本条では下請法4条1項7号に相当する規定は設けないこととされました[167]。

④　有償支給材の早期決済の禁止規定（下請法4条2項1号）がないこと

　下請法における原材料等を有償で支給して製造を行わせる（製造委託を想定）といった取引はフリーランスに対する業務委託においては少なく、問題事例も規律を設ける必要性を肯定するほどには確認されなかったことから[168]、フリーランス法においては、下請法4条2項1号に相当する規定は設けないこととされました。

⑤　割引困難手形の交付の禁止規定（下請法4条2項2号）がないこと

　フリーランスに対する業務委託では、支払手段として手形を利用している実態はほとんど無く、問題事例も規律を設ける必要性を肯定するほどには確認されなかったことから[169]、フリーランス法においては、下請法4条2項2号に相当する規定は設けないこととされました。

第3編　第2章

特定受託事業者の取引適正化

167　法案説明資料。
168　内閣官房の令和3年度フリーランス実態調査では、納得できない依頼者の行為として、「依頼者が有償で支給した原材料等の対価について、納入物の報酬を受け取るより前に支払わされた」との回答が3.2%ありました（法案説明資料）。
169　内閣官房の令和3年度フリーランス実態調査では、納得できない依頼者の行為として「一般の金融機関で割引を受けることが困難である手形を交付された」との回答が1.3%ありました（法案説明資料）。

第5 違反した場合の対応等

（申出等）

第6条　業務委託事業者から業務委託を受ける特定受託事業者は、この章の規定に違反する事実がある場合には、公正取引委員会又は中小企業庁長官に対し、その旨を申し出て、適当な措置をとるべきことを求めることができる。

2　公正取引委員会又は中小企業庁長官は、前項の規定による申出があったときは、必要な調査を行い、その申出の内容が事実であると認めるときは、この法律に基づく措置その他適当な措置をとらなければならない。

3　業務委託事業者は、特定受託事業者が第一項の規定による申出をしたことを理由として、当該特定受託事業者に対し、取引の数量の削減、取引の停止その他の不利益な取扱いをしてはならない。

1 特定受託事業者からの違反の申出等

（1）趣旨等

　本条は、発注者（本条の解説においては業務委託事業者を指します）によるフリーランス法違反の行為について、公正取引委員会又は中小企業庁長官（以下、本条の解説において「当局」ということがあります）に対する申出及び適当な措置の求めを行ったフリーランスに対し、発注者が報復措置として不利益な取扱いを行うことを防止することで、当局への情報提供を促し、違反行為の発見の端緒としようという趣旨の規定です。

　経済的基盤が脆弱なフリーランスは、取引上の問題解決に時間を要すれば回復不可能な状態に陥りますので、フリーランス法違反の行為が行

われている状況は迅速に改善することが必要です。そのためには、「法律上講じられるべき措置が講じられていない」といった情報がフリーランスから寄せられることが重要となりますが、特に発注者への依存度が高い者は、報復を恐れて当局への情報提供を躊躇する可能性が高いと考えられます。

そこで、フリーランスが当局に情報提供しやすい環境を整備し、法執行を有効に機能させる観点から、申出等を行ったことを理由とした不利益な取扱いを禁止し、これに反した発注者に対しては指導・助言、勧告、公表及び命令を行う仕組みを設けることが必要と考えられたものです[170]。

公正取引委員会は、申出に係る情報を厳格に管理し、秘密保持の徹底に努め、また、報復措置禁止（法6条3項）違反の行為については厳正に対処していくとしています[171]。

（2）フリーランスからの申出

ア　業務委託事業者から業務委託を受ける特定受託事業者

本条1項の規定に基づく申出及び求めができる者は「業務委託事業者から業務委託を受ける特定受託事業者」（すなわち、フリーランス）に限定されています。

これは、本条3項が、1項の申出及び求めをしたことを理由とする不利益な取扱いを禁止する規定となっているため、対象は可能な限り限定的であるべきと考えられること、発注者（業務委託事業者）から業務委託を受けるフリーランス以外からフリーランス法上の措置の請求が行われることやこれに対する不利益な取扱いを受けることは通常想定しにくいことによるものです。

なお、特定業務委託事業者以外の業務委託事業者（典型的には、個人

170　法案説明資料。
171　令和6年10月1日付「特定受託事業者に係る取引の適正化等に関する法律第2章違反事件に係る公正取引委員会の対応について」。

の発注者）の義務は、契約条件の明示義務（法3条）のみですが、このような発注者から業務委託を受けたフリーランスは、当然3条違反に係るものについて申出が可能です[172]。

イ　この章の規定に違反する事実がある場合

フリーランスは、フリーランス法第2章の違反（3条（業務委託の内容等の明示等）、4条（報酬の支払期日等）、5条1項及び2項（特定業務委託事業者の遵守事項）並びに6条3項（不利益な取扱いの禁止）の規定の違反）について申出及び適当な措置を求めることができます[173]。

（3）必要な調査及び適当な措置

本条2項はフリーランスから適当な措置を取るべき旨の申出があった場合、当局は、「必要な調査を行い…適当な措置をとらなければならない」と定めています。フリーランスからの申出と結びついた行政措置の機動的な発動を実現し、法律の実効性を担保するための規定です。

「必要な調査」とは、申出の趣旨に係るような事実があったかどうかについて、関係当事者（特定受託事業者、業務委託事業者、業務委託事業者の取引先等）から事情を聴取し、あるいはフリーランス法11条の規定に基づく報告徴収、立入検査等を行うことです。

また、「適当な措置」とは、申出内容について調査した結果、当該申出内容が事実であった場合に、その状況を是正するために必要な措置を意味します。法律に基づく行政処分、行政指導が含まれることはもちろんのこと、個別法に根拠を持たない政策の普及啓発活動といった事実上の施策やそのための予算措置、中小企業庁が行う指導・助言や措置請求等も、「適当な措置」に含まれます[174]。

なお、公正取引委員会は、フリーランス法の運用状況等を公表する場

172　法案説明資料。
173　法案説明資料。
174　法案説明資料。

合等において、必要に応じて、指導等の概要等を公表することがあると
しています[175]。

（4）申出をしたことを理由とする不利益な取扱いの禁止

フリーランスが本条1項の規定による「申出をしたことを理由とし
て」、取引の数量の削減、取引の停止その他の「不利益な取扱い」をす
ることは禁止されています（法6条3項）。フリーランスによる申告及び
求めが法執行の重要な端緒となることに鑑み、これらを妨げる行為を禁
止するものです。

不利益な取扱いとは、例えば申出及び求めをしたことのみを理由とし
て発注数量を減じたり、契約を解除したり、今後の取引を行わないよう
にすること等です。

なお、「申出をしたことを理由として」は、申出をしたことのみなら
ず適当な措置の求めをしたことに対する不利益措置の禁止を含むものと
解されます[176]。

（5）発注者からの自発的申出

後記3のとおり、公正取引委員会は、フリーランス法違反に対し同法
8条による勧告が可能ですが、フリーランス法の違反行為を自発的に申
し出た発注者（業務委託事業者及び特定業務委託事業者）については、
違反行為についての勧告を行わない運用がとられています（執行ガイド
ライン4）。

すなわち、発注者の自発的な改善措置が、フリーランスが受けた不利
益の早期回復に資することに鑑み、フリーランス法8条に基づく勧告の
対象となる違反行為に関する自発的な申出が発注者からなされ、かつ当
該発注者について以下のような事由が認められた場合には、発注者の法

175　令和6年10月1日付「特定受託事業者に係る取引の適正化等に関する法律第2章違反事件に係
る公正取引委員会の対応について」。
176　法案説明資料。

第3編　第2章　特定受託事業者の取引適正化

令遵守を促す観点から当該違反行為について勧告するまでの必要はない
とされています[177]。

> （1）公正取引委員会が当該違反行為に係る調査に着手する前に、当該違
>   反行為を自発的に申し出ている。
> （2）当該違反行為を既に取りやめている。
> （3）当該違反行為によってフリーランスに与えた不利益を回復するため
>   に必要な措置を既に講じている。
> （4）当該違反行為を今後行わないための再発防止策を講ずることとして
>   いる。
> （5）当該違反行為について公正取引委員会が行う調査及び指導に全面的
>   に協力している。

（中小企業庁長官の請求）

第7条　中小企業庁長官は、業務委託事業者について、第三条の規定に
　　違反したかどうか又は前条第三項の規定に違反しているかどうかを調
　　査し、その事実があると認めるときは、公正取引委員会に対し、この
　　法律の規定に従い適当な措置をとるべきことを求めることができる。

2　中小企業庁長官は、特定業務委託事業者について、第四条第五項
　　若しくは第五条第一項（第一号に係る部分を除く。）若しくは第二項
　　の規定に違反したかどうか又は同条第一項（同号に係る部分に限る。）
　　の規定に違反しているかどうかを調査し、その事実があると認めると
　　きは、公正取引委員会に対し、この法律の規定に従い適当な措置をと
　　るべきことを求めることができる。

177　下請法においても「下請法違反行為を自発的に申し出た親事業者の取扱いについて（平成20年
12月17日）」（https://www.jftc.go.jp/shitauke/shitauke_tetsuduki/081217.html）により同様の運用
とされています。

2 中小企業庁長官による措置請求

（1） 趣旨等

　本条は、フリーランス法に基づく調査等に基づき、中小企業庁長官が公正取引委員会に対して適当な措置を取るべき旨を請求することを規定するものです。フリーランス法における事務分担とも関係しており、①公正取引委員会の独立性を踏まえた上で、②中小企業者たるフリーランスの保護を図るために、特に中小企業庁長官に権限を与える趣旨の規定です。

　すなわち、公正取引委員会は独占禁止法に関し、ルールを形成し公正な処分を行うに当たり、高度な専門性とともに中立性と安定性が求められます。このため、公正取引委員会はいわゆる三条委員会[178]に準ずるものと位置付けられ、その高い独立性を保障するために、公正取引委員会の委員長及び委員は、「独立してその職権を行う」こととされています（独占禁止法28条）。このような公正取引委員会の意義・性質からすると、公正取引委員会と他の行政機関が、ともにその権能を遂行することは、公正取引委員会の独立性を害し許容されないと考えられます。

　このためフリーランス法第2章の違反[179]について、勧告・公表等の措置を行う行政機関は公正取引委員会とされるところ（法8、9条）、これらの権限は、公正取引委員会が単独で独自に行使することが求められます。

　他方で、中小企業庁は、「中小企業を育成し、及び発展させ、且つ、その経営を向上させるに足る諸条件を確立すること」を任務とすると同時に（中小企業庁設置法1条）、「中小企業者が…不公正な取引方法によりその事業を阻害されているかどうか…を調査し、公正取引委員会に対しその事実を報告し、及び適当な措置を求めることができる」とされており（同法4条7項）、中小企業者の育成等のため一定の権限を行使し得

178　内閣府設置法64条及び国家行政組織法3条に規定された委員会。それ自体として独自に国家意思を決定し、外部に表示する行政機関となっています。
179　前記1(2)イ参照。

ると解されます。

　そして、フリーランスも個人として中小企業者（中小企業基本法2条1項）に該当し、また、フリーランス法における発注者の義務には不公正な取引方法の要素もみられます。そこで、運用の統一性や機動的な執行の観点から公正取引委員会において勧告等の主要な措置を単独で持ちつつ、中小企業庁長官には、中小企業の保護の観点から特別な権限を付与することが適切であるとして、本条が定められました（このことは、後述する報告・検査においても妥当します）。

　なお、本条の規定による措置請求は、その後の公正取引委員会による勧告（法8条）、勧告に係る措置命令（法9条）を経て、最終的に罰則につながるものであることに鑑み、より明確な書きぶりにする観点から、「業務委託事業者」（法7条1項）と「特定業務委託事業者」（法7条2項）とで、措置請求の対象となる義務の主体ごとに条項が分けられています[180]。

（2）適当な措置

　「適当な措置」とは、フリーランス法8条に定める公正取引委員会が行う勧告のことです。独占禁止法に基づく措置は含まれません（下請法と同様の考え方に立っています）。

　なお、中小企業庁長官による措置請求の有無を問わず、公正取引委員会が独自に調査、勧告等を行うことは当然可能です[181]。

180　法案説明資料。
181　法案説明資料。

（勧告）

第8条　公正取引委員会は、業務委託事業者が第三条の規定に違反した
　　と認めるときは、当該業務委託事業者に対し、速やかに同条第一項の
　　規定による明示又は同条第二項の規定による書面の交付をすべきこと
　　その他必要な措置をとるべきことを勧告することができる。

2　公正取引委員会は、特定業務委託事業者が第四条第五項の規定に違
　　反したと認めるときは、当該特定業務委託事業者に対し、速やかに報
　　酬を支払うべきことその他必要な措置をとるべきことを勧告すること
　　ができる。

3　公正取引委員会は、特定業務委託事業者が第五条第一項（第一号に
　　係る部分に限る。）の規定に違反していると認めるときは、当該特定
　　業務委託事業者に対し、速やかに特定受託事業者の給付を受領すべき
　　ことその他必要な措置をとるべきことを勧告することができる。

4　公正取引委員会は、特定業務委託事業者が第五条第一項（第一号に
　　係る部分を除く。）の規定に違反したと認めるときは、当該特定業務
　　委託事業者に対し、速やかにその報酬の額から減じた額を支払い、特
　　定受託事業者の給付に係る物を再び引き取り、その報酬の額を引き上
　　げ、又はその購入させた物を引き取るべきことその他必要な措置をと
　　るべきことを勧告することができる。

5　公正取引委員会は、特定業務委託事業者が第五条第二項の規定に違
　　反したと認めるときは、当該特定業務委託事業者に対し、速やかに当
　　該特定受託事業者の利益を保護するため必要な措置をとるべきことを
　　勧告することができる。

6　公正取引委員会は、業務委託事業者が第六条第三項の規定に違反し
　　ていると認めるときは、当該業務委託事業者に対し、速やかに不利益
　　な取扱いをやめるべきことその他必要な措置をとるべきことを勧告す
　　ることができる。

3 勧告

（1）趣旨等

　本条は、発注者（本条の解説においては、業務委託事業者又は特定業務委託事業者を指します）による違反行為について、公正取引委員会が、是正を勧告できる権限を規定しています。勧告に正当な理由なく従わなかった場合には、命令及び罰則が予定されています。

　勧告は、命令という処分に至る前に、段階を踏んで行われる緩やかな手段として、違反行為の自発的是正を促し、是正の機会を付与する「行政指導」（行政手続法2条6号）です。すなわち、フリーランス法において「処分」（行政手続法2条2号）たる命令は、直接に私人の権利義務の内容を画すものであり、罰則は国家による直接の権利制約を課すものです。こうした権利制約等を伴う行政行為等については、目的達成との関係で必要最小限の制約であるべきで、可能な限り抑制的に行使されるべきと考えられました。

　そこで、命令といった強制力を持った方法をいきなり執るのではなく、その前段階において勧告という手段を採り、名宛人の任意の協力を求め、是正の機会を付与すれば、私人にとっても権利制約の前段階で対処が可能となります。また行政にとっても柔軟な対応を可能としながら行政目的を達成することができると考えられたものです[182]。

（2）勧告の性質

　前記のとおり、勧告は「行政指導」（行政手続法2条6号）です。名宛人の権利義務を形成し又はその範囲を画するものではなく、法的拘束力は持たない性質のものであり、あくまで名宛人の任意の協力を求めるものです[183]。

182　法案説明資料。
183　法案説明資料。

（3）勧告の対象（名宛人）

　本条1項（3条通知等の違反）及び6項（報復措置禁止違反）の勧告は、「業務委託事業者」を名宛人とするものです。「特定業務委託事業者」だけでなく、他人を使用しない事業者であってフリーランスに業務委託をする者も勧告の対象となりますので、個人や一人会社も勧告の対象になり得ます。

　これに対し、本条2項ないし5項の勧告の対象は、「特定業務委託事業者」です。

（4）勧告の内容

　勧告は、違反行為の是正や、フリーランスが被った不利益の原状回復措置を講ずることが内容とされます[184]。具体的には、以下のとおりとなります。

【勧告の内容】

項	違反の内容	勧告の内容
1	法3条（3条通知、書面交付請求）	速やかに3条通知（明示）や書面交付をすべきこと
2	法4条5項（報酬支払義務）	速やかに報酬を支払うべきこと
3	法5条1項1号（受領拒否）	速やかに給付を受領すべきこと
4	法5条1項2号（減額）	速やかに減じた額を支払うべきこと
	法5条1項3号（返品）	速やかに給付に係る物を引き取るべきこと
	法5条1項4号（買いたたき）	速やかに報酬の額を引き上げるべきこと

184　令和6年10月1日付「特定受託事業者に係る取引の適正化等に関する法律第2章違反事件に係る公正取引委員会の対応について」。

項	違反の内容	勧告の内容
	法5条1項5号（購入・利用強制）	速やかに購入させた物を引き取るべきこと
5	法5条2項（不当な給付内容の変更・やり直し・経済上の利益の提供要請）	速やかに利益を保護するため必要な措置を取るべきこと
6	法6条3項（報復措置禁止）	速やかに不利益な取扱いをやめるべきこと

　本条1項の「同条第一項の規定による明示又は同条第二項の規定による書面の交付」には、フリーランス法3条1項の規定に基づく業務委託の内容等の明示（3条通知）のみならず、同条2項の規定によるフリーランスからの書面交付請求の場合も含みます。

　本条2項について、報酬支払義務（法4条5項）は、遵守事項（法5条）とは別に規定されていることから、第3項ないし第5項（法5条違反の勧告）とは別に規定されています。

　本条3項の勧告は受領拒否という行為をやめること・報復措置をやめることという不作為を求めるものです。これに対し、本条4項は「減じた額を支払」う等積極的に何らかの行為を要求するもの（すなわち作為を求めるもの）であるため、それぞれ別項として規定されました。

　本条5項について、不当な給付内容の変更・やり直し（本条5条2項）の規律は、本条5条1項の各違反とは異なり、「特定受託事業者の利益を不当に害」することが要件とされている点で異なる考慮を必要とすること、また、利益提供要請や不当なやり直しについては、個々の事情によって必要な措置は様々であることから、本条5項は前各項と同列とせず別項として規定されました。

　同様に本条6項について、報復措置禁止（本条6条3項）は不作為義務を規定するものであり、かつ、特定業務委託事業者に限らず業務委託事業者が名宛人となっていること、また、不利益な取扱いの具体的内容

は様々であり個別に列挙し難いことから、本条6項は前各項と同列とせず別項として規定されました。

本条5項を除く各項には、勧告の内容として「その他必要な措置」が含まれています。これは、フリーランス法の目的を達成するため、単に問題行為の是正にとどまらず、将来的な問題行為の防止に向けた措置を取ることが望ましいとの観点から規定されたものです[185]。具体的には、必要に応じて、発注者等に対し、経営責任者を中心とする遵法管理体制の確立や、遵法マニュアル等を作成し、これを購買・外注担当者を始め社内に周知徹底することといった再発防止措置等の必要な措置を採るべきことを求めるなどの対応をすることとされています[186]。

（5）公表

公正取引委員会は、勧告を行った場合、国民に対する情報提供を図るとともに、勧告の対象であるフリーランス法第2章の違反[187]に対する措置についての事業者の予見可能性を高め、当該違反行為の未然防止を図る目的から、事業者名、違反事実の概要、勧告の概要等を公表するとしています[188]。

185　以上について、法案説明資料。
186　令和6年10月1日付「特定受託事業者に係る取引の適正化等に関する法律第2章違反事件に係る公正取引委員会の対応について」。
187　前記1⑵イ参照。
188　令和6年10月1日付「特定受託事業者に係る取引の適正化等に関する法律第2章違反事件に係る公正取引委員会の対応について」。

第3編　第2章　特定受託事業者の取引適正化

（命令）

第9条　公正取引委員会は、前条の規定による勧告を受けた者が、正当
　な理由がなく、当該勧告に係る措置をとらなかったときは、当該勧告
　を受けた者に対し、当該勧告に係る措置をとるべきことを命ずること
　ができる。
　2　公正取引委員会は、前項の規定による命令をした場合には、その旨
　を公表することができる。

4 命令

（1）趣旨等

　本条は、フリーランスに係る取引の適正化を図るため、公正取引委員
会が、フリーランス法第2章の違反についてなされた勧告に従わなかっ
た発注者に対し、命令を行うこと及び命令した旨を公表できることを規
定するものです。

　フリーランス法では、フリーランスに係る取引について業種横断的に
緩やかな規律を設けることとしています。そこで、義務違反に直罰を科
すのではなく、発注者の自主的な改善を促す観点から強制力のある命令
（行政処分）を行う前に、必ず勧告（行政指導）を行うこととした上で、
勧告に従わず、正当な理由なく勧告に係る措置をとらなかった場合に限
定して命令を発動することとしているものです[189]。

（2）正当な理由

　勧告を受けた者が「正当な理由」がなく勧告に係る措置をとらなかっ

189　下請法においては、勧告・公表が定められているにとどまり、命令の規定は置かれていません。
これは、下請法の勧告の内容が、会社の経理、ひいては会社全体の社会的信用にもかかわる問題で
あることから、制裁として公表という手段が極めて有効と考えられたことに加え、悪質な親事業者
に対しては、独占禁止法による排除措置命令（独占禁止法20条1項）、課徴金納付命令（独占禁止法
20条の2以下）を適用することも可能となっていることから（下請法8条）、独占禁止法の活用と相俟っ
て履行確保を図っていく構造となっているものです（法案説明資料）。

たときは、公正取引委員会は、勧告を受けた者に対し、勧告に係る措置を取るべきことを命ずることができます（法9条1項）。

「正当な理由」とは、専らフリーランスに係る取引の適正化等の観点から判断されます。

法案作成時点では、例えば報酬の減額の事案で、減額相当額の支払を勧告した場合に、フリーランスが発注者に誤った口座番号を伝えていたため、発注者が減額相当額の振り込みをできなかった場合等が考えられるとされています。また、これに対し、単にフリーランスに係る取引の適正化等とは直接関係しない事業経営上の観点だけからみて必要性があるに過ぎない場合は、「正当な理由」があるとはいえないとされています[190]。

（3）公表

公正取引委員会は、1項の命令をした場合には、その旨を公表することができます（法9条2項）。公正取引委員会は、命令を行った場合、事業者名、違反事実の概要、命令の概要等を公表するとしています[191]。

公表の方法については、特に限定されておらず、公表を行う公正取引委員会において、官報掲載のほかホームページや新聞等の掲載をすることが想定されています[192]。

190　法案説明資料。
191　令和6年10月1日付「特定受託事業者に係る取引の適正化等に関する法律第2章違反事件に係る公正取引委員会の対応について」。
192　当局解説書134頁。

> **（私的独占の禁止及び公正取引の確保に関する法律の準用）**
> **第10条**　前条第一項の規定による命令をする場合については、私的
> 　独占の禁止及び公正取引の確保に関する法律（昭和二十二年法律第
> 　五十四号）第六十一条、第六十五条第一項及び第二項、第六十六条、
> 　第七十条の三第三項及び第四項、第七十条の六から第七十条の九まで、
> 　第七十条の十二、第七十六条、第七十七条、第八十五条（第一号に係
> 　る部分に限る。）、第八十六条、第八十七条並びに第八十八条の規定を
> 　準用する。

5　独占禁止法の準用

（1）趣旨等

　本条は、フリーランス法9条1項の規定に基づき公正取引委員会が行
う命令について、命令の手続、行政不服審査法の適用除外、行政事件訴
訟法3条1項に規定する抗告訴訟に係る特則（被告適格、東京地方裁判
所の専属管轄・合議体、国の利害に関係のある訴訟についての法務大臣
の権限等に関する法律の適用除外）等に係る独占禁止法の規定を準用す
るものです。

　フリーランス法により公正取引委員会が担う事務は、独占禁止法27
条の2第6号の「前各号に掲げるもののほか、法律（法律に基づく命令
を含む。）に基づき、公正取引委員会に属させられた事務」に位置づけ
られます。同条の所掌事務に係る公正取引委員会の職務権限については、
独占禁止法28条に基づき職権行使の独立性及び公正取引委員会が合議
制の行政機関であることを根拠とした各規定があります[193]。

　フリーランス法9条1項の規定に基づく公正取引委員会による命令に

---

[193]　行政処分（排除措置命令等）についての公正取引委員会の委員長及び委員による合議制（独占
禁止法65条）、行政不服審査法の適用除外（独占禁止法70条の12）、排除措置命令等に係る抗告訴訟
についての法務大臣の指揮等の適用除外（独占禁止法88条）及び東京地方裁判所の専属管轄（独占
禁止法86条）等。

ついても、独占禁止法と同様に、職権行使の独立性が確保されることとなるとともに、合議制の行政機関たる公正取引委員会が行う命令であることから、独占禁止法の規定と同様の規定を置くことが適当と考えられました。

　また、実質的にみても、フリーランス法1条の「特定受託事業者に係る取引の適正化…を図り、もって国民経済の健全な発展に寄与する」という目的部分は、独占禁止法（優越的地位の濫用）を補完する下請法の目的（親事業者と下請事業者の取引の公正化により、国民経済の健全な発達に寄与すること）と同様であって、独占禁止法の目的（公正かつ自由な競争の促進により、国民経済の民主的で健全な発達の促進）の一部とも共通します。このことから、フリーランス法は実態上独占禁止法を補完する機能を有すると考えられ、フリーランス法により公正取引委員会が行う命令に係る手続等についても独占禁止法と同様の取扱いとすることが妥当と考えられたものです。

　上記準用規定に係る手当ては、フリーランス法の規定に基づき公正取引委員会が行う命令には適用されますが、厚生労働省が行う命令には適用されません（公正取引委員会に関係する法目的や措置事項等と厚生労働省に関係するそれらは相互に独立しており、また、公正取引委員会と厚生労働省の組織法上の位置付けが異なるためとされています）[194]。

（2）準用する独占禁止法の各規定
ア　命令の決定手続及び命令書の記載事項について

　フリーランス法9条の規定に基づく公正取引委員会による命令も、合議制の独立行政委員会である公正取引委員会の正式な行政処分であり、従わない場合に罰則が科されるという点で、独占禁止法の排除措置命令等と同様です。このため、合議によるべきと考えられ、命令の意思決定手続や命令書の記載事項等の形式について独占禁止法61条、65条1項及び2項、66条の規定が準用されています。

194　以上につき、法案説明資料。

イ　命令の取消し等について

　フリーランス法9条の規定に基づく公正取引委員会による命令に違反した場合には刑事罰が科せられます。このことからすれば、命令を維持することが適当でない場合には、名宛人の利益を害しない範囲で取消し又は変更を行うことを可能とすることが適当です。このため、命令の変更又は取消しに係る独占禁止法70条の3第3項及び第4項の規定が準用されています。

ウ　命令書の送達手続について

　前記のとおり、フリーランス法9条1項の規定に基づく公正取引委員会による命令についても独占禁止法61条を準用して命令書の謄本を送達して行うこととされており、送達の手続に係る同法70条の6から70条の9までの規定もあわせて準用されています。

エ　行政不服審査法の適用除外について

　フリーランス法9条1項の規定に基づく公正取引委員会による命令についても、独占禁止法と同様、公正・中立性及び専門性を有する公正取引委員会の委員長及び委員が合議により慎重に審理して判断されます。このため、その判断に係る手続の公正性は確保されており改めて不服審査を認める必要性に乏しいものとして、独占禁止法70条の12が準用され、行政不服審査法は適用除外とされています。

オ　事件処理手続に係る公正取引委員会の規則制定権について

　独占禁止法においては、内閣府設置法58条4項を受けて公正取引委員会の規則制定権が定められていることから、フリーランス法についても同様に公正取引委員会の事件処理手続等について必要な規則[195]を定めることができるよう、独占禁止法76条が準用されています。

195　法案作成時点では、例えば送達手続に関する規則が想定されているようです（以上について、法案説明資料）。

カ　裁判管轄について

　前記のとおり、フリーランス法に係る事務にも公正取引委員会の職権行使の独立性が及びます。そこで、フリーランス法9条1項の規定に基づく公正取引委員会による命令に係る抗告訴訟についても、独占禁止法と同様に、被告適格を公正取引委員会とする（独占禁止法77条）とともに、国の利害に関係のある訴訟についての法務大臣の権限等に関する法律の規定に基づく法務大臣の指揮等の適用を除外する（独占禁止法88条）ことが必要と考えられました。

　また、独占禁止法の行政処分に係る司法審査においては、裁判所の専門的かつ合一的な判断の確保や司法審査が慎重に行われるための制度的担保も必要です。そこで、独占禁止法では、第一審機能を東京地方裁判所に集中して委ねる（独占禁止法85条1号）とともに、同地裁及び第二審たる東京高等裁判所における審理・裁判を合議体で行うことを義務付けるなどしています（同法86条及び87条）。フリーランス法9条1項の公正取引委員会による命令も、独占禁止法の行政処分と同様、合議制の行政委員会が専門技術的法運用に基づき合議により意思決定しますので、独占禁止法と同様の取扱いとすることが妥当と考えられ、これら各規定が準用されています[196]。

第3編　第2章　特定受託事業者の取引適正化

196　以上について、法案説明資料。

（報告及び検査）

第11条 中小企業庁長官は、第七条の規定の施行に必要な限度におい て、業務委託事業者、特定業務委託事業者、特定受託事業者その他の 関係者に対し、業務委託に関し報告をさせ、又はその職員に、これら の者の事務所その他の事業場に立ち入り、帳簿書類その他の物件を検 査させることができる。

2　公正取引委員会は、第八条及び第九条第一項の規定の施行に必要な 限度において、業務委託事業者、特定業務委託事業者、特定受託事業 者その他の関係者に対し、業務委託に関し報告をさせ、又はその職員 に、これらの者の事務所その他の事業場に立ち入り、帳簿書類その他 の物件を検査させることができる。

3　前二項の規定により職員が立ち入るときは、その身分を示す証明書 を携帯し、関係人に提示しなければならない。

4　第一項及び第二項の規定による立入検査の権限は、犯罪捜査のため に認められたものと解釈してはならない。

6　報告徴収・立入検査

（1）趣旨等

　本条は、フリーランス法に基づく勧告、命令及び措置請求をするため、 公正取引委員会及び中小企業庁長官に、発注者（本条の解説においては、 業務委託事業者及び特定業務委託事業者を指します）、フリーランス及 び発注者と取引する者その他の関係者に対し、報告を求め、又はその事 業所等への立ち入り若しくは検査をする権限を規定するものです。

　まず、発注者との関係では、フリーランス法においては公正取引委員 会に勧告（法8条）・命令（法9条）が、中小企業庁長官に措置請求（法 7条）の権限が認められています。これらの権限を行使するにあたって は、その裏付けとなる証拠が必要となるため、発注者の事務所等に立ち

入り、帳簿や取引記録等の関連資料を調べる必要があります。しかし、発注者が任意調査に応じるとは限らないことから、報告徴収及び立入検査といった行政調査に関する権限が必要と考えられました。

　次に、フリーランスとの関係では、行政機関が、適切に事案を把握し、発注者に対して勧告や命令を行うため、いわば被害者的立場にあるフリーランスからも取引の実情その他の必要な情報を入手する必要があります。しかし、フリーランスの中には、ある発注者との関係で継続的に業務委託の相手方になる場合があり、経済的に依存し取引先を容易に変更し得ない状況となる者もいます。このようなフリーランスに対して任意での調査協力を求めたとしても、発注者からの取引の停止その他の報復措置をおそれ、調査に協力しない可能性があります。

　更に、発注者との取引先についても、発注者が多数のフリーランスと取引をするに当たり、業務効率化のため自らに代わって支払代行や役務提供の履行確認等を他の業者に依頼することもまま見られるところです。また、前記再委託の例外との関係では、発注者の取引先（元委託者）についても、義務履行の関係で明らかにする必要があるケースがあります。こうした発注者の取引先は、発注者寄りの立場にあり、発注者を慮ったり、取引関係を維持するため、調査に協力しない可能性もあります。

　これらのことから、フリーランス法の厳正な執行を図るため、調査権限を行使し行政機関が取引に関連する事実を客観的に把握できるようにする必要があると考えられたものです[197]。

（2）報告及び立入検査を行い得る範囲

　本条1項は中小企業庁長官が、2項は公正取引委員会が、報告徴収及びその職員による立入検査を行うことができること、並びにその行い得る範囲を定めるものです。

　具体的には、フリーランス法第2章の違反[198]の有無やその裏付けを行

197　以上について、法案説明資料。
198　前記1(2)イ参照。

う限度で許容されることになります。

「その他の関係者」には、業務委託事業者に代わって支払代行や役務提供の履行確認等を行う事業者や、特定業務委託事業者の取引先等が含まれるとされています。

中小企業庁長官は、公正取引委員会が権限を行使し得る事項について措置請求ができますので（法7条参照）、公正取引委員会と同じ範囲で立入検査・報告徴収が認められています。もっとも、調査権限の限界については、公正取引委員会はフリーランス法8条（勧告）及び9条1項（命令）の規定の施行に必要な限度、中小企業庁長官は7条（措置請求）の規定の施行に必要な限度となります[199]。

（3）職員による立入検査

前記のとおり、公正取引委員会及び中小企業庁長官は、その職員に立入検査等を行わせることができます（法11条1項及び2項）。

立入検査は私人の自由の制限を伴うものですので、その職員がフリーランス法に基づき立ち入ることのできる権限を有する者であることを明らかにする必要があると考えられ、本条3項が規定されました[200]。

実際には行政機関の職員であるとしても、身分を示す証明書を所持していない等の理由により身分を示す証明書を提示できなかった場合には、フリーランス法に基づく立入検査等の権限を有していると客観的に明らかにできませんので、立入検査等の対象となった関係人は立ち入りを拒む正当な理由があると考えられます[201]。

199　このように、調査権限の限界を画する規定について、公正取引委員会と中小企業庁長官とで異なるため別項に規定されたものです。
200　法案説明資料。
201　最高裁判所昭和27年3月28日第二小法廷判決 刑集6巻3号546頁（公務執行妨害被告事件）。収税官吏が検査証を携帯せず又は携帯するも呈示しなかった場合、相手方は検査を拒む正当な理由があると判示（以上について、法案説明資料）。

（4）立入検査の権限と犯罪捜査の関係

　本条における立入検査は行政調査であり、中立的第三者的立場にある裁判官による判断を経ることなく、罰金という間接強制により実現されることとなります。このような行政調査によって得られた証拠が犯罪捜査のために用いられれば、令状なき捜索等を認めるに等しく、厳格な手続保障を設けている刑事手続の趣旨を没却しますので、刑事手続に関する憲法上の権利[202]を侵害することのないよう本条4項が規定されたものです[203]。

202　犯罪捜査は、刑事訴追の証拠収集として行われるものであり、その事実認定には、適正な手続を経て収集された証拠に基づく必要があります（日本国憲法31条）。そのために令状主義が採用され、裁判官の発する令状なくして所持品の押収や住居への侵入、捜索等はすることはできません（憲法35条1項、刑事訴訟法218条1項）。
203　以上について、法案説明資料。

フリーランス法逐条解説

特定受託業務従事者の
就業環境の整備

第1 はじめに

フリーランス法第3章は「特定受託業務従事者の就業環境の整備」と題されています。

その個別の規律の内容は、以下のとおりです。

条　項	内　容
法12条	募集情報の的確な表示
法13条	妊娠、出産若しくは育児又は介護に対する配慮
法14条	業務委託に関して行われる言動に起因する問題に関して講ずべき措置等 （ハラスメント対策に係る体制整備）
法15条	指針の公表
法16条	中途解除等の事前予告・理由開示
法17条	フリーランスからの違反の申出
法18条	発注者への勧告
法19条	発注者への命令・公表
法20条	報告及び検査

また、フリーランス法第4章23条において、厚生労働大臣の権限の都道府県労働局長への委任が定められているほか、フリーランス法第5章では一部の規律違反への罰則が定められています。

政省令等への委任関係等については、次のページのとおりです。

	政令	省令	告示（指針）
①募集情報の的確表示（法12条）	・的確表示義務の対象となる募集情報の事項（令2条）	・的確表示義務の対象となる募集情報の提供方法（厚労則1条）	・特定業務委託事業者が適切に対処するために必要な事項（指針第2）
②育児介護等に対する配慮（法13条）	・配慮義務の対象となる継続的業務委託の期間（法16と同じ）（令3条）	―	・特定業務委託事業者が適切に対処するために必要な事項（指針第3）
③ハラスメント対策に係る体制整備（法14条）	―	・妊娠・出産等に関するハラスメントとなる言動の対象事由（厚労則2条）	・特定業務委託事業者が適切に対処するために必要な事項（指針第4）
④中途解除等の事前予告・理由開示（法16条）	・事前予告義務等の対象となる継続的業務委託の期間（法13条と同じ）（令3条）	・事前予告の方法・例外事由（厚労則3・4条）・理由開示の方法・例外事由（厚労則5・6条）	―（※解釈ガイドライン第3部4）
⑤厚生労働大臣の権限の委任（法23条）	―	・労働局長への委任事項（厚労則8条）	―

（出典：厚生労働省「特定受託事業者の就業環境の整備に関する検討会」第1回資料4を一部加工）

第2　募集情報の的確な表示

（募集情報の的確な表示）

第12条　特定業務委託事業者は、新聞、雑誌その他の刊行物に掲載する広告、文書の掲出又は頒布その他厚生労働省令で定める方法（次項において「広告等」という。）により、その行う業務委託に係る特定受託事業者の募集に関する情報（業務の内容その他の就業に関する事項として政令で定める事項に係るものに限る。）を提供するときは、当該情報について虚偽の表示又は誤解を生じさせる表示をしてはならない。

2　特定業務委託事業者は、広告等により前項の情報を提供するときは、正確かつ最新の内容に保たなければならない。

1　趣旨等

（1）概要

　本条は、発注者が、フリーランスの募集を行おうとする場合に、その募集情報（業務内容や報酬等）について、「虚偽の表示又は誤解を生じさせる表示」をしてはならず、また、正確かつ最新の内容に保つことを義務付ける、いわゆる的確表示義務を定めるものです。

（2）募集情報の的確な表示の必要性

　フリーランスにおける発注の獲得経路は、不特定多数のフリーランスに向けた募集（仲介・広告）を経由するものが全体の4割弱を占めていました[1]。また、広告宣伝（会社ホームページ、新聞、雑誌、求人サイト等）によりフリーランスの募集を行う場合、掲載情報が古い場合など、実際

1　法案説明資料において、「内閣官房の調査（令和2年）によれば」とされています。厚生労働省「特定受託事業者の就業環境の整備に関する検討会」第1回参考資料2も参照。

の契約条件と異なる場合があるとして、課題となっていました。

これらの募集情報に誤りがあった場合には、フリーランスが募集情報を確認してから発注事業者に接触し、条件等を確認するまでの労力が徒労に終わるところ、フリーランスが個人で働くという性質上、徒労に終わった時間は事業機会の損失、すなわち就業機会の損失を意味することから、いわゆる裸一貫で稼ぐフリーランスにとっては、生計にも影響するところであり、正確かつ最新の募集情報が掲載されることが、円滑な就業のためにも必要となります。

また、フリーランスを生身の働き手として捉えた場合に、正確かつ最新の募集情報が掲載されることは、本人の能力を適切に発揮する観点からも重要であるという意味においても、フリーランスが安心して働くための就業環境の整備に資するものです。

このような理由から、本条の規律が設けられました[2]。

（3）就業環境の整備としての性格（取引の適正化との関係）

募集に関する規律は、取引当事者が適切に情報を入手した上で取引に入る環境を整備する側面もあることから、発注事業者が守るべき取引規範の範疇に属するものとして、取引規制（法第2章）に位置付けることも考えられるところです[3]。

この点、確かに、表示に関して規制を行うという点で、取引法的な規制に類似する点もありますが、①取引法における表示規制は、主に消費者保護の規律として措置されているところ、これは、消費者すなわち「弱い買い手」を「強い売り手」から保護する規律であるのに対し、フリーランス法では「強い買い手（発注者）」との関係で保護すべきは「弱い売り手（特定受託事業者・フリーランス）」という違いがあること、②広告募集で問題となるフリーランスの職種は、運輸・配送等、特に高度

2　以上について、法案説明資料。
3　いわゆる取引法においては、例えば特定商取引に関する法律が、広告をするときにおける商品・役務の価格等の表示を事業者に義務付けていますし（同法11条）、景品表示法は、優良誤認表示や有利誤認表示等を事業者が行うことを禁止しています（同法5条）。

な技能を必要とはしないものが類型的には多く、これに応じるフリーランスは収入が低くかつ安定しない弱い立場の者(労働者的色彩の濃い者)である点において、当該広告募集は、取引に係る商品・役務内容の表示というよりも労働者募集に類する要素が濃いこと、③特にインターネット広告の場合、フリーランスへの業務委託と労働者の募集を同時に行っている場合も少なくなく、同一の所管の下であわせて規律することが実態にも適っていること、という点で、取引法における表示規制とは様相が異なるとされています。

　*前記(2)*のとおり、広告が的確でない場合、いわば裸一貫で働くフリーランスにとって、就業条件等を確認するまでの労力が徒労に終わることは、すなわち事業機会・就業機会の損失を意味し、生計にも影響します。そして、正確かつ最新の募集情報が掲載されることは、消費者（発注者）が適切な商品・役務の選択を行うことが目的ではなく、フリーランスの就業を確保することが目的であることに照らせば、取引の要素を完全に否定することはできないものの、就業環境の整備としての性格をより強く有するものといえます。

　更に、労働者の広告募集規制における知見の蓄積、都道府県労働局を擁する体制も踏まえ、厚生労働省において所管し、執行することが、フリーランスの保護の実効性を期す観点からも適切であるとされています。

　このような観点から、本条が定める募集に関する規律は、取引規制（法第2章）ではなく、就業環境の整備（法第3章）に位置付けられたものです[4]。

4　以上について、法案説明資料。

2 的確表示義務の適用対象

（1）適用対象者

　本条が定める募集情報の的確表示義務が課されるのは、「その行う業務委託」に係る募集情報を提供する**「特定業務委託事業者」（法12条）**、すなわち、自身が業務を他者に委託するために募集を出す特定業務委託事業者（発注者）です。

　したがって、他者の募集を掲載するだけの者や仲介事業者、典型的にはマッチングサービスの運営者（プラットフォーマー）については、的確表示義務は課されず、あくまで、そういったサービス等を利用して募集を行う（募集情報を掲載する）発注者が義務の対象者となります[5]。

（2）対象となる募集方法

　本条が定める募集情報の的確表示義務は、フリーランスの募集に関する情報を、「新聞、雑誌その他の刊行物に掲載する広告、文書の掲出又は頒布その他厚生労働省令で定める方法」（「広告等」）で提供する場合に適用されます**（法12条1項）**。

　具体的な方法は、以下のとおりです**（法12条1項、厚労則1条）**。

① 新聞、雑誌その他の刊行物に掲載する広告
② 文書の掲出又は頒布
③ 書面の交付
④ ファクシミリ
⑤ 電子メール等（電子メールその他のその受信をする者を特定して情報を伝達するために用いられる電気通信（電気通信事業法2条1号に規

5　ただし、フリーランス法の法案に係る衆議院附帯決議では、「仲介事業者を通じて業務を受託する特定受託事業者もいることを踏まえ、業務委託を仲介する事業者の実態を把握するとともに、質の確保の観点から、本法の適用対象とならない仲介事業者に対する規制の必要性について検討すること。」とされており（第211回国会閣法第23号衆議院附帯決議の四）、次回の法改正時には、仲介事業者やプラットフォーマーにも義務が課される可能性があります。なお、フリーランス法と同様に募集情報の的確表示義務を定める職業安定法では、募集をする求人者のみならず、雇用仲介事業者にも的確表示義務を課しています（職業安定法5条の4）。

> 定する電気通信をいいます。)
> ⑥　著作権法2条1項8号に規定する放送、同項9号の2に規定する有線
> 放送又は同項9号の5イに規定する自動公衆送信装置その他電子計算機
> と電気通信回線を接続してする方法その他これらに類する方法

　このうち、⑤については、LINEやX、Facebook、Instagramといったった SNS等のメッセージ機能等も含まれます（指針第2の1(3)）。

　また、⑥については、テレビやラジオ、インターネット上のオンデマンド放送や自社のホームページ、クラウドソーシングサービス等が提供されるデジタルプラットフォーム等が該当するとされており（指針第2の1(3)）、フリーランスの募集を仲介するプラットフォーム上で募集をする場合も的確表示義務の対象になることになります（指針第2の1(3)）。

　結局のところ、直接口頭で伝えるような場合を除いたほとんど全ての提供方法による場合が対象になるといってよいでしょう。

　ただし、「広告、文書の掲出又は頒布」という用語には、2人以上の複数人を相手にするという趣旨が含まれています。例えば電子メールやSNSのメッセージ機能等を用いる場合であっても、特定の1人のフリーランスに業務委託を打診する場合は、通常、既に契約交渉段階にあることが想定され、契約交渉の中で取引条件の確認や変更が可能であることも踏まえ、的確表示義務は課されません。他方で、2人以上の複数人を相手に打診する場合には、的確表示義務の対象となります[6]。また、複数のメールアドレスをbccに入れて、募集情報を一斉に送信して募集を行う場合等、形式的には1人のフリーランスに対して送信したメールであるように見える場合であっても、実質的に発注者から複数の宛先に送信しており、広く募集しているといえる場合には募集情報の的確表示義務を遵守する必要があります[7]。

　なお、的確表示義務の対象となる募集方法は、自らの手で募集を行う

6　Q&A84。
7　Q&A85。

場合だけではなく、他の事業者に委託して、広告等により広く勧誘する場合も含みます（指針第2の1⑵）。フリーランスの募集を仲介するプラットフォームを利用する場合もこれに含まれますが、口コミやコネ等を期待して知人にフリーランスの紹介を依頼する場合も、「他の事業者に委託」しての募集に当たり得ます[8]。

第3編 第3章
特定受託業務従事者の就業環境の整備

8　政省令等パブコメ3-1-4参照。ただし、「他の事業者に委託して」勧誘することが要件であるため、紹介の依頼先が「事業者」といえるかは検討の必要があると考えられます。

（3）対象となる募集情報

ア　概要

　本条が定める募集情報の的確表示義務は、発注者が提供する、「その行う業務委託に係る特定受託事業者の募集に関する情報」を対象とします。また、当該情報がいかなる内容であっても対象となるのではなく、「業務の内容その他の就業に関する事項として政令で定める事項に係るもの」に限って課されるものです。

　したがって、詳細は後述しますが、業務委託の相手を募集する場合全てが対象となるわけではなく、あくまでフリーランス（特定受託事業者）への委託が想定される募集が対象となります。また、業務内容や報酬等、特定の内容（事項）に限って対象となります。

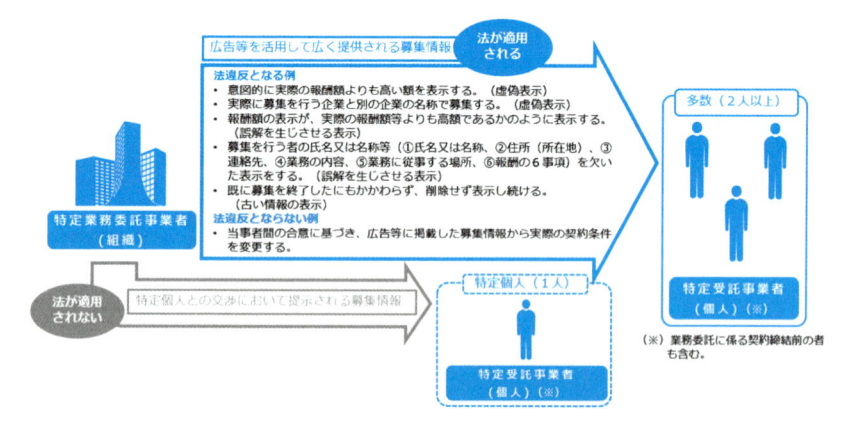

（出典：令和6年12月版説明資料）

イ　その行う業務委託に係るフリーランスの募集に関する情報

　「業務委託に係る特定受託事業者の募集」とは、フリーランス（特定受託事業者）に業務委託をしようとする者が自ら又は他の事業者に委託して、フリーランス（特定受託事業者）になろうとする者に対して広告等により広く勧誘することをいいます（前述のとおり、複数名を相手にするものに限られます）。

　結果として募集に応じて業務委託した相手方がフリーランスであった

か否かにかかわらず、募集情報の提供時点においてフリーランスに業務委託することが想定される募集を指すこととなります。

　一方、募集の内容から、もっぱら、①労働者の募集や、②従業員（法2条1項1号に規定する従業員）を使用する事業者に業務委託することが想定される募集であって、フリーランスに業務委託することが想定されない募集は「業務委託に係る特定受託事業者の募集」には含まれません（以上について、指針第2の1(2)）。

　したがって、正社員やアルバイト等として雇入れるための求人情報[9]や、業務内容や案件の規模、報酬額等を踏まえて明らかに企業（従業員を使用する事業者）のみに向けて出している募集情報であれば、的確表示義務の対象とはなりませんが、フリーランスと企業のいずれも受託し得る（「もっぱら」企業向けでもない）募集であれば、対象となると考えられます。

ウ　募集情報の内容

　的確表示義務の対象となる募集情報は、「業務の内容その他の就業に関する事項として政令で定める事項に係るもの」に限られており、具体的には、①業務の内容、②業務に従事する場所、期間又は時間に関する事項、③報酬に関する事項、④契約の解除（契約期間の満了後に更新しない場合を含む。）に関する事項、⑤特定受託事業者の募集を行う者に関する事項、の5つです（令2条）。的確表示をすることが求められるのは、これら5つの事項についての表示のみです。

　それぞれの具体的内容については、例えば以下に掲げるものがあるとされています（指針第2の1(4)、Q&A89）。

第3編　第3章　特定受託業務従事者の就業環境の整備

9　雇用に関する求人情報については、職業安定法5条の4が的確表示義務を定めているため、当該義務を遵守する必要があります。

①業務の内容：
- ・業務委託において求められる成果物の内容又は役務提供の内容
- ・業務に必要な能力又は資格
- ・検収基準
- ・不良品の取扱いに関する定め
- ・成果物の知的財産権の許諾・譲渡の範囲
- ・違約金に関する定め（中途解除の場合を除きます。）
  等

②業務に従事する場所、期間又は時間に関する事項：
- ・業務を遂行する際に想定される作業場所
- ・納期
- ・期間
- ・時間
  等

③報酬に関する事項：
- ・報酬の額（算定方法を含みます）
- ・支払期日
- ・支払方法
- ・交通費や材料費等の諸経費（報酬から控除されるものも含みます）
- ・成果物の知的財産権の譲渡・許諾の対価
  等

④契約の解除（契約期間の満了後に更新しない場合を含みます）に関する事項：
- ・契約の解除事由
- ・中途解除の際の費用・違約金に関する定め
- ・フリーランス側からの契約の解除が制限される場合の有無[10]

10　政省令等パブコメ3-1-8参照。

> ・（自動更新となっている契約において）不更新となる事由[11]
>
> 　等
>
> ⑤フリーランスの募集を行う者に関する事項：
>
> ・名称・住所・連絡先・業績
>
> 　等

　なお、的確表示義務は、直接的には、上記の事項を表示することそれ自体を義務付けるものではありません。上記の事項を含む募集情報を提供するにあたって、虚偽の表示や誤解を生じさせる表示が禁じられるとともに、正確かつ最新の内容に保つことが求められるのであって、上記の事項を表示すべきこととされているわけではありません[12]。

　もっとも、いわゆる闇バイトの募集がなされることを防ぐために、後記3⑵イのとおり、募集を行う者の住所（所在地）や連絡先、報酬等、一定の事項を表示しない場合には、「誤解を生じさせる表示」に該当する（本条1項の違反になる）とされています。

　また、例えば募集情報において業務に必要な資格又は能力を全く表示していなかったにもかかわらず、実際には特定の資格を必要としていた場合には、募集情報においてそれらの事項を表示しなかったこと自体をもって、虚偽の表示又は誤解を生じさせる表示であるとされる可能性はあります[13]。そのように、表示をしないこと自体が問題となることもあり得ますので、上記の事項を表示しなければ的確表示義務違反が生じることは全くないとまで考えることは適当ではありません。

11　政省令等パブコメ3-1-9参照。

12　フリーランスの募集ではなく、労働者の募集の際には、業務内容や賃金等、所定の労働条件の明示を行わなければならないとされています（職業安定法5条の3）。

13　法案説明資料においては、「誤解を生じさせる表示」の一例として、「業務用のパソコンや専門の機材など、特定受託事業者が自ら用意する必要があるものがあるにもかかわらず、明確にその旨を記載せず表示する。」というものが挙げられています。他方で、政省令等パブコメ3-1-11においては、「（募集情報において）諸経費に関する表示が無かったにもかかわらず、受託事業者側に諸経費をすべて負担させるのは、表示はしていなくとも的確表示義務違反となるのか」との意見（質問）に対して、「特定の事項を表示『しない』ことが、的確表示義務違反となるものではありません。なお、募集時において諸経費に関する事項を想定しているのであれば、表示いただくことが望ましい」との考え方が示されています。

更に、当事者間の募集情報に関する認識の離齬を可能な限り無くすことで、当該募集情報に適するフリーランスが応募しやすくなり、業務委託後の取引上のトラブルを未然に防ぐことができることから、上記の事項を可能な限り含めて提供することが望ましいこと、あわせて、募集に応じた者に対しても上記の事項を明示するとともに「当該事項を変更する場合には変更内容を明示することが望ましいこと」とされています（指針第2の5）。

3　的確表示義務の内容

（1）虚偽の表示の禁止

発注者は、広告等により募集情報を提供するときは、当該情報について、虚偽の表示をしてはなりません（法12条1項）。

「虚偽の表示」については、「例えば、特定受託事業者の募集情報を提供するときに意図して募集情報と実際の就業に関する条件を異ならせた場合や実際には存在しない業務に係る募集情報を提供した場合等には、虚偽の表示に該当する。」とされています（指針第2の2(1)）。

この点、何をもって「虚偽」とするのかに関する定義は上記以上には特に定められていませんが、フリーランス法と同様に、求人情報等における虚偽の表示の禁止を定める職業安定法5条の4では、「虚偽の表示とは、事実と異ならせた表示のことをいい、募集の内容と実際の労働条件を意図的に異ならせた場合や、全く根拠なく採用実績が高い旨を表示する場合等には、虚偽の表示に該当する」とされています（募集・求人業務取扱要領Ⅳ・1(7)ロ(イ)）。「事実と異ならせた表示」等とあるとおり、意図的に事実と異なる表示をしたり、事実と異なるであろうことを認識しながら表示をする場合には、「虚偽の表示」に該当することになるでしょう。他方で、意図せず事実と異なる表示になった場合には、「虚偽の表示」には該当しません[14]。ただし、「虚偽の表示でなくとも、一般的・

14　Q&A87。

客観的に誤解を生じさせるような表示は、……誤解を生じさせる表示に該当する。」とされているため（**指針第2の2(1)**）、結局のところ、的確表示義務との関係では、（意図的であろうとなかろうと）事実と異なるものにならないよう注意が必要ということになるでしょう。

また、当事者間の合意に基づき、実際の契約条件が募集情報記載の内容と異なるものとなった場合は、虚偽の表示には該当しません（**指針第2の2(2)**）[15]。

その他、「虚偽の表示」に該当する例としては、以下のものがあります（**指針第2の2(1)**）。

- 実際に業務委託を行う事業者とは別の事業者の名称で業務委託に係る募集を行う場合
- 契約期間を記載しながら実際にはその期間とは大幅に異なる期間の契約期間を予定している場合
- 報酬額を表示しながら実際にはその金額よりも低額の報酬を予定している場合
- 実際には業務委託をする予定のないフリーランスの募集を出す場合

なお、フリーランスの募集を仲介するプラットフォームを利用する場合のように、発注者が、他の事業者に広告等による募集を委託した場合（募集情報の提供を委託する場合を含みます）であって、当該他の事業者が虚偽の表示をしていることを認識した場合、発注者としては、当該他の事業者に対し、情報の訂正を依頼するとともに、当該他の事業者が情報の訂正をしたかどうか確認を行わなければならないとされています（**指針第2の2(3)**）。なお、情報の訂正を繰り返し依頼したにもかかわらず、当該他の事業者が訂正しなかった場合にまで、的確表示義務違反となるものではありません。そのように、外部の業者に委託したり、募集

15　両当事者が通常の契約交渉過程を経て、実際の契約条件を変更する場合までもが「虚偽の表示」に該当することはないという趣旨に留まるのであって、発注者において募集情報から実際の契約条件を変更することが常態化しているような場合には、「虚偽の表示」に該当するものとなる可能性が高いといえます（政省令等パブコメ3-1-18）。

情報の掲載媒体を利用したりする場合でも、発注者は的確表示義務を免れるわけではありませんので、虚偽の表示がなされないよう、注意が必要です。

（2）誤解を生じさせる表示の禁止

ア　誤解を生じさせる表示の禁止

発注者は、広告等により募集情報を提供するときは、当該情報について、誤解を生じさせる表示をしてはなりません（法12条1項）。

「誤解を生じさせる表示」については、「一般的・客観的に誤解を生じさせるような表示は、誤解を生じさせる表示に該当する。」とされています（指針第2の3(1)）。

具体的な「誤解を生じさせる表示」としては、例えば以下のようなものが考えられるとされています[16]。

> ・報酬について、あくまで一例であるにもかかわらず、その旨記載せず、当該報酬が確約されているかのように表示する。
> ・業務用のパソコンや専門の機材など、フリーランスが自ら用意する必要があるものがあるにもかかわらず、明確にその旨を記載せず表示する。
> ・雇用労働者とフリーランスを同時に募集している場合において、契約形態で条件が異なるにもかかわらず、報酬や手当等の条件を明確に書き分けずに表示する。

報酬については、「モデル報酬例」のようなものを表示したり、「○万円〜○万円」のような幅を持った表示をすることは許容されると解されますが、あくまでモデル報酬例であるにもかかわらず必ず支払われる基本報酬額であるかのように表示したり、報酬の幅の上限を実際よりも高額な金額が払われる可能性があるかのような表示をした場合には、誤解

16　法案説明資料。

を生じさせる表示に該当すると解されます[17]。

　なお、後述のとおり、業務委託の受注者（フリーランス）の募集と、雇用する従業員の募集とを混同させるような表示も避ける必要があります。この点、フリーランス等の請負契約の受注者の募集であるにもかかわらずそれを明示せず、雇用契約を前提とした労働者の募集であるかのような誤解を生じさせる表示をした場合は、**労働者の募集等に関する情報の的確表示義務を定めている職業安定法5条の4の違反**となる可能性があり、一方、雇用契約を前提とした労働者の募集であることを明示せず、フリーランスの募集であるかのような誤解を生じさせる表示をした場合は**本法12条の違反**となる可能性があるとされています。

　また、発注者は、フリーランスに誤解を生じさせることのないよう、以下の事項に留意する必要があるとされています**（指針第2の3⑵）**。

> ・関係会社を有する者がフリーランスの募集を行う場合、業務委託を行う予定の者を明確にし、当該関係会社と混同されることのないよう表示しなければならないこと。
> ・フリーランスの募集と、労働者の募集が混同されることのないよう表示しなければならないこと。
> ・報酬額等について、実際の報酬額等よりも高額であるかのように表示してはならないこと。
> ・職種又は業種について、実際の業務の内容と著しく乖離する名称を用いてはならないこと。

　なお、フリーランスの募集を仲介するプラットフォームを利用する場合のように、発注者が、他の事業者に広告等による募集を委託した場合（募集情報の提供を委託する場合を含みます）であって、当該他の事業者が誤解を生じさせる表示をしていることを認識した場合、発注者としては、当該他の事業者に対し、情報の訂正を依頼するとともに、当該他

第3編　第3章　特定受託業務従事者の就業環境の整備

17　職業安定法に関する解釈を示すものではありますが、厚生労働省「令和4年改正職業安定法Q&A」2-3参照。

の事業者が情報の訂正をしたかどうか確認を行わなければならないとされています（指針第2の3(3)）。なお、情報の訂正を繰り返し依頼したにもかかわらず、当該他の事業者が訂正しなかった場合にまで、的確表示義務違反となるものではありません。外部の業者に委託したり、募集情報の掲載媒体を利用したりする場合でも、的確表示義務を免れるわけではないということになりますので、誤解を生じさせる表示がなされないよう注意が必要です。

イ　一定の事項を表示する必要があること（闇バイト募集への対策）

　近時、インターネット等で犯罪実行者の募集（いわゆる「闇バイト」の募集）が行われる事案が見られています。その対策として、2024年12月に、厚生労働省は、募集情報の中に、①フリーランスの募集を行う者の氏名又は名称、②住所（所在地）、③連絡先、④業務の内容、⑤業務に従事する場所、及び⑥報酬（以下「募集を行う者の氏名・名称等」といいます）を含めない場合には、「誤解を生じさせる表示」に該当する（本条1項の違反になる）との解釈を示しました。発注者がフリーランスの募集を行う際には、これらの事項をいずれも記載することが必要です。

　なお、必ずしもフリーランス法3条（取引条件の明示）と同程度の粒度で記載することは求められませんが、募集情報をみてフリーランスになろうとする者が誤解を生じないよう、業務の内容や業務に従事する場所、報酬について記載する必要があります。例えば、以下のような表示は可能です[18]。

> ・業務に従事する場所について、複数の候補を示し、「応相談」とする形
> ・報酬について、「1件1,500円～」とする形

　また、仲介事業者やプラットフォーマーを利用してフリーランスの募

18　令和6年12月18日付厚生労働省雇用環境・均等局総務課長　在宅労働課長通達（雇均総発1218第2号、雇均在発1218第1号）、Q&A89。

集を行う場合には、当該仲介事業者等に対して、募集を行う者の氏名・名称等が掲載されるよう依頼する必要があります。ただし、フリーランスになろうとする者から照会があった際には、仲介事業者等が募集を行う者の氏名・名称等を当該フリーランスになろうとする者に回答することとなっており、それを照会先を付して募集情報とともに示す場合には、募集を行う者の氏名・名称等は必ずしも記載する必要はありません[19]。

（3）虚偽の表示又は誤解を生じさせる表示がなされた場合の私法的効力

　フリーランスの募集情報において虚偽の表示又は誤解を生じさせる表示がなされており、フリーランスがそれを信じて業務委託契約を締結した場合、当該業務委託契約の内容はどのようなものになるでしょうか。

　この点、フリーランス法は、法違反があった場合における私法的効力についての定めを置いておらず、契約内容は一般論に従って、当事者の意思が合致するところによることとなります。したがって、フリーランス法12条に違反する募集情報であったとしても、必ずしもその内容のとおりの業務委託契約が成立するわけではなく、契約成立に向けた当事者のやり取りなどを踏まえてどのような契約内容であるかが判断されることになるでしょう。例えば、条件面について虚偽の表示がなされている募集情報を信じて応募してきたフリーランスに対して、発注者がその誤解等を解消させることなくフリーランスに実際に業務を行わせた場合には、募集情報のとおりの内容で業務委託契約が成立していると判断される余地が生じますが、発注者が3条通知を発行している場合には、基本的には募集情報でなくその3条通知の内容で業務委託契約が成立していると判断されることになるでしょう。

（4）正確かつ最新の表示

　発注者は、広告等により募集情報を提供するときは、正確かつ最新の

19　Q&A89。

内容に保たなければなりません（**法12条2項**）。

　この点、募集情報を正確かつ最新の内容に保つに当たっては、以下に掲げる措置を講ずる等適切に対応しなければならないとされています（**指針第2の4**）。

> ・フリーランスの募集を終了した場合又は募集の内容を変更した場合には、当該募集に関する情報の提供を速やかに終了し、又は当該募集に関する情報を速やかに変更すること。
> ・広告等により募集することを他の事業者に委託した場合には、当該事業者に対して当該情報の提供を終了するよう依頼し、又は当該情報の内容を変更するよう依頼するとともに、他の事業者が当該情報の提供を終了し、又は当該情報の内容を変更をしたかどうか確認を行わなければなりません。なお、情報の変更等を繰り返し依頼したにもかかわらず他の事業者が変更等をしなかった場合、発注者は法12条違反となるものではありません。
> ・フリーランスの募集に関する情報を提供するに当たっては、当該情報の時点[20]を明らかにすること。

　上記のとおり3つの措置が示されていますが、これらはあくまで例示であって、必ずしもこれらの措置を取らなければならないわけではありません（例えば全ての募集情報において「当該情報の時点を明らかにする」措置を取らなければならないわけではありません）[21]。もっとも、上記の3つの措置は大きな負担なく実施できることが多い措置であるともいえ、基本的にはそのいずれも行うことが適当です。特に、一つ目及び

20　掲載された時点や変更された時点が考えられます。また、具体的な日付だけではなく、例えば（現在から）「○日前」、「○週間前」といった表記にすることも可能と解されます（職業安定法に関する解釈を示すものではありますが、厚生労働省「令和4年改正職業安定法Q&A」2-10参照）。
21　これについては、「募集情報を正確かつ最新の内容に保つために講ずべき措置として挙げているものは、あくまで例示であり、これらの方法によらない措置を講じていただくことも可能です。例えば、御指摘の短時間のCMのように時点の表示が困難である場合には、時点の表示がなかったことをもって的確表示義務違反となるわけではありませんが、募集情報が更新された場合にはCMの内容を更新する等、指針において例示されている措置以外の方法で、募集情報を正確かつ最新の内容に保つ必要があります。」とされています（政省令等パブコメ3-1-23）。

二つ目の措置は速やかに行うべきでしょう。

4 景品表示法との関係

　不適切な広告を規制する一般的な規律として、景品表示法があります。景品表示法は消費者に誤認される不当な表示を禁止しており、例えば、商品等の内容について、実際のものよりも著しく優良であると示す表示や、商品等の価格その他の取引条件について、実際のものよりも取引の相手方に著しく有利であると誤認される表示等が、優良誤認表示や有利誤認表示等として禁止されています（景品表示法5条。いわゆる表示規制）。この点、本条の的確表示義務の対象となるフリーランスの募集情報についても、「募集広告」等といわれることはありますが、以下のとおり、基本的に、景品表示法における表示規制の対象にはならないものと解されます。

　まず、景品表示法上の「表示」とは、「事業者が自己の供給する商品又は役務の内容又は取引条件その他これらの取引に関する事項について行う広告その他の表示」であり（景品表示法2条4項）、また、表示規制の対象も「自己の供給する商品又は役務の取引について」の表示とされています（景品表示法5条柱書）。

　これに対して、本条の的確表示義務の対象となるフリーランスの募集情報は、フリーランスが業務を受託・履行し、発注者はこれに対して報酬を支払うという契約の締結へ向けた募集情報であるため、「自己」すなわち発注者側が何らかの商品又は役務を供給する取引に係る広告には当たらないと解されます[22]。

　また、フリーランスは事業者であるという前提（法2条1項）を踏まえると、フリーランスの募集は、表示規制の対象である「一般消費者」

22　消費者庁「景品に関するQ&A」のQ8では、「雇用契約は、『自己の供給する商品又は役務の取引』には該当しません。」とされています。労働者による労務の提供と使用者による賃金の支払という関係である雇用契約と、フリーランスによる業務の受託・履行と発注者による報酬の支払という関係である業務委託とは、使用者または発注者において「自己の供給する商品または役務」がない点で共通しており、同様の解釈が妥当すると考えられます。

に対する表示ではないという整理も可能と思われます。

　したがって、本条の的確表示義務の対象となる、発注者によるフリーランスの募集情報については、基本的に景品表示法における表示規制の対象にならないものと解されます。

　なお、フリーランスの募集を仲介する仲介事業者やプラットフォーマーは、本条の的確表示義務は課されませんが、自サービスについて実際よりも著しく優良又は有利であると見せかける表示を行う場合には、景品表示法における表示規制の対象になる可能性があります[23]。

23　例えば、実際よりも高いマッチング率を表示する、実際よりも多数の発注者からの募集情報を掲載しているかのように表示する、実際よりも多くのフリーランスが登録しているかのように表示する、といった場合が考えられます。表示規制の対象になるかについては、「一般消費者に対し」表示されているといえるか、取引の有償性があるか等の問題がありますが、詳細な解説は本書では割愛します。就職支援サービスにおいて、サービス利用者の内定取得率や求人情報を掲載している企業の社数等に関する優良誤認表示（景表法5条1号）があったとして、消費者庁によって措置命令が行われた例として、2022年4月27日付消費者庁「株式会社DYMに対する景品表示法に基づく措置命令について」参照。

第3 妊娠、出産若しくは育児又は介護に対する配慮

（妊娠、出産若しくは育児又は介護に対する配慮）

第13条 特定業務委託事業者は、その行う業務委託（政令で定める期間以上の期間行うもの（当該業務委託に係る契約の更新により当該政令で定める期間以上継続して行うこととなるものを含む。）に限る。以下この条及び第十六条第一項において「継続的業務委託」という。）の相手方である特定受託事業者からの申出に応じて、当該特定受託事業者（当該特定受託事業者が第二条第一項第二号に掲げる法人である場合にあっては、その代表者）が妊娠、出産若しくは育児又は介護（以下この条において「育児介護等」という。）と両立しつつ当該継続的業務委託に係る業務に従事することができるよう、その者の育児介護等の状況に応じた必要な配慮をしなければならない。

2 特定業務委託事業者は、その行う継続的業務委託以外の業務委託の相手方である特定受託事業者からの申出に応じて、当該特定受託事業者（当該特定受託事業者が第二条第一項第二号に掲げる法人である場合にあっては、その代表者）が育児介護等と両立しつつ当該業務委託に係る業務に従事することができるよう、その者の育児介護等の状況に応じた必要な配慮をするよう努めなければならない。

1 趣旨等

（1）概要

　本条は、発注者に対し、6か月以上の継続的な業務委託を行う相手となるフリーランスが、妊娠・出産・育児・介護（「育児介護等」）と業務を両立できるよう必要な配慮を行うことを義務付けるとともに、それ以外の業務委託を行う相手となるフリーランスとの関係でも、同様の配慮を行うように努めることを義務付けるものです。

（2）育児介護等への配慮の必要性

　現行の労働法においては、労働基準法に基づく産前産後休業、男女雇用機会均等法に基づく母性健康管理、妊婦健診の受診時間の確保等、育児介護休業法による育児介護休業制度・就業時間の制限等により、就業を継続しながら育児介護等を行うための保護が図られているところ、フリーランスに対してはこのような保護はなされていません。フリーランスは、個人が契約の主体と役務提供主体を兼ねており、育児介護等を理由として業務を制限せざるを得なくなった場合、委託業務の遂行に直接の影響が出る一方、発注者との力関係により、育児介護等を理由とする業務の調整等を申し出ることが難しい状況にあることから、育児介護等への対応か仕事の継続かの選択を余儀なくされる面があります。

　フリーランスが育児介護等と仕事の両立ができない場合、取引活動の中断や取引市場からの撤退にもつながることから、フリーランスの事業活動を後押しする観点や、個人がフリーランスという働き方を選択し、その有する能力を発揮することができるようにする観点から、育児介護等との両立に向けた就業環境を整備する必要があるといえます[24]。

（3）労働者に適用される規律との相違

　労働者との関係では、就業を継続しながら育児介護等を行うための保護措置として、労働関係法令で例えば以下のようなものが定められています。

労働基準法：
- 妊婦及び坑内で行われる業務に従事しない旨を使用者に申し出た産後1年を経過しない女性の坑内業務の制限（同法64条の2第1号）
- 妊産婦の危険有害業務の就業制限（同法64条の3）
- 妊婦からの請求に基づく産前の休業（同法65条1項）、産後の女性の就業制限（同2項）、妊婦からの請求に基づく業務転換（同3項）

24　以上について、法案説明資料。

- ・妊産婦からの請求に基づく、時間外労働・休日労働・深夜労働の制限（同法66条）
- ・生後満1年に達しない生児を育てる女性からの請求に基づく育児時間の確保（同法67条）

男女雇用機会均等法：
- ・妊娠・出産等を理由とする不利益取扱いの禁止（同法9条）
- ・妊婦検診等の受診時間の確保（同法12条）
- ・妊産婦が受けた健康指導を守ることができるようにするための勤務事項変更等の措置（同法13条）

育児介護休業法：
- ・育児休業、介護休業、子の看護休暇等の諸制度、不利益取扱いの禁止

このように、労働関係法令においては、育児休業等をした労働者への不利益取扱いの禁止といった、禁止行為の内容を具体化しない汎用的な規律に加え、産後8週間を経過しない女性の就業禁止、要介護状態にある家族を介護するために休業を申し出られた事業主がこれに応じるべきこと等、状況に応じて取るべき措置が一律に決められた、個別具体的な規律がさまざまに定められています。

一方、フリーランスと発注者との契約の内容や、それに伴うフリーランスの働き方は多様であり、これに応じた育児介護等との両立の仕方も様々であることから、フリーランスが育児介護等といった生活上の変化を経て就業を継続することを可能とする上で、例えば、一律に出産前後の就業禁止規定を設けたり、育児介護等のための休業の保障をすることは馴染みません。

このような考慮を踏まえ、契約当事者間の関係性に応じた柔軟な対応が可能となるよう、発注者に対し、フリーランスの希望、フリーランスが提供する役務の性質、発注者の状況等に応じた育児介護等への配慮を行うことを求める、本条の規律が設けられました[25]。

第3編 第3章 特定受託業務従事者の就業環境の整備

---

25 以上について、法案説明資料。

2 継続的業務委託

（1）概要

　発注者は、継続的業務委託を行う場合には、委託相手となるフリーランスに対して、その育児介護等に関する配慮をすべき義務を負い（法13条1項）、これに当てはまらない短期の業務委託を行う場合には、当該配慮については、努力義務に留まります（法13条2項）。つまり、継続的業務委託に該当するかどうかが、努力義務に留まるかどうかを決めることになります。

　継続的業務委託とは、①6か月以上の期間行う業務委託、又は②当該業務委託に係る契約の更新により6か月以上の期間継続して行うこととなる業務委託を指します（法13条1項、令3条）[26]。なお、フリーランス法5条が定める遵守事項は、1か月以上の業務委託の場合に課されるので、その前提とする期間は異なることになります（ただし、期間の算定に関する考え方は同様とされています[27]）。

（2）期間の始期と終期に関する考え方

　継続的業務委託の該当性は、契約の始期と終期の間の長さが6か月以上であるかどうかによって判断します。その具体的な考え方は、以下のとおりです（指針第3の1(3)、解釈ガイドライン第2部第2の2(1)、Q&A59）。なお、6か月以上であるかどうかの期間の計算については、初日を算入し、初日を1日目とします。

26　継続的業務委託となる期間について、「6か月」と定められたのは、厚生労働省「特定受託事業者の就業環境の整備に関する検討会」において、①中途解除された場合の生活等への影響や、母性保護や育児・介護のニーズを踏まえれば、短い期間とすべきという意見、②短い期間とした場合には、発注者の過度な負担やフリーランスへの発注控えの懸念があるといった意見、③短い期間とする場合には、空白期間（前の業務委託に係る契約又は基本契約が終了した日の翌日から、次の業務委託に係る契約又は基本契約を締結した日の前日までの期間）とのバランスも考えるべきであるとの意見があったことや、令和5年度フリーランス実態調査において、フリーランスにとって取引継続の傾向があると感じられる取引の期間について、6か月程度以上を集計した場合、計6割程度と、過半数を占めていることなどを踏まえたものです（政省令等パブコメ3-2-17〜19）。

27　解釈ガイドライン第2部第2の2(1)は、直接はフリーランス法5条における期間の解釈を示すものですが、解釈ガイドライン第3部第2において、「具体的な期間の長さは本法第5条の対象となる業務委託と異なるが、期間の始期や終期等の考え方は第2部第2の2(1)参照」とされています。

ケース	始　期	終　期
単一の業務委託の場合	業務委託に係る契約を締結した日 ※具体的には、3条通知により明示する「業務委託をした日」	業務委託に係る契約が終了する日 ※具体的には、 ①3条通知により明示する給付・役務受領日（期間を定めるものにあっては、当該期間の最終日） 又は ②別途当該業務委託に係る契約の終了する日を定めた場合にはその日 のいずれか遅い日
基本契約も締結している場合	①業務委託に係る契約を締結した日 又は ②基本契約を締結した日 のいずれか早い日	上記①②の日 又は ③基本契約が終了する日 のいずれか遅い日
契約の更新により継続して行うこととなる場合	最初の業務委託又は基本契約の始期	最後の業務委託又は基本契約の終期

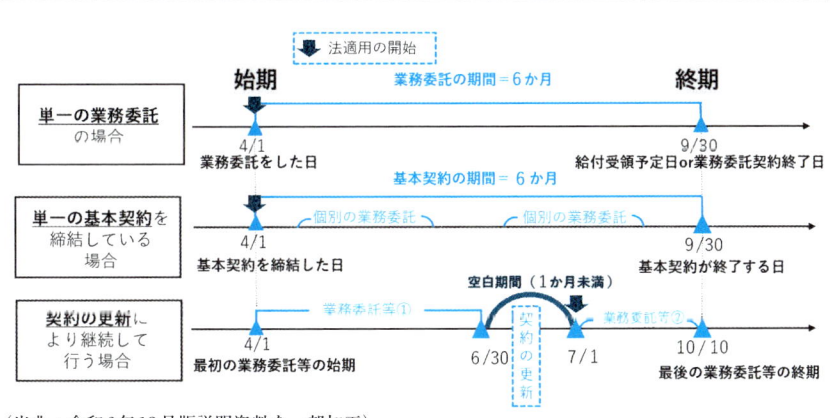

（出典：令和6年12月版説明資料を一部加工）

211

なお、単一の業務委託に限らず、基本契約（業務委託に係る給付に関する基本的な事項についての契約）[28]を締結する場合には、基本契約の締結日や終了日も始期や終期の対象になります。

① 始期は、(i)業務委託に係る契約を締結した日（3条通知により明示する「業務委託をした日」）、又は(ii)基本契約を締結する場合には当該基本契約を締結した日、のいずれか早い日です[29]。

② 終期は、(i)3条通知により明示する「特定受託事業者の給付を受領し、又は役務の提供を受ける期日」（ただし、期間を定めるものにあっては、当該期間の最終日）[30]、(ii)発注者とフリーランスとの間で、別途当該業務委託に係る契約の終了する日を定めた場合にはその日、又は(iii)基本契約を締結する場合には当該基本契約が終了する日、のいずれか遅い日です。

③ 業務委託に係る契約又は基本契約において、これらの契約が終了する日を定めなかった場合は、継続的業務委託に該当するものとされます[31]。

④ 始期から現に6か月以上を経過した場合に限られるものではなく、6か月は経過しておらずとも、始期から終期までの期間が6か月以上であることが見込まれれば、（当初から）継続的業務委託に該当するものとされます。

---

28 基本契約は、発注者とフリーランスとの間で、当該基本契約に基づき行うことが予定される業務委託の給付の内容について、少なくともその概要が定められている必要があります。契約の名称は問わず、また契約書という形式である必要はありません。詳細は前記第2章第2の3(1)イの注釈8参照。

29 業務委託をした日（契約の締結日等）から実際の業務履行の開始まで間が空くことも少なくありませんが、その場合でも継続的業務委託の判定に係る契約の始期は、あくまで業務委託をした日です（政省令等パブコメ2-3-16～18）。

30 実際に給付を受領した日が、3条通知により明示する期日等よりも前倒しまたは後ろ倒しとなることがありますが、これによる終期の変動はありません（Q&A61）。

31 なお、3条通知においては、「特定受託事業者の給付を受領し、又は役務の提供を受ける期日（期間を定めるものにあっては、当該期間）」等を明示することとされているため、その意味では、終期が3条通知の法定記載事項として記載されている場合もあります。もっとも、基本契約では特に契約期間を定めず、個別契約では役務提供期間を定めている場合であれば、やはり「基本契約において、これらの契約が終了する日を定めなかった場合」であるとして、継続的業務委託に該当するものと解されます。

（3）契約の更新により継続して行うこととなる場合

ア　基本的な考え方

　直接の注文に係る単一の業務委託や基本契約の期間が6か月に満たない場合でも、契約の更新により通算して6か月以上の期間継続して行うこととなる場合は、更新後の業務委託が継続的業務委託に該当することになります。

　なお、前述のとおり、継続的業務委託に該当するのは、始期から現に6か月は経過しておらずとも、始期から終期までの期間が6か月以上であることが見込まれる場合を含みます。他方で、契約期間が6か月未満の契約が自動更新されることになっている場合には、当事者が契約終了の通知等を行わない限り、自動更新されて6か月以上継続することになりますが、そのことのみによっては、「始期から終期までの期間が6か月以上であることが見込まれ」ることにはならないものと解されます[32]。

　契約の更新により継続して行うこととなる業務委託の期間については、最初の業務委託又は基本契約の始期から、最後の業務委託又は基本契約の終期までを算定します。この点、「契約の更新により継続して行うこととなる」と判断されるためには、以下の2つの要件を満たす必要があります（指針第3の1(3)、Q&A63）[33]。これらがあれば、取引関係の継続性が認められ、当事者間で一定の経済的依存・従属関係があると考えられるとの整理に基づくものです[34]。

32　契約が更新される場合（自動更新の場合を含みます。）、更新によって新たに業務委託があったものと考え、更新時点で「特定業務委託事業者」該当性等が判断されるとされていますので（政省令等パブコメ1-2-15）、単に自動更新となっているだけでは、最初の契約の始期から6か月以上の契約期間が見込まれることにはならないでしょう。

33　なお、6か月以上の期間かどうかの算定は、（最初の）契約の始期から、（最後の）契約の終期までの期間をもって判断することになりますので、空白期間も算定対象に含まれます。例えば、2.4か月の契約終了後、0.5か月の空白期間を経て、また3.5か月の契約を締結した場合には、最初の契約の始期から最後の契約の終期は6.4か月と計算されます（政省令等パブコメ3-2-23）。

34　政省令等パブコメ3-2-22、3-2-25。

（i）　同一性の要件

　契約の当事者が同一であり、その給付又は役務の提供の内容が少なくとも一定程度の同一性を有すること

（ii）　空白期間の要件

　前の業務委託に係る契約又は基本契約が終了した日の翌日から、次の業務委託に係る契約又は基本契約を締結した日の前日までの期間（空白期間）の日数[35]が1か月未満であること

イ　同一性の要件

　「契約の当事者が同一である」とは、前の業務委託と次の業務委託の契約の当事者が同一であることをいいます。契約の当事者が法人である場合は法人単位で判断しますので、グループ会社であっても同一法人ではない場合は、前後の契約の当事者は同一とはされません[36]。

　また、「給付又は役務の提供の内容が少なくとも一定程度の同一性を有すること」の判断に当たっては、その機能、効用、態様等を考慮要素として判断します。その際、原則として「日本標準産業分類」の小分類（3桁分類）を参照し、前後の業務委託に係る給付等の内容が同一の分類に属するか否かで判断することになります。それが適当ではないと考えられる事情がある場合には、上記の考慮要素から、個別に判断します。

　適当ではないと考えられる事情とは、例えば、当事者間のこれまでの契約や当該発注者における同種の業務委託に係る契約の状況等に鑑み、通常、前後の業務委託は一体のものとしてなされている状況がある場合などがあるとされています（以上について、指針第3の1(3)、Q&A65。また、一定程度の同一性を有すると考えられる具体例についてはQ&A66〜68）。

35　空白期間の算定においては、当該期間の初日から起算して翌月の応当日（月違いの同日）の前日をもって「1か月」とします。例えば、前の業務委託の終了した日が3月2日で、次の業務委託に係る契約を締結した日が4月3日の場合は、前の業務委託と後の業務委託との間に3月3日から4月2日までの期間があり、当該期間はちょうど1か月となります（政省令等パブコメ3-2-24、Q&A69）。
36　Q&A64。

ウ　空白期間の要件

空白期間の始期である「前の業務委託に係る契約又は基本契約が終了した日」とは、*前記(2)②の単一の業務委託又は基本契約による場合における終期*を指します。

ただし、3条通知により明示する「特定受託事業者の給付を受領し、又は役務の提供を受ける期日」（期間を定めるものにあっては、当該期間の最終日）よりも、実際には遅く給付を受領した場合には、同日と業務委託に係る契約又は基本契約の終了する日のいずれか遅い日をいうことになります。

また、空白期間の終期である「次の業務委託に係る契約又は基本契約を締結した日」とは、*前記(2)①の単一の業務委託又は基本契約による場合における始期*を指します*（以上について、指針第3の1(3)、Q&A70）*。

3　育児及び介護について

（1）育児

「育児」とは、小学校就学の始期に達するまでの子を養育することを指し、「子」とは、フリーランスと法律上の親子関係がある子（育児介護休業法2条1号に規定する「子」と同様に、養子に加え、養子縁組里親であるフリーランスに委託されている児童等を含みます）をいいます*（指針第3の1(4)）*。

（2）介護

「介護」とは、要介護状態（負傷、疾病又は身体上若しくは精神上の障害により、2週間以上にわたり常時介護を必要とする状態）にあるフリーランスの家族（育児介護休業法2条4号に規定する「対象家族」と同様に、配偶者（婚姻の届出をしていないが、事実上婚姻関係と同様の事情にある者を含みます。以下同じ）、父母、子、配偶者の父母、祖父母、

兄弟姉妹又は孫をいいます）の介護その他の世話を行うことをいいます（指針第3の1(5)）。

4　特定業務委託事業者がすべき育児介護等に対する配慮

（1）行うべき配慮

ア　フリーランスからの申出

　発注者は、フリーランスからの申出に応じて、所定の配慮等をしなければなりません[37]。前述のとおり、労働者に対する使用者においては、妊娠中の女性について坑内業務や危険有害業務に就業させることや、産後8週間を経過しない女性を就業させることが禁止されている等、労働者からの申出の有無にかかわらず一定の対応が求められています。これに対して、フリーランスに対する発注者においては、あくまでフリーランスから申出があった場合に対応すればよく、取引を行う全てのフリーランスとの関係で育児介護等の事由をあらかじめ把握して配慮することまでが求められているものではありません。

　これは、育児介護等の事情はフリーランスのプライバシーに関わることであり、かつ、フリーランス自身が望む働き方も様々であることや、発注者側においても、全てのフリーランスに対して育児介護等の事情等を把握しようとするのは負担が大きいことを踏まえ、発注者による配慮はフリーランスからの申出を契機に行われることが望ましいものとして、定められたものです[38]。

イ　申出に対する対応

　発注者は、フリーランスが育児介護等と両立しつつ業務委託に係る業務に従事することができるよう、その申出に応じて、当該フリーランス

---

[37]　なお、育児介護等に対する配慮の申出ができる者は、「特定業務委託事業者と業務委託に係る契約を締結している特定受託事業者であって育児介護等と両立しつつ業務に従事する特定受託事業者」とされていますが、これには、現に育児介護等を行う者でなくとも、育児介護等を行う具体的な予定のある者も含まれます（指針第3の1(6)、Q&A91）。

[38]　法案説明資料。

が継続的業務委託の相手方である場合には以下の①から④までの配慮を
しなければならず、当該フリーランスが継続的業務委託以外の業務委託
の相手方である場合には以下の①から④までの配慮をするよう努めなけ
ればなりません（指針第3の2⑴）。

① 配慮の申出の内容等の把握

　フリーランスから育児介護等に対する配慮の申出を受けた場合には、
話合い等を通じ、当該者が求める配慮の具体的な内容及び育児介護等の
状況を把握すること。なお、申出の内容等にはフリーランスのプライバ
シーに属する情報もあることから、当該情報の共有範囲は必要最低限と
するなど、プライバシー保護の観点に留意すること。

② 配慮の内容又は取り得る選択肢の検討

　フリーランスの希望する配慮の内容、又は希望する配慮の内容を踏ま
えたその他の取り得る対応について行うことが可能か十分に検討するこ
と。

③ 配慮の内容の伝達及び実施

　具体的な配慮の内容が確定した際には速やかに申出を行ったフリーラ
ンスに対してその内容を伝え、実施すること。

　なお、フリーランスの希望する配慮の内容とは異なるものの、フリー
ランスが配慮を必要とする事情に照らし、取り得る対応が他にもある場
合、フリーランスとの話合いを行うなどにより、その意向を十分に尊重
した上で、発注者が、より対応しやすい方法で配慮を行うことは差し支
えありません。

④ 配慮の不実施の場合の伝達・理由の説明

　フリーランスの希望する配慮の内容やその他の取り得る対応を十分に
検討した結果、業務の性質や実施体制等に照らして困難であること、当
該配慮を行うことにより、業務のほとんどが行えない等、契約目的が達
成できなくなること等、やむを得ず必要な配慮を行うことができない場
合には、フリーランスに対して配慮を行うことができない旨を伝達し、

第3編　第3章

特定受託業務従事者の就業環境の整備

217

> その理由について、必要に応じ、書面の交付や電子メールの送付により行うことも含め、わかりやすく説明すること。

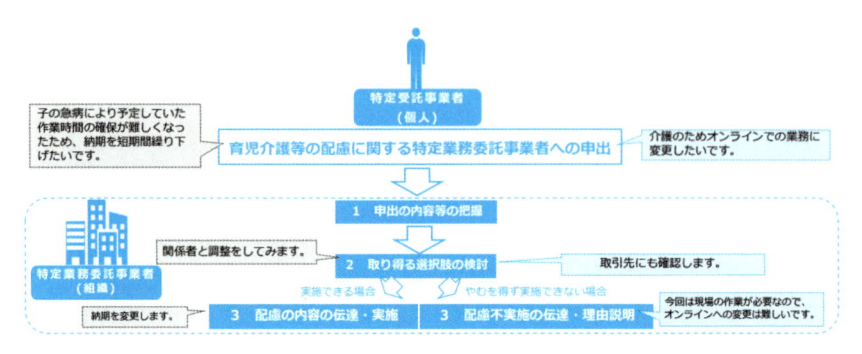

（出典：令和6年12月版説明資料）

　(ⅰ)フリーランスから申出があったにもかかわらず、その申出を無視することや、(ⅱ)申出のあった配慮について実施可能かを検討しないこと、(ⅲ)配慮を実施しないとしたにもかかわらずその理由を説明しないこと、(ⅳ)業務の性質や実施体制上対応することは可能であるにもかかわらず調整が面倒と考え配慮を実施しないことについては、本条の違反となります[39]。

　①においては、「申出の内容等にはフリーランスのプライバシーに属する情報もあることから、当該情報の共有範囲は必要最低限とするなど、プライバシー保護の観点に留意すること。」とされています。どこまで情報を共有することが適当であるかはケースバイケースで判断することになりますが、少なくとも配慮の検討や実施に全く関係しない従業員や、ともに業務を行うこともない従業員や他のフリーランスにまで情報を共有することは基本的に不要であり、また不適当であると考えられます。また、事後的な紛争を回避するためにも、基本的には、申出をしたフリーランス本人にとって想像しない範囲に共有されることのないようにする

---

[39]　Q&A93。

ことが適当であるため、申出を受けた際や申出の内容を検討した後に、どこまで情報を共有するか、また共有する情報の内容や共有の方法等を伝達又は協議することが考えられるでしょう。

なお、育児介護等に対する配慮が円滑に行われるようにするためには、フリーランスが、速やかに配慮の申出を行い、具体的な調整を開始することができるようにすることが必要であり、そのためには、フリーランスが申出をしやすい環境を整備しておくことが重要です。具体的には、(i)配慮の申出が可能であることや、配慮を申し出る際の窓口・担当者、配慮の申出を行う場合の手続等を周知すること[40]、(ii)育児介護等に否定的な言動が頻繁に行われるといった配慮の申出を行いにくい状況がある場合にはそれを解消するための取組を行うこと等の育児介護等への理解促進に努めることが望ましいとされています（指針第3の2(1)、Q&A92）。

ウ　実施する配慮

フリーランスからの配慮の申出に対し、発注者が実施する配慮の具体例としては、以下が挙げられています（指針第3の2(2)）。

> ①　妊婦健診がある日について、打合せの時間を調整してほしいとの申出に対し、調整した上でフリーランスが打合せに参加できるようにすること。
>
> ②　妊娠に起因する症状により急に業務に対応できなくなる場合について相談したいとの申出に対し、そのような場合の対応についてあらかじめ取り決めをしておくこと。
>
> ③　出産のため一時的に発注者の事業所から離れた地域に居住することとなったため、成果物の納入方法を対面での手渡しから宅配便での郵送に切り替えてほしいとの申出に対し、納入方法を変更すること。
>
> ④　子の急病等により作業時間を予定どおり確保することができなく

40　この周知方法としては、3条通知に記載することも考えられます。前記第2編第7の1参照。

> なったことから、納期を短期間繰り下げることが可能かとの申出に対し、納期を変更すること。
> ⑤　フリーランスからの介護のために特定の曜日についてはオンラインで就業したいとの申出に対し、一部業務をオンラインに切り替えられるよう調整すること。

　申出やこれに応じて行う配慮の内容は、個々のフリーランスの状況や業務の性質、発注者の状況等に応じて異なるものであり、多様かつ個別性が高いものです。したがって、上記の例はあくまで例示であり、実際にフリーランスから申出があった場合には、*前記イの①〜④*の事項に基づき個別に対応を検討することが必要です。なお、上記の例では、いずれも申出の内容に含まれていたとおりの配慮を行うものが挙げられていますが、*前記イの③及び④*にもあるとおり、具体的事情を踏まえて、申出にあるとおりの配慮を行わない（あるいは別の配慮を行う）ことも可能です[41]。

　発注者（特定業務委託事業者）が元請、フリーランス（特定受託事業者）が下請の関係において、フリーランスが発注者への元委託事業者[42]の事業所において業務を行う場合には、発注者は、フリーランスからの申出内容について当該元委託事業者に対して調整を依頼する必要があることとなります（指針第3の2(2)）。

5　特定業務委託事業者による望ましくない取扱い

（1）概要

　本条が定める配慮等の義務とは別に、指針では、「法第13条における

41　配慮とは、「心を配ること」であり、配慮義務として法令上用いられる場合は、単なる心の中の動きにとどまらず、配慮の対象となった事項に実際に取り組むことが求められますが、合理的な理由があればフリーランスの希望に添えなくても配慮義務違反にならず、結果まで求められるものではありません（法案説明資料）。
42　他の事業者から業務委託を受けた発注者（特定業務委託事業者）が、当該業務委託に係る業務の全部又は一部についてフリーランス（特定受託事業者）に再委託をした場合における他の事業者をいいます（以下同じ）。

申出及び配慮の趣旨を踏まえれば、特定業務委託事業者による次……に掲げる行為は望ましくない取扱いであることに留意する必要がある。」とされた上で、具体的な「望ましくない取扱い」として、以下の2つが挙げられています（指針第3の3）。

> ① フリーランスからの申出を阻害すること
> ② フリーランスが申出をしたこと又は配慮を受けたことのみを理由に契約の解除その他の不利益な取扱いを行うこと

この「望ましくない取扱い」は、本条で定められているものではなく、仮に発注者によってこれが行われたとしても、本条の違反とはなりません。ただし、これが行われた場合には、当該発注者に調査を行った上で、「助言」（法22条）を行うことも考えられるとされています[43]。また、行われた取扱いの内容によっては、後述のとおり、フリーランス法における別の規定への違反となる可能性もありますので、いずれにしても注意が必要です。

（2）フリーランスからの申出を阻害すること

フリーランスからの申出を阻害することは、望ましくない取扱いとされています。その例として、以下のものが挙げられています（指針第3の3）。

> ① 申出に際して、膨大な書類を提出させる等のフリーランスにとって煩雑又は過重な負担となるような手続を設けること。
> ② 発注者の役員又は労働者が、申出を行うことは周囲に迷惑がかかるといった申出をためらう要因となるような言動をすること。

（3）不利益な取扱いを行うこと

フリーランスが申出をしたこと又は配慮を受けたことのみを理由に契

43　政省令等パブコメ3-2-33。

約の解除その他の不利益な取扱いを行うことは、望ましくない取扱いとされています。

　このうち、「契約の解除その他の不利益な取扱い」の例としては、①契約の解除を行うこと、②報酬を支払わないこと又は減額を行うこと、③給付の内容を変更させること又は給付を受領した後に給付をやり直させること、④取引の数量の削減、⑤取引の停止、⑥就業環境を害すること、が挙げられています（指針第3の3）。

　また、望ましくない取扱いである不利益な取扱いに該当するためには、申出をしたこと又は配慮を受けたこと「のみを理由」とするものであること、すなわちそれらとの間で因果関係がある行為であることを要します。不利益な取扱いに該当すると認められる事例及び該当しないと認められる事例は以下のとおりです（指針第3の3）。

【不利益な取扱いに該当すると認められる例】
①　介護のため特定の曜日や時間の業務を行うことが難しくなったため、配慮の申出をしたフリーランスについて、別の曜日や時間は引き続き業務を行うことが可能であり、契約目的も達成できることが見込まれる中、配慮の申出をしたことを理由として、契約の解除を行うこと。
②　フリーランスが出産に関する配慮を受けたことを理由として、現に役務を提供しなかった業務量に相当する分を超えて報酬を減額すること。
③　フリーランスが育児や介護に関する配慮を受けたことにより、発注者の労働者が繰り返し又は継続的に嫌がらせ的な言動を行い、当該フリーランスの能力発揮や業務の継続に悪影響を生じさせること。

【不利益な取扱いに該当しないと認められる例】
①　妊娠による体調の変化によりイベントへの出演ができなくなったフリーランスから、イベントの出演日を変更してほしいとの申出があったが、イベントの日程変更は困難であり、当初の契約目的が達成でき

> ないことが確実になったため、その旨をフリーランスと話合いの上、契約の解除を行うこと。
>
> ② 育児のためこれまでよりも短い時間で業務を行うこととなったフリーランスについて、就業時間の短縮により減少した業務量に相当する報酬を減額すること。
>
> ③ 配慮の申出を受けて話合いをした結果、フリーランスが従来の数量の納品ができないことが分かったため、その分の取引の数量を削減すること。

　なお、報酬の支払期日までに報酬を支払わなかった場合や、フリーランスの責めに帰すべき事由がないのに報酬の額を減ずること等があった場合には、不利益な取扱いに該当する場合があるほか、（あるいは該当しない場合であっても）別途フリーランス法4条（報酬の支払期日等）又は5条（特定業務委託事業者の遵守事項）の規定への違反となる可能性もあります[44]。また、業務委託における妊娠、出産に関するハラスメント（法14条1項2号）等に該当する可能性もあるといえます。これらの点にもあわせて注意が必要です。

44　Q&A96。

第4　ハラスメント対策に係る体制整備

（業務委託に関して行われる言動に起因する問題に関して講ずべき措置等）

第14条　特定業務委託事業者は、その行う業務委託に係る特定受託業務従事者に対し当該業務委託に関して行われる次の各号に規定する言動により、当該各号に掲げる状況に至ることのないよう、その者からの相談に応じ、適切に対応するために必要な体制の整備その他の必要な措置を講じなければならない。

一　性的な言動に対する特定受託業務従事者の対応によりその者（その者が第二条第一項第二号に掲げる法人の代表者である場合にあっては、当該法人）に係る業務委託の条件について不利益を与え、又は性的な言動により特定受託業務従事者の就業環境を害すること。

二　特定受託業務従事者の妊娠又は出産に関する事由であって厚生労働省令で定めるものに関する言動によりその者の就業環境を害すること。

三　取引上の優越的な関係を背景とした言動であって業務委託に係る業務を遂行する上で必要かつ相当な範囲を超えたものにより特定受託業務従事者の就業環境を害すること。

2　特定業務委託事業者は、特定受託業務従事者が前項の相談を行ったこと又は特定業務委託事業者による当該相談への対応に協力した際に事実を述べたことを理由として、その者（その者が第二条第一項第二号に掲げる法人の代表者である場合にあっては、当該法人）に対し、業務委託に係る契約の解除その他の不利益な取扱いをしてはならない。

1 趣旨等

（1）概要

　本条は、業務委託の際に行われるフリーランスへのいわゆるハラスメント行為について、発注者に対し、フリーランスからの相談に対応するための体制整備その他これらの問題の発生の防止及び改善のために必要な措置を講じること、及びフリーランスが当該相談等を行ったことを理由とする不利益取扱いの禁止を義務付けるものです。

（2）ハラスメント対策の必要性

　労働法令におけるハラスメントへの対策は、「職場における」「雇用管理上の義務」として、事業主に必要な措置を講ずることを義務付けているものですが、フリーランスは雇用された労働者ではないことから、当該労働法令による保護の対象外となります。

　他方で、業務委託に係る業務の遂行中に、発注者等からのハラスメントが現実に少なくない割合で発生しているという実態がありました。

　フリーランスは、従業員を有さず、役務提供の主体が本人であることから、所属組織からの保護がなく発注者からのハラスメントを直接受ける立場にあり、ハラスメントを受けても役務提供主体の変更ができない（代わりがいない）ことから被害が深刻化しやすく、また、被害を放置すれば、心身の不調から事業活動の中断や撤退を余儀なくされます。一方で、発注者としては、自らの従業員に対するハラスメント対策と同程度の措置を講じる動機には乏しいといえます。

　このため、フリーランスが安定的に働くことのできるよう、その就業環境を整備する観点から、発注者に対してハラスメント対策を講じることを義務付ける必要があります（これは、フリーランスの適正な市場参入を促す役割をも果たすものです）。このような観点から、本条の規律が設けられました[45]。

45　以上について、法案説明資料。

第3編　第3章　特定受託業務従事者の就業環境の整備

　なお、本条の規律は、業務委託におけるハラスメントに関する考え方や、取るべき措置の中身等、相当多くの部分が、本法以前に定められていた労働法令やこれに基づく各指針等（職場におけるハラスメントに関するもの）と共通した内容となっています。具体的な解釈論についても、それらの労働法令等における解釈論が多分に参考になるでしょう。

2 保護の対象は特定受託業務従事者であること

　本条で保護の対象となるのは、他の規定のような「特定受託事業者」ではなく、「特定受託業務従事者」です[46]。これは、ハラスメントは自然人であるという意味においての個人に対する行為であるため（すなわち法人のような取引主体たる事業者に対するハラスメントは観念できない）、ハラスメントに係る措置を講じる上では生身の人間が保護の対象となることを示しています[47]。

　なお、保護の対象が「特定受託業務従事者」であるということは、既に業務委託の相手方となっている者（業務委託契約が締結されている者）が対象となるということです。したがって、契約交渉中の者のように、未だ業務委託がなされていない者は本条による保護の対象になりません（なお、職場におけるハラスメントでも、雇用契約締結前の者は直接の保護の対象になりません）。ただし、後述のとおり、指針では、未だ業務委託がなされていない契約交渉中の者（すなわち「特定受託業務従事者」ではない者）との関係でも、その者に対してハラスメントを行ってはならない旨の方針を示すことや、相談があった場合には適切な対応を行うことが望ましい旨が示されています（指針第4の6）[48]。

　以下、本条の解説では、「特定受託業務従事者」のことも含めて「フリーランス」といいます。

46　特定受託業務従事者の定義については、前記第1章第3の3参照。
47　法案説明資料。
48　職場における各種ハラスメントに関する厚生労働省の指針でも、自ら雇用する労働者以外に、他の事業主が雇用する労働者、就職活動中の学生等の求職者及び労働者以外の者への配慮が求められています。例えば、セクハラ防止指針7項等。

3 業務委託におけるハラスメントの概要

（1）3種類のハラスメント

　本条が規制の対象とするハラスメントは、以下の3種類です（法14条1項1～3号）[49]。

---

①　セクシュアルハラスメント

　性的な言動に対するフリーランスの対応によりその者（その者が一人法人の代表者である場合にあっては、当該法人）に係る業務委託の条件について不利益を与え、又は性的な言動によりフリーランスの就業環境を害すること。

②　マタニティハラスメント[50]

　フリーランスの妊娠又は出産に関する事由であって厚生労働省令で定めるものに関する言動によりその者の就業環境を害すること。

③　パワーハラスメント

　取引上の優越的な関係を背景とした言動であって業務委託に係る業務を遂行する上で必要かつ相当な範囲を超えたものによりフリーランスの就業環境を害すること。

　なお、上記②のマタニティハラスメントにおける「妊娠又は出産に関する事由であって厚生労働省令で定めるもの」は、以下のとおりです（厚労則2条）。

---

①　妊娠したこと。

②　出産したこと。

③　妊娠又は出産に起因する症状により業務委託に係る業務を行えない

49　これら3種類は、職場における使用者（事業主）・労働者の関係でも規制されています。セクシュアルハラスメントについて男女雇用機会均等法11条、マタニティハラスメントについて同法11条の3、パワーハラスメントについて労働施策総合推進法30条の2。
50　指針では、「業務委託における妊娠、出産等に関するハラスメント」とされていますが、分かりやすさのために本書では「マタニティハラスメント」としています。

227

第3編　第3章　特定受託業務従事者の就業環境の整備

こと若しくは行えなかったこと又は当該業務の能率が低下したこと[51]。

④　妊娠又は出産に関してフリーランス法13条1項若しくは2項の規定による配慮の申出をし、又はこれらの規定による配慮を受けたこと。

　これらのいずれかに関する言動により、フリーランスの就業環境を害することが、本条で規制されるマタニティハラスメントに該当します。

（2）業務委託に関して行われるものであること

　本条が規制の対象とするハラスメントは、フリーランスに対して「当該業務委託に関して行われる」言動です。「業務委託に関して行われる」とは、フリーランスがその業務委託に係る業務を遂行する場所又は場面で行われるものをいい、当該フリーランスが通常業務を遂行している場所以外の場所であっても、当該フリーランスが業務を遂行している場所であれば、含まれます（指針第4の1(4)）。例えば、取引先の事務所、取引先と打合せをするための飲食店、顧客の自宅等であっても、当該フリーランスが業務を遂行する場所又は場面と認められる場合であれば、これに該当します[52][53]。

　この「業務委託に関して行われる」の要件は、発注者に帰責性がある場合に限定して、ハラスメントの成立範囲を画するものです。すなわち

51　妊娠に伴うつわり等の症状により業務委託に係る業務を行えないことも含まれます（政省令等パブコメ3-3-20）。

52　政省令等パブコメ3-3-6～12。

53　業務を遂行する時間以外の「懇親の場」、業務を遂行する場所への移動中等であっても、実質上、業務遂行の延長と考えられるものは「業務委託に関して行われる」ものに該当しますが、その判断に当たっては、業務との関連性や参加者など、参加や対応の目的や性質を考慮して個別に行う必要があります。「業務委託に関して行われる」言動になり得るものの例としては、以下があります（Q&A 98）。

・取引先の事務所

・顧客の自宅

・取引先と打合せをするための飲食店

・同じ業務を遂行する関係者の打ち上げ

・フリーランスとの電話やメール

　なお、法案説明資料においては、場所的な限定については職場におけるハラスメントの場合と有意な差はないとされています。

現行の労働法では職場におけるハラスメントについて、労働契約上、雇用主が従業員に対して負う安全配慮義務の一部として対応すべき場面という観点から、「職場において行われる」行為である旨を規定し、その成立範囲を画しています。これに対して、フリーランス法においては、フリーランスの就業環境を整備する観点から、発注者が対応すべき場面で画するものとして、上記の要件が設けられている次第です[54]。

（3）報酬の不払いや減額等について

報酬の支払期日までに報酬が支払われなかった場合や、フリーランスの責めに帰すべき事由がないのに報酬の額が減ぜられること等があった場合には、前述の3種類のハラスメントを伴うときには業務委託におけるハラスメントに該当することがありますが、この他、別途、フリーランス法4条（報酬の支払期日等）又は同法5条（特定業務委託事業者の遵守事項）の規定に違反し得る場合もあることに留意が必要です（指針第4の1(5)）。

4 業務委託におけるセクシュアルハラスメント

（1）業務委託におけるセクシュアルハラスメントの内容

業務委託におけるセクシュアルハラスメントには、以下のものがあります（指針第4の2(1)）[55]。

① 対価型セクシュアルハラスメント
業務委託に関して行われる性的な言動に対するフリーランスの対応により当該フリーランスがその業務委託の条件につき不利益を受けるもの（法14条1項1号前段）

54　法案説明資料。
55　セクシュアルハラスメントが「対価型」と「環境型」に分類されること、また指針が定める各用語の意義等については、多くの部分がセクハラ防止指針が定める内容と共通しています。

> ②　環境型セクシュアルハラスメント
> 　業務委託に関して行われる性的な言動によりフリーランスの就業環境が害されるもの（法14条1項1号後段）

　なお、業務委託におけるセクシュアルハラスメントには、同性に対するものも含まれます。また、被害を受けた者の性的指向又は性自認にかかわらず、業務委託に関して行われる性的な言動であれば、本条による規律の対象になり得ます（指針第4の2(1)）。

（2）性的な言動

　「性的な言動」とは、性的な内容の発言及び性的な行動を指し、この「性的な内容の発言」には、性的な事実関係を尋ねること、性的な内容の情報を意図的に流布すること等が、「性的な行動」には、性的な関係を強要すること、必要なく身体に触ること、わいせつな図画を配布すること等が、それぞれ含まれます。

　当該言動を行う者には、（発注者となる）特定業務委託事業者（その者が法人である場合にあってはその役員。以下、本条の解説において同じ）又はその雇用する労働者（以下「特定業務委託事業者等」又は「発注者等」といいます）に限らず、業務委託に係る契約を遂行するに当たり関係性が発生する者（例えば、元委託事業者を含む発注者の取引先等の他の事業者（その者が法人である場合にあってはその役員。以下、本条の解説において同じ）又はその雇用する労働者、業務委託に係る契約上協力して業務を遂行することが想定されている他の個人事業者（以下「他の事業者等」といいます）、顧客等）もなり得るものです（以上について、指針第4の2(2)）。

　すなわち、発注者としては、自社の役員又は従業員によるものに限らず、他の事業者等や顧客等が、自社の業務委託の相手方であるフリーランスへセクシュアルハラスメントを行う場合もあることを前提として、

その対策に係る体制整備が必要ということになります[56]。

（3）対価型セクシュアルハラスメント

前述のとおり、「対価型セクシュアルハラスメント」とは、業務委託に関して行われる性的な言動に対するフリーランスの対応により当該フリーランスがその業務委託の条件につき不利益を受けるものをいいますが、より具体的には、業務委託に関して行われるフリーランスの意に反する性的な言動に対するフリーランスの対応により、当該フリーランスが契約の解除、報酬の減額、取引数量の削減、取引の停止等の不利益を受けることをいいます。その状況は多様ですが、典型的な例として、以下のようなものがあります（指針第4の2(3)）。

> ① 発注者がフリーランスに対して性的な関係を要求したが、拒否されたため、当該フリーランスとの契約を解除すること。
> ② 発注者の雇用する労働者が事業所内において日頃からフリーランスに係る性的な事柄について公然と発言していたが、抗議されたため、当該フリーランスの報酬を減額すること。

（4）環境型セクシュアルハラスメント

前述のとおり、「環境型セクシュアルハラスメント」とは、業務委託に関して行われる性的な言動によりフリーランスの就業環境が害されるものをいいますが、より具体的には、業務委託に関して行われるフリーランスの意に反する性的な言動により、フリーランスの就業環境が不快なものとなったため、能力の発揮に重大な悪影響が生じる等フリーランスが就業する上で看過できない程度の支障が生じることをいいます。その状況は多様ですが、典型的な例として、以下のようなものがあります（指針第4の2(4)）。

---

[56] このこと自体は、職場におけるセクシュアルハラスメント対策においても同様です（セクハラ防止指針4(3)イ等）。

> ①　就業場所において発注者の雇用する労働者がフリーランスの腰、胸等に度々触ったため、当該フリーランスが苦痛に感じてその就業意欲が低下していること。
> ②　元委託事業者の雇用する労働者が当該元委託事業者の事業所において就業するフリーランスに係る性的な内容の情報を意図的かつ継続的に流布したため、当該フリーランスが苦痛に感じて仕事が手につかないこと。

5　業務委託におけるマタニティハラスメント

（1）業務委託におけるマタニティハラスメントの内容

　業務委託におけるマタニティハラスメントには、発注者等（発注者やその役員、その雇用する労働者）から行われる以下のものがあります[57] [58]。

> ①　状態への嫌がらせ型
>
> 　フリーランスが、(ⅰ)妊娠したこと、(ⅱ)出産したこと、(ⅲ)妊娠又は出産に起因する症状により業務委託に係る業務を行えないこと若しくは行えなかったこと又は当該業務の能率が低下したこと（以下「妊娠したこと等」といいます）に関する言動により就業環境が害されるもの
>
> ②　配慮申出等への嫌がらせ型
>
> 　フリーランスが、妊娠又は出産に関してフリーランス法13条1項若しくは2項の規定による配慮の申出（以下「配慮の申出」といいます）を

---

[57]　職場におけるマタニティハラスメントについては、マタハラ指針において、「状態への嫌がらせ型」のほか、妊娠又は出産に関する制度又は措置の利用に関する言動により就業環境が害されるものとして、「制度等の利用への嫌がらせ型」があるとされており、業務委託におけるマタニティハラスメントとは若干異なっています。もっとも、指針とマタハラ防止指針が示す基本的な考え方は共通しているといってよいでしょう。

[58]　なお、業務委託におけるマタニティハラスメントに関しては、「特定業務委託事業者又はその雇用する労働者以外の第三者からの言動は措置義務の対象となっておりません」とされています（政省令等パブコメ3-3-58等）。

> したこと又はこれらの規定による配慮を受けたこと（以下「配慮を受け
> たこと」といいます）に関する言動により就業環境が害されるもの

　なお、業務分担や安全配慮等の観点から、客観的にみて、業務上の必
要性に基づく言動によるものについては、業務委託におけるマタニティ
ハラスメントには該当しません（指針第4の3⑴）。

（2）状態への嫌がらせ型

　「状態への嫌がらせ型」の典型的な例としては、以下のものがありま
す（指針第4の3⑵）。

① 　妊娠したこと等のみ[59]を理由として嫌がらせ等をするもの

　客観的にみて、言動を受けたフリーランスの能力の発揮や継続就業に
重大な悪影響が生じる等当該フリーランスが就業する上で看過できない
程度の支障が生じるようなものが該当します。フリーランスが妊娠した
こと等により、発注者等が当該フリーランスに対し、繰り返し又は継続
的に嫌がらせ等（嫌がらせ的な言動又は契約に定められた業務に従事さ
せないことをいいます。以下同じ）をすること（当該フリーランスがそ
の意に反することを当該発注者等に明示しているにもかかわらず、更に
言うことを含みます）。

② 　妊娠したこと等のみを理由として契約の解除その他の不利益な取扱
いを示唆するもの

　発注者等が当該フリーランスに対し、妊娠したこと等のみを理由とし
て、業務委託に係る契約の解除、報酬の減額、取引数量の削減、取引の
停止等の不利益な取扱いを示唆すること。

　例えば、妊娠を報告しただけで、業務委託に係る契約の解除を示唆し

第3編　第3章　特定受託業務従事者の就業環境の整備

59 　なお、「妊娠したこと等のみを直接的な理由としているわけではなく、総合的な判断によるもの
です」との言い逃れもあり得るところですが、明確な法令違反が認定できなくとも、法令違反が疑
われる場合には、「調査」を経て、「助言」等の対象になり得ます（法17条1項、22条、政省令等パ
ブコメ3-3-19）。

たり、報酬の減額を示唆したりすることは不利益な取扱いの示唆に該当しますが、一方で、妊娠又は出産に起因する症状により役務の提供を休止した場合に、実際に役務の提供を休止した分の報酬の減額について話合いをすることはハラスメントには該当しません。

（3）配慮申出等への嫌がらせ型

「配慮申出等への嫌がらせ型」の典型的な例としては、以下のものがあります（指針第4の3(3)）。

① 配慮の申出を阻害するもの

　客観的にみて、言動を受けたフリーランスの配慮の申出が阻害されるものが該当します。

(ⅰ) フリーランスが配慮の申出をしたい旨を業務委託に係る契約担当者に相談したところ、当該申出をしないよう言うこと。

(ⅱ) フリーランスが配慮の申出をしたところ、業務委託に係る契約担当者が、当該フリーランスに対し、当該申出を取り下げるよう言うこと。

(ⅲ) フリーランスが配慮の申出をしたい旨を発注者の雇用する労働者に伝えたところ、繰り返し又は継続的に申出をしないよう言うこと（当該フリーランスがその意に反することを当該労働者に明示しているにもかかわらず、更に言うことを含みます）。

(ⅳ) フリーランスが配慮の申出をしたところ、発注者の雇用する労働者が、繰り返し又は継続的に当該申出を取り下げるよう言うこと（当該フリーランスがその意に反することを当該労働者に明示しているにもかかわらず、更に言うことを含みます）。

② 配慮を受けたことにより嫌がらせ等をするもの

　客観的にみて、言動を受けたフリーランスの能力の発揮や継続就業に重大な悪影響が生じる等当該フリーランスが就業する上で看過できない程度の支障が生じるようなものが該当します。

　フリーランスが配慮を受けたことにより、発注者等が当該フリーランスに対し、繰り返し又は継続的に嫌がらせ等をすること（当該フリーランスがその意に反することを当該発注者又はその雇用する労働者に明示しているにもかかわらず、更に言うことを含みます）。

③　配慮の申出等のみ[60]を理由として契約の解除その他の不利益な取扱いを示唆するもの

　フリーランスが、配慮の申出をしたい旨を発注者に相談したこと、配慮の申出をしたこと、配慮を受けたことのみを理由として、発注者等が当該フリーランスに対し、業務委託に係る契約の解除、報酬の減額、取引数量の削減、取引の停止等の不利益な取扱いを示唆すること。

　例えば、配慮を受けても業務量が変わらないにもかかわらず、報酬の減額を示唆することや、実際に業務量が減少した分以上の報酬を減額することを示唆することは、不利益な取扱いの示唆に該当しますが、一方で、配慮を受けたことにより実際に業務量が減少した分の報酬の減額について話合いをすることはハラスメントには該当しません。

6　業務委託におけるパワーハラスメント

（1）業務委託におけるパワーハラスメントの内容

　業務委託におけるパワーハラスメントは、業務委託に関して行われる①取引上の優越的な関係を背景とした言動であって、②業務委託に係る業務を遂行する上で必要かつ相当な範囲を超えたものにより、③フリーランスの就業環境が害されるものであり、①から③までの要素を全て満たすものをいいます[61]。

60　なお、「配慮の申出等のみを直接的な理由としているわけではなく、総合的な判断によるものです」との言い逃れもあり得るところですが、明確な法令違反が認定できなくとも、法令違反が疑われる場合には、「調査」を経て、「助言」等の対象にはなり得ます（法17条1項、22条、政省令等パブコメ3-3-19）。

61　業務委託におけるパワーハラスメントと、職場におけるパワーハラスメントは、①優越的な関係を背景とすること、②必要かつ相当な範囲を超えること、③就業環境が害されることを内容としている点でほぼ共通しており、指針が定める各用語の意義等についても、多くの部分がパワハラ防止指針が定める内容と共通しています。

なお、客観的にみて、業務委託に係る業務を遂行する上で必要かつ相当な範囲で行われる適正な指示及び通常の取引行為としての交渉の範囲内の話合いについては、業務委託におけるパワーハラスメントには該当しません（以上について、指針第4の4(1)）。

（2）優越的な関係を背景とすること

「取引上の優越的な関係を背景とした」言動とは、業務委託に係る業務を遂行するに当たって、当該言動を受けるフリーランスが当該言動の行為者とされる者（以下、本項において「行為者」といいます）に対して抵抗又は拒絶することができない蓋然性が高い関係を背景として行われるものを指し[62]、例えば、以下のものが含まれます（指針第4の4(2)）。

> ・ 発注者による言動
> ・ 業務委託に係る契約担当者、事業担当者又は業務委託に係る成果物の確認若しくは検収を行う者による言動
> ・ 発注者の雇用する労働者による言動であって、当該者の協力を得なければ業務の円滑な遂行を行うことが困難であるもの
> ・ 発注者の雇用する労働者からの集団による行為で、これに抵抗又は拒絶することが困難であるもの

また、類型的に、「取引上の優越的な関係」、すなわち業務を遂行するに当たって提供又は拒絶することができない蓋然性が高い関係性（その者の協力が無いと契約に係る業務の遂行に支障が出る関係）を認めやすいものとして、上記の各例を具体化したものとしては、以下のものが考えられます[63]。

> ① 契約担当者。

---

[62] なお、業務委託におけるパワーハラスメントに関しては、「特定業務委託事業者又はその雇用する労働者以外の第三者からの言動は措置義務の対象となっておりません」とされています（政省令等パブコメ3-3-58等）。
[63] 法案説明資料。

② その者の協力がないと業務遂行に支障が出る現場で一緒に働く社員。例えば以下のもの。

・ 美容師等が働く店舗の社員（備品の使用や業務の日程の調整等の管理の観点から協力が必要）

・ 映像・照明スタッフが働く放送局の社員（放送内容の構成等に関する情報入手や撮影や照明の方法の打ち合わせ、他の作業担当との業務調整等の観点から協力が必要）

・ 配送員が働く配送拠点の社員（配送スケジュールや配送先の打ち合わせ・決定の観点から協力が必要）

・ ITシステム構築のプロジェクトの一部を委託された場合における発注者の社員等

③ 製品・成果物の発注依頼者（契約担当者とは異なります）。例えば以下のもの。

・ イラストの具体的イメージを指定したり、会社ホームページのデザイン制作を依頼した広報担当職員等（通常は契約担当者とは異なるが、製品・成果物の確認・検収を行う者であり、これらの者の協力が無いとフリーランスの業務遂行に支障が生じる）

④ 発注者の社長や店長等（音楽教室の社長が、ノルマ未達の講師（特定受託業務従事者・フリーランス）を罵倒する場合等）

（3）必要かつ相当な範囲を超えること

「業務委託に係る業務を遂行する上で必要かつ相当な範囲を超えた」言動とは、社会通念に照らし、当該言動が明らかにフリーランスの業務委託に係る業務を遂行する上で必要性がない、又はその態様が相当でないものを指し、例えば、以下のものが含まれます（指針第4の4(3)）。

・ 業務の遂行上明らかに必要性のない言動

・ 業務の目的を大きく逸脱した言動

> ・　業務を遂行するための手段として不適当な言動
> ・　当該行為の回数、行為者の数等、その態様や手段が社会通念に照らして許容される範囲を超える言動

　この判断に当たっては、様々な要素（当該言動の目的、当該言動を受けたフリーランスの責めに帰すべき事由の有無や内容・程度を含む当該言動が行われた経緯や状況、業種・業態、業務の内容・性質、当該言動の態様・頻度・継続性、行為者との関係性、通常の取引行為と照らした当該言動の妥当性等）を総合的に考慮することが適当とされています（指針第4の4(3)）。

（4）就業環境が害されること

　「就業環境を害する」とは、当該言動によりフリーランスが身体的又は精神的に苦痛を与えられ、フリーランスの就業環境が不快なものとなったため、能力の発揮に重大な悪影響が生じる等当該フリーランスが就業する上で看過できない程度の支障が生じることを指します。

　この判断に当たっては、「平均的な特定受託業務従事者の感じ方」、すなわち、同様の状況で当該言動を受けた場合に、社会一般のフリーランスが、就業する上で看過できない程度の支障が生じたと感じるような言動であるかどうかを基準とすることが適当とされています（以上について、指針第4の4(4)）。

（5）業務委託におけるパワーハラスメントの代表的な類型

　前述のとおり、業務委託におけるパワーハラスメントは、業務委託に関して行われる①取引上の優越的な関係を背景とした言動であって、②業務委託に係る業務を遂行する上で必要かつ相当な範囲を超えたものにより、③フリーランスの就業環境が害されるものであり、①から③までの要素を全て満たすものをいいます（客観的にみて、業務委託に係る業

務を遂行する上で必要かつ相当な範囲で行われる適正な指示及び通常の取引行為としての交渉の範囲内の話合いについては、業務委託におけるパワーハラスメントには該当しません）。

　個別の事案についてその該当性を判断するに当たっては、*前記(3)*で総合的に考慮するものとして挙げた様々な要素のほか、当該言動によりフリーランスが受ける身体的又は精神的な苦痛の程度等を総合的に考慮して判断することが必要となります。

　このため、個別の事案の判断に際しては、相談窓口の担当者等がこうした事項に十分留意し、相談を行ったフリーランス及び行為者の双方から丁寧に事実確認等を行い、それらを十分踏まえて、予防から再発防止に至る一連の措置を適切に講ずることが必要です。

　業務委託におけるパワーハラスメントの状況は多様ですが、代表的な言動の類型としては以下のものがあり、また、当該言動の類型ごとに、典型的に業務委託におけるパワーハラスメントに該当し、又は該当しないと考えられる例としては、以下のようなものがあります（いずれも、取引上の優越的な関係を背景として行われていることを前提とします）（以上について、指針第4の4(5)）。

---

① **身体的な攻撃（暴行・傷害）**
【該当すると考えられる例】
　（ⅰ）殴打・足蹴りを行うこと。
　（ⅱ）相手に物を投げつけること。

【該当しないと考えられる例】
　（ⅰ）誤ってぶつかること。

② **精神的な攻撃（脅迫・名誉棄損・侮辱・ひどい暴言・執拗な嫌がらせ）**
【該当すると考えられる例】
　（ⅰ）人格を否定するような言動を行うこと（相手の性的指向・性自

認に関する侮辱的な言動を行うことを含みます）。

(ⅱ)　業務の遂行に関する必要以上に長時間にわたる厳しい叱責を繰り返し行うこと。

(ⅲ)　他の労働者[64]や事業者の面前における大声での威圧的な叱責を繰り返し行うこと。

(ⅳ)　相手の能力を否定し、罵倒するような内容の電子メール等を当該相手を含む複数の関係者宛てに送信すること。

(ⅴ)　契約内容に基づき成果物を納品したにもかかわらず正当な理由なく報酬を支払わないこと又は減額することを、度を超して繰り返し示唆する又は威圧的に迫ること。

【該当しないと考えられる例】

(ⅰ)　業務委託に係る契約に定める内容が適切に実施されず、再三注意してもそれが改善されないフリーランスに対して一定程度強く注意をすること。

(ⅱ)　業務委託に係る契約の内容や性質等に照らして重大な問題行動を行ったフリーランスに対して、一定程度強く注意をすること。

(ⅲ)　事業者間の通常の取引行為の一環として、取引条件の変更について協議を行うこと。

③　人間関係からの切り離し（隔離・仲間外し・無視）

【該当すると考えられる例】

(ⅰ)　一人のフリーランスに対して、発注者の雇用する労働者が集団で無視をし、事業所で孤立させること。

【該当しないと考えられる例】

(ⅰ)　通常、他のフリーランスと同じ場所で業務を遂行するフリーランスに対し、業務委託に係る契約を適切に遂行できるよう短期間

---

[64]　「他の労働者」とは、発注者（特定業務委託事業者）が雇用する労働者をいいます（政省令等パブコメ3-3-29～30）。

集中的に別室で当該業務委託の内容に関する研修等を実施すること。

④　過大な要求（業務委託に係る契約上明らかに不要なことや遂行不可能なことの強制・仕事の妨害）

【該当すると考えられる例】

(ⅰ)　業務委託に係る契約上予定されていない肉体的・精神的負荷の高い作業を強要すること。

(ⅱ)　フリーランスに業務委託に係る業務とは関係のない私的な雑用の処理を強制的に行わせること。

(ⅲ)　明確な検収基準を示さずに嫌がらせのためにフリーランスの給付の受領を何度も拒み、やり直しを強要すること。

【該当しないと考えられる例】

(ⅰ)　業務の繁忙期に、業務委託に係る契約の範囲内で、通常時よりも一定程度多い業務の処理を行わせること。

(ⅱ)　検収基準を明らかにして指示しているにもかかわらず、当該基準に達しない給付を行うフリーランスに対し、当該基準に達しない部分を示してやり直しを指示すること。

⑤　過小な要求（合理的な理由なく契約内容とかけ離れた程度の低い仕事を命じることや仕事を与えないこと）

【該当すると考えられる例】

(ⅰ)　気に入らないフリーランスに対して嫌がらせのために業務委託に係る契約上予定されていた業務や役割を与えないこと。

【該当しないと考えられる例】

(ⅰ)　当初予定していた成果物の発注数が減少したため、業務委託に係る契約の範囲内で、フリーランスに依頼する業務量を減らすこと。

第3編　第3章　特定受託業務従事者の就業環境の整備

⑥　個の侵害（私的なことに過度に立ち入ること）

【該当すると考えられる例】

(i)　フリーランスを事業所外でも継続的に監視したり、私物の写真撮影をしたりすること。

(ii)　フリーランスの性的指向・性自認や病歴、不妊治療等の機微な個人情報について、当該フリーランスの了解を得ずに他の労働者に暴露すること[65]。

【該当しないと考えられる例】

(i)　フリーランスへの育児介護等の配慮を目的として、フリーランスの家族の状況等についてヒアリングを行うこと。

(ii)　フリーランスの了解を得て、当該フリーランスの性的指向・性自認や病歴、不妊治療等の機微な個人情報について、必要な範囲で業務委託に係る契約を遂行する上で関係する者に伝達し、配慮を促すこと。

7　業務委託におけるハラスメントの防止措置

（1）ハラスメント防止措置の概要

　発注者は、業務委託におけるハラスメントを防止するため、以下の措置を講じなければなりません（指針第4の5）。

①　ハラスメントを行ってはならない旨の方針等の明確化及びその周知・啓発
②　相談（苦情を含みます。以下同じ）に応じ、適切に対応するために必要な体制の整備
③　業務委託におけるハラスメントへの事後の迅速かつ適切な対応

65　なお、「プライバシー保護の観点から、機微な個人情報を暴露することのないよう、労働者に周知・啓発する等の措置を講ずることが必要である」とされています（指針第4の4(5)）。

④　上記①から③までの措置とあわせて講ずべき、以下の措置
・　相談者・行為者等のプライバシー保護措置及びその旨を労働者及びフリーランスに周知すること
・　ハラスメントの相談等を行ったことを理由とする不利益取扱いをしない旨を定め、その周知・啓発をすること

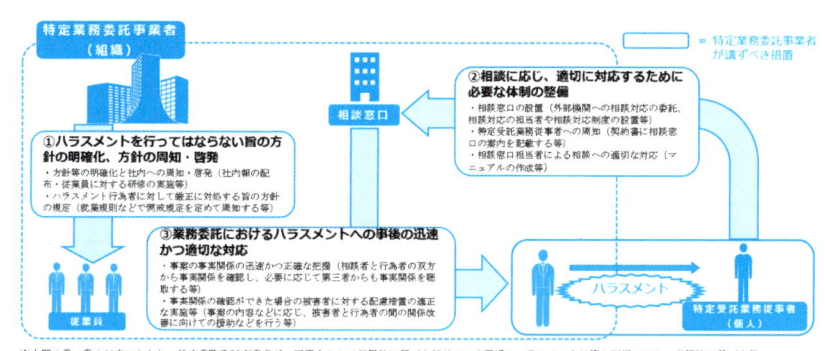

（出典：令和6年12月版説明資料）

　もとより、発注者のフリーランスに対するハラスメント行為は、それ自体不法行為に当たり得るとともに、行為者の所属する会社においては安全配慮義務違反を認め得るところです[66]。本条に基づく規律は、ハラスメント防止措置を取るべきことをその取るべき措置の具体的内容とともに発注者に義務付けたことに意義があります。

　以下、順番に解説します。

---

[66]　発注者（会社）の社長が、美容ライター（フリーランス）へのセクシュアルハラスメント行為及びパワーハラスメント行為を行ったとして、当該社長による不法行為及び発注者（会社）における安全配慮義務違反が認められた事案として、東京地判令和4年5月25日労働判例1269号15頁（アムール事件）参照。

（2）ハラスメントを行ってはならない旨の方針等の明確化及びその周知・啓発

　発注者は、業務委託におけるハラスメントに対する方針の明確化、労働者に対するその方針の周知・啓発として、以下の①及び②の措置を講じなければなりません（指針第4の5(1)）。

> ①　業務委託におけるハラスメントの内容及び業務委託におけるハラスメントを行ってはならない旨の方針を明確化し、業務委託に係る契約担当者・事業担当者、成果物の確認・検収を行う者、フリーランスと協力して業務を行う者を含め、労働者に周知・啓発すること。
>
> 【発注者の方針等を明確化し、労働者に周知・啓発していると認められる例】
>
> 　(i)　就業規則その他の職場における服務規律等を定めた文書において、業務委託におけるハラスメントを行ってはならない旨の方針を規定し、当該規定とあわせて、業務委託におけるハラスメントの内容を労働者に周知・啓発すること。
>
> 　(ii)　社内報、パンフレット、社内ホームページ等広報又は啓発のための資料等に業務委託におけるハラスメントの内容及び業務委託におけるハラスメントを行ってはならない旨の方針について記載し、配布等すること。
>
> 　(iii)　業務委託におけるハラスメントの内容及び業務委託におけるハラスメントを行ってはならない旨の方針を労働者に対して周知・啓発するための研修、講習等を実施すること。
>
> ②　業務委託におけるハラスメントに係る言動を行った者については、厳正に対処する旨の方針及び対処の内容を就業規則その他の職場における服務規律等を定めた文書に規定し、業務委託に係る契約担当者・事業担当者、成果物の確認・検収を行う者、フリーランスと協力して業務を行う者を含め、労働者に周知・啓発すること。

【対処方針を定め、労働者に周知・啓発していると認められる例】

(i) 就業規則その他の職場における服務規律等を定めた文書において、業務委託におけるハラスメントに係る言動を行った者に対する懲戒規定を定め、その内容を労働者に周知・啓発すること。

(ii) 業務委託におけるハラスメントに係る言動を行った者は、現行の就業規則その他の職場における服務規律等を定めた文書において定められている懲戒規定の適用の対象となる旨を明確化し、これを労働者に周知・啓発すること。

なお、周知・啓発をするに当たっては、業務委託におけるハラスメントの防止の効果を高めるため、その発生の原因や背景について、関係者の理解を深めることが重要です。その際、以下について留意することが必要です（指針第4の5(1)）。

・ 業務委託におけるセクシュアルハラスメントの発生の原因や背景には、性別役割分担意識に基づく言動もあると考えられ、こうした言動を無くしていくことがセクシュアルハラスメントの防止の効果を高める上で重要であること。

・ 業務委託における妊娠、出産等に関するハラスメントの発生の原因や背景には、(i)妊娠、出産等に関する否定的な言動（不妊治療に対する否定的な言動を含め、他の労働者やフリーランスの妊娠、出産等の否定につながる言動（当該者に直接行わない言動も含みます）をいい、単なる自らの意思の表明を除きます。以下同じ）が頻繁に行われるなど、配慮の申出がしにくい就業場所の雰囲気や、(ii)配慮の申出ができることに関する関係者への周知が不十分であること等も考えられます。このため、これらを解消していくことが業務委託における妊娠、出産等に関するハラスメントの防止の効果を高める上で重要であること。

・ 業務委託におけるパワーハラスメントの発生の原因や背景には、フリーランスが取引の構造上弱い立場にあること等を背景として、通常

> の取引行為から逸脱した言動が行われやすい状況もあると考えられ、そうした状況を解消していくことが業務委託におけるパワーハラスメントの防止の効果を高める上で重要であること。

（3）相談に応じ、適切に対応するために必要な体制の整備

　発注者は、フリーランスからの相談に対し、その内容や状況に応じ適切かつ柔軟に対応するために必要な体制の整備として、以下の①及び②の措置を講じなければなりません **（指針第4の5(2)）**。

> ①　相談への対応のための窓口（以下「相談窓口」といいます）をあらかじめ定め、フリーランスに周知すること。
> 　※新たに業務委託におけるハラスメントの専用の窓口を定める場合に加えて、男女雇用機会均等法11条1項から3項までに規定する職場におけるセクシュアルハラスメント、同法11条の3第1項及び第2項に規定する職場における妊娠、出産等に関するハラスメント又は労働施策総合推進法30条の2第1項及び第2項に規定する職場におけるパワーハラスメントに係る相談窓口を業務委託におけるハラスメントについても活用可能とする場合も含みます。
> 【相談窓口をあらかじめ定めていると認められる例】
> 　(i)　外部の機関に相談への対応を委託すること。
> 　(ii)　相談に対応する担当者をあらかじめ定めること。
> 　(iii)　相談に対応するための制度を設けること。
> 　なお、専用アプリやメール等の対面以外の方法により相談を受け付ける場合には、相談を行ったフリーランスにとって、当該相談が受け付けられたことを確実に認識できる仕組みとすることが必要です。
> 【相談窓口をフリーランスに周知していると認められる例】[67]

67　相談窓口をフリーランスに伝達する手段としては、この(i)及び(ii)に挙げた手段に限られるものではありませんが、「単に閲覧可能というのみならず、特定受託業務従事者が確実に周知できる方法であれば、その他の手段で相談窓口を周知することも可能です」とされていることに注意が必要です（政省令等パブコメ3-3-50）。

（ⅰ）　業務委託契約に係る書面やメール等に業務委託におけるハラスメントの相談窓口の連絡先を記載すること[68]。

（ⅱ）　フリーランスが定期的に閲覧するイントラネット等において業務委託におけるハラスメントの相談窓口について掲載すること。

② 　上記①の相談窓口の担当者が、相談に対し、その内容や状況に応じ適切に対応できるようにすること。また、相談窓口においては、被害を受けたフリーランス（以下「被害者」といいます）が萎縮するなどして相談を躊躇する例もあること等を踏まえ、業務委託におけるハラスメントが現実に生じている場合だけではなく、その発生のおそれがある場合や、業務委託におけるハラスメントに該当するか否か微妙な場合であっても広く相談に対応し、適切な対応を行うようにすること。例えば、放置すれば就業環境を害するおそれがある場合等が考えられます。

【相談窓口の担当者が適切に対応することができるようにしていると認められる例】

（ⅰ）　相談窓口の担当者が相談を受けた場合、その内容や状況に応じて、相談窓口の担当者と人事部門や契約担当部門とが連携を図ることができる仕組みとすること。

（ⅱ）　相談窓口の担当者が相談を受けた場合、あらかじめ作成した留意点などを記載したマニュアルに基づき対応すること。

（ⅲ）　相談窓口の担当者に対し、相談を受けた場合の対応についての研修を行うこと[69]。

（4）業務委託におけるハラスメントへの事後の迅速かつ適切な対応

　発注者は、業務委託におけるハラスメントに係る相談の申出があった

68　このような周知方法を取る場合、3条通知に記載することも考えられます（前記第2編第8の1参照）。
69　研修の内容としては、「相談に対し、その内容や状況に応じ適切に対応できるようにすること」という目的のために有効な研修が行われることが想定されています（政省令等パブコメ3-3-40、41）。

場合において、その事案に係る事実関係の迅速かつ正確な確認及び適正な対処として、以下の①から④までの措置を講じなければなりません（指針第4の5(3)）。

---

① 事案に係る事実関係を迅速かつ正確に把握すること。

なお、業務委託におけるセクシュアルハラスメントについては、性的な言動の行為者とされる者が、他の事業者等[70]である場合には、必要に応じて、他の事業者等に事実関係の確認への協力を求めることも含まれます。

【事案に係る事実関係を迅速かつ正確に確認していると認められる例】

(i) 相談窓口の担当者、人事部門又は専門の委員会等が、相談を行ったフリーランス（以下、本条の解説において「相談者」といいます）及び業務委託におけるハラスメントに係る言動の行為者とされる者（以下、本条の解説において「行為者」といいます）の双方から事実関係を確認すること。

また、相談者と行為者との間で事実関係に関する主張に不一致があり、事実の確認が十分にできないと認められる場合には、第三者からも事実関係を聴取する等の措置を講ずること。

事実関係の確認の状況について、共有することが適切な場合には、伝達可能な範囲で相談者に共有すること。

(ii) 事実関係を迅速かつ正確に確認しようとしたが、確認が困難な場合などにおいて、中立な第三者機関に紛争処理を委ねること。

② 上記①により、業務委託におけるハラスメントが生じた事実が確認できた場合においては、速やかに被害者に対する配慮のための措置を適正に行うこと。

【措置を適正に行っていると認められる例】

(i) 事案の内容や状況に応じ、被害者と行為者の間の関係改善に向

70　元委託事業者を含む発注者の取引先等の他の事業者（その者が法人である場合にあってはその役員）若しくはその雇用する労働者、又は業務委託に係る契約上協力して業務を遂行することが想定されている他の個人事業者。

けての援助、被害者と行為者を引き離すための被害者の就業場所の変更又は行為者の配置転換、行為者の謝罪、被害者の取引条件上の不利益の回復、事業場内産業保健スタッフ等による被害者のメンタルヘルス不調への相談対応等の措置を講ずること。

(ii)　中立な第三者機関の紛争解決案に従った措置を被害者に対して講ずること。

③　上記①により、業務委託におけるハラスメントが生じた事実が確認できた場合においては、行為者に対する措置を適正に行うこと。

【措置を適正に行っていると認められる例】

(i)　就業規則その他の職場における服務規律等を定めた文書における業務委託におけるハラスメントに関する規定等に基づき、行為者に対して必要な懲戒その他の措置を講ずること。あわせて、事案の内容や状況に応じ、被害者と行為者の間の関係改善に向けての援助、被害者と行為者を引き離すための被害者の就業場所の変更又は行為者の配置転換、行為者の謝罪等の措置を講ずること。

(ii)　中立な第三者機関の紛争解決案に従った措置を行為者に対して講ずること。

④　改めて業務委託におけるハラスメントに関する方針を周知・啓発する等の再発防止に向けた措置を講ずること。

また、業務委託におけるハラスメントが生じた事実が確認できなかった場合においても、同様の措置を講ずること。

なお、業務委託におけるセクシュアルハラスメントについては、性的な言動の行為者とされる者が他の事業者等である場合には、必要に応じて、他の事業者等に再発防止に向けた措置への協力を求めることも含まれます[71]。

【再発防止に向けた措置を講じていると認められる例】

71　業務委託におけるマタニティハラスメント及びパワーハラスメントに関しては、他の事業者等に再発防止に向けた措置への協力を求めることは、再発防止に向けて必要とされる措置に含まれていません（政省令等パブコメ3-3-38参照）。

(i)　業務委託におけるハラスメントを行ってはならない旨の方針及び業務委託におけるハラスメントに係る言動を行った者について厳正に対処する旨の方針を、社内報、パンフレット、社内ホームページ、フリーランスが閲覧するイントラネット等広報又は啓発のための資料等に改めて掲載し、配布等すること。

(ii)　業務委託における妊娠、出産等に関するハラスメントについて、フリーランス法13条の配慮の申出ができる旨を、社内報、パンフレット、社内ホームページ、フリーランスが閲覧するイントラネット等広報又は啓発のための資料に改めて掲載し、配布等すること。

(iii)　発注者の雇用する労働者に対して業務委託におけるハラスメントに関する意識を啓発するための研修、講習等を改めて実施すること。

（5）　前記(2)から(4)までの措置とあわせて講ずべき措置

*前記(2)から(4)*までの措置を講ずるに際しては、あわせて以下の①及び②の措置を講じなければなりません（指針第4の5(4)）。

①　業務委託におけるハラスメントに係る相談者・行為者等の情報は当該相談者・行為者等のプライバシーに属するものであることから、相談への対応又は当該ハラスメントに係る事後の対応に当たっては、相談者・行為者等のプライバシーを保護するために必要な措置を講ずるとともに、その旨を労働者及びフリーランスに対して周知すること。なお、相談者・行為者等のプライバシーには、性的指向・性自認や病歴、不妊治療等の機微な個人情報も含まれるものであること。

【相談者・行為者等のプライバシーを保護するために必要な措置を講じていると認められる例】

(i)　相談窓口においては相談者・行為者等のプライバシーを保護するために必要な措置を講じていることを、フリーランスに対する業務委託に係る契約の内容を記した書面やメール等（以下、本条

の解説において「業務委託契約に係る書面やメール等」といいます）において記載すること、フリーランスが定期的に閲覧するイントラネット等において掲載すること、社内報、パンフレット、社内ホームページ等広報又は啓発のための資料等に掲載し、配布等すること。

(ⅱ) 相談者・行為者等のプライバシーの保護のために必要な事項をあらかじめマニュアルに定め、相談窓口の担当者が相談を受けた際には、当該マニュアルに基づき対応するものとすること。

(ⅲ) 相談者・行為者等のプライバシーの保護のために、相談窓口の担当者に必要な研修を行うこと。

② フリーランス法14条2項及び17条1項の規定を踏まえ、フリーランスが業務委託におけるハラスメントに関する相談をしたこと又は事実関係の確認等の発注者の講ずべき措置に協力したこと、厚生労働大臣（都道府県労働局）に対して申出をし、適当な措置を取るべきことを求めたこと（以下、本条の解説において「業務委託におけるハラスメントの相談等」といいます）を理由として、業務委託に係る契約の解除その他の不利益な取扱いをされない旨を定め、フリーランスに周知・啓発すること。

【不利益な取扱いをされない旨を定め、フリーランスにその周知・啓発することについて措置を講じていると認められる例】

(ⅰ) 業務委託契約に係る書面やメール等において、業務委託におけるハラスメントの相談等を理由として、フリーランスが契約の解除等の不利益な取扱いをされない旨を記載し、フリーランスに周知・啓発をすること。

(ⅱ) フリーランスが定期的に閲覧するイントラネット等に業務委託におけるハラスメントの相談等を理由として、フリーランスが契約の解除等の不利益な取扱いをされない旨を掲載すること。

8 業務委託に係る契約交渉中の者に対する言動に関し特定業務委託事業者が行うことが望ましい取組の内容

発注者は、*前記7(2)①* の業務委託におけるハラスメントを行ってはならない旨の方針の明確化等を行う際に、その行う業務委託に係るフリーランスに対する言動のみならず、当該業務委託に係る契約交渉中の者（当該業務委託に係る具体的な取引条件の交渉を現に行っている者、当該業務委託に係る業務を受託するために発注者に接触した者及び発注者が当該業務委託をするために接触した者をいいます）に対する発注者等[72]による言動についても、同様の方針をあわせて示すことが望ましいとされています。

また、当該業務委託に係る契約交渉中の者から業務委託におけるハラスメントに類すると考えられる相談があった場合には、その内容を踏まえて、*前記7*の措置も参考にしつつ、必要に応じて適切な対応を行うように努めることが望ましいともされています（以上について、指針第4の6）[73]。

9 他の事業者等からの特定受託業務従事者へのハラスメントや顧客等からの著しい迷惑行為に関し発注者が行うことが望ましい取組の内容

（1）他の事業者等からのハラスメント[74]や顧客等からの著しい迷惑行為に関し行うことが望ましい取組の内容

発注者は、他の事業者等からのパワーハラスメントやマタニティハラ

72　特定業務委託事業者（その者が法人である場合にあってはその役員）又はその雇用する労働者。

73　なお、厚生労働省においては、求職者に対するセクシュアルハラスメント防止対策の措置義務を事業主に課す方向で検討されています（令和6年12月26日付労働政策審議会建議）。契約交渉中の者に対する（セクシュアル）ハラスメントについても、将来的には発注者に対して防止対策が義務付けられる可能性があります。

74　指針においては、「望ましい取組」の対象は、パワーハラスメント及びマタニティハラスメントに限られています（指針第4の7）。これは、セクシュアルハラスメントについては、元々その定義のうち「性的な言動」を行う主体として、業務委託に係る契約を遂行するに当たり、関係性が発生する者（他の事業者等や顧客等）が含まれており（前記4(2)参照）、また、他の事業者等に再発防止に向けた措置への協力を求めることも、必要な措置の内容に含まれているためです（前記7(4)④参照）。

スメント、顧客等からの著しい迷惑行為（暴行、脅迫、ひどい暴言、著しく不当な要求等。いわゆるカスタマーハラスメント）により、フリーランスが就業環境を害されることのないよう、例えば、以下の①及び②の取組を行うことが望ましいとされています[75]。また、以下の③のような取組を行うことも、フリーランスが被害を受けることを防止する上で有効と考えられるともされています（**以上について、指針第4の7(1)**）。

① **相談に応じ、適切に対応するために必要な体制の整備**

発注者は、他の事業者等からのパワーハラスメントや妊娠、出産等に関するハラスメント、顧客等からの著しい迷惑行為に関するフリーランスからの相談に対し、その内容や状況に応じ適切かつ柔軟に対応するために必要な体制の整備として、*前記7(3)①及び②*の例も参考にしつつ、次の取組を行うことが望ましいです。

また、あわせて、フリーランスが当該相談をしたことを理由として、契約の解除その他の不利益な取扱いを行ってはならない旨を定め、フリーランスに周知・啓発することが望ましいです。

(ⅰ) 相談先（業務委託に係る契約を遂行する上でフリーランスに指示等を行う立場にある者、相談担当者等）をあらかじめ定め、これをフリーランスに周知すること。

(ⅱ) 相談を受けた者が、相談に対し、その内容や状況に応じ適切に対応できるようにすること。

② **被害者への配慮のための取組**

発注者は、相談者から事実関係を確認し、他の事業者等からのパワーハラスメントや妊娠、出産等に関するハラスメント、顧客等からの著しい迷惑行為が認められた場合には、速やかに被害者に対する配慮のための取組を行うことが望ましいです。

第3編　第3章　特定受託業務従事者の就業環境の整備

---

[75] なお、厚生労働省においては、従業員に対するカスタマーハラスメント対策の措置義務を事業主に課す方向で検討されています（令和6年12月26日付労働政策審議会建議）。フリーランスに対するカスタマーハラスメントについても、将来的には発注者に対して防止対策が義務付けられる可能性があります。

【被害者への配慮のための取組例】

(ⅰ)　事案の内容や状況に応じ、被害者のメンタルヘルス不調への相談対応、著しい迷惑行為を行った者に対する対応が必要な場合に一人で対応させない等の取組を行うこと。

(ⅱ)　元委託事業者の雇用する労働者が当該元委託事業者の事業所において就業するフリーランスに対しパワーハラスメントや妊娠、出産等に関するハラスメントを行っている場合、当該元委託事業者に対し、事実確認やハラスメントの防止の申入れを行ったり、同様の条件の他の業務委託に切り替えをしたりすること。

③　他の事業主等からのパワーハラスメントや妊娠、出産等に関するハラスメント、顧客等からの著しい迷惑行為による被害を防止するための取組

　　上記①及び②の取組のほか、他の事業者等からのパワーハラスメントや妊娠、出産等に関するハラスメント、顧客等からの著しい迷惑行為からフリーランスが被害を受けることを防止する上では、発注者が、こうした行為への対応に関するマニュアルの作成や研修の実施等の取組を行うことも有効と考えられます。

　　また、業種・業態等によりその被害の実態や必要な対応も異なると考えられることから、業種・業態等における被害の実態や業務の特性等を踏まえて、それぞれの状況に応じた必要な取組を進めることも、被害の防止に当たっては効果的と考えられます。

（2）他の事業者等からのハラスメントや顧客等からの著しい迷惑行為に関し元委託事業者等との関係において行うことが望ましい取組の内容

　フリーランスが、業務委託に係る契約を遂行するに当たって、例えば、元委託事業者の事業所で就業する場合や、特定の現場において他の事業者の雇用する労働者や他の個人事業者等と協力して業務を遂行する場合

など、発注者等以外の者と関係性が生じる場合があります。このような場合においては、元委託事業者等においてもフリーランスに対するハラスメント対策が重要であることの理解を求めるとともに、当該元委託事業者等と連携してハラスメント対策を行うことが効果的であり、発注者は、元委託事業者等との関係において、例えば、以下のようなフリーランスに対するハラスメント対策を行うことが望ましいとされています（指針第4の7⑵、Q&A104）。

（ⅰ）　フリーランスが元委託事業者の事業所で就業する場合において、発注者と元委託事業者との間の契約において、元委託事業者もフリーランスに対するハラスメント対策（ハラスメント防止に関する措置やハラスメントが発生した場合の連絡窓口の設定、事実確認等の協力等）を行う旨を規定しておくこと。

（ⅱ）　重層的な業務委託に係る契約であって多数の契約当事者が存在する場合において、フリーランスが就業する場所においてフリーランスに対するハラスメント対策を効果的に行うことができると認められる事業者に対し、直接的又は間接的に協力を求めること（契約や覚書においてハラスメント対策に係る内容を盛り込むことを含みます）。

（ⅲ）　映画制作の現場や建設現場など重層的な業務委託関係がある現場において、発注者から元委託事業者に対して、現場におけるハラスメント対策の実施を要望し、それを受けて元委託事業者が、元請事業者に依頼し、元請事業者が現場の関係者に対し、ハラスメント防止研修を実施すること。

（ⅳ）　エンジニアが取引先に常駐して就業する場合などフリーランスが元委託事業者が管理する現場で就業する場合において、相談窓口の担当者がフリーランスから相談を受けた場合には現場の管理者（元委託事業者の従業員）と連携して事実確認等を行うこと等の内容を、発注者と元委託事業者との間の契約に盛り込むこと。

第3編　第3章　特定受託業務従事者の就業環境の整備

10　相談を行ったこと等を理由とする不利益取扱いの禁止

　発注者は、フリーランスが業務委託におけるハラスメントに関する相談を行ったこと又は発注者による当該相談への対応に協力した際に事実を述べたことを理由として、その者（その者が一人法人の代表者である場合にあっては、当該法人）に対し、業務委託に係る契約の解除その他の不利益な取扱いをしてはなりません（法14条2項）。

　このうち、「契約の解除その他の不利益な取扱い」については、フリーランス法13条における申出及び配慮の趣旨を踏まえ、発注者における「望ましくない行為」として挙げられている、「特定受託事業者が申出をしたこと又は配慮を受けたことのみを理由に契約の解除その他の不利益な取扱いを行うこと」の考え方が参考になります（前記第3の5(3)、指針第3の3参照）。そこでは、「契約の解除その他の不利益な取扱い」の例として、①契約の解除を行うこと、②報酬を支払わないこと又は減額を行うこと、③給付の内容を変更させること又は給付を受領した後に給付をやり直させること、④取引の数量の削減、⑤取引の停止、⑥就業環境を害すること、が挙げられています。

　なお、ここでいう不利益な取扱いに該当するためには、相談を行ったこと等を理由とするものであること、すなわちそれらとの間で一定の因果関係があることが必要と考えられます。

第5 就業環境の整備のための指針

（指針）

第15条 厚生労働大臣は、前三条に定める事項に関し、特定業務委託事業者が適切に対処するために必要な指針を公表するものとする。

1 趣旨等

本条は、フリーランス法12条（募集情報の的確表示）、13条（育児介護等に対する配慮）及び14条（ハラスメント対策に係る体制整備）に定める事項に関し、発注者が適切に対処することができるよう、厚生労働大臣が指針を定め、公表することとしたものです。

本条に基づいて、本書では「指針」と呼称している「特定業務委託事業者が募集情報の的確な表示、育児介護等に対する配慮及び業務委託に関して行われる言動に起因する問題に関して講ずべき措置等に関して適切に対処するための指針」（令和6年厚生労働省告示第212号）が定められています。

2 指針を設ける必要性

フリーランス法において、前述の3点に関する事項を法律ではなく指針に定めることとした必要性等については、以下のとおりとされています[76]。

【労働法分野における考え方】

（1）労働法では、各分野（ハラスメント対策、障害者雇用政策、育児介護政策、高齢者雇用政策等）において、今回新法が想定するように、

76　法案説明資料。

法律で措置義務・配慮義務・努力義務を定め、その実効性を担保するため、義務の具体的な内容を指針で示すという手法がとられている例が多く、実際に着実に政策効果を上げている。

（2）こうした手法を採用してきた理由としては、主に以下のとおりである。

　(ｱ)　達成すべき政策目標が、既存の社会規範からの転換を要する新たな理念（価値）（男女平等、高齢者雇用、障害者雇用など）である場合に、目標の漸進的な達成を図る上で有効な手法であること。具体的には、社会通念が十分形成されていない中で、法律上に具体的な義務を直接かつ詳細に規定することが困難でもあり、指針において事業者が講じるべき措置の選択肢を幅広く認め、事業者の選択の下で漸進的な行動変容を促す方法が有効であると考えられること。

　(ｲ)　一方、法律上で事業者の義務を規定することにより、達成すべき政策目標に関する事業者の責任を明らかにすることが可能であること。

　(ｳ)　あわせて、事業者の義務に関する法律上の規定が、公法上の行政指導の根拠規定となり、義務の具体的内容を指針等で示すことによって当事者にその義務の履行を促しつつ、助言・指導・勧告等の行政指導を行うことにより当事者の規範意識の定着を図り、制度受容の機運を高めることが可能となること。

【フリーランス法における必要性】

（1）（略）

（2）（略）

（3）12条から14条までの規定で特定業務委託事業者の義務を定めつつ、指針においてその具体的な義務の内容を規定することとしているのは、新法を巡る以下の事情を考慮し、法の実効性を担保する上で当該手法が適切であると考えられるためである。

　(ｱ)　特定受託事業者は、従来はあくまで事業者の一形態として捉えられてきており、個人である特定受託事業者が、取引上構造的に弱い

立場にあることに着目した措置等は設けられてこなかった（このため、特定受託事業者を取引に伴い生ずる問題に関して保護すべきであるとの社会通念は十分に形成されていない）状況下、特定受託事業者という働き方が選択肢として定着していく過渡期にあることから、発注事業者側の理解を徐々に形成していく必要があること。

(イ)　一方、特定受託事業者が安心して自由に取引できる環境を整備する上で、12条から14条に掲げる保護措置は、特定受託事業者にとっては、適切な就業環境に身を置き、かつ取引を継続し得るか否かを左右する要素であると、これらの就業環境の整備に係る措置は、業務委託の内容の明示等、新法の他の措置と相俟って、取引の基盤を整備する要素でもあり、他の保護措置と同様に、発注事業者が何をすべきかできる限り明確に規定する必要があること。

(ウ)　募集情報の的確表示や育児介護等への配慮の在り方、ハラスメント対策の講じ方については、各特定業務委託事業者や対象となる特定受託事業者の状況により様々な対応があり得、画一的な規制等は馴染まないことから、指針によって幅広い義務の履行の在り方を認めた上でこれを広く知らしめ、各特定業務委託事業者の実情に応じた取組を促すとともに、行政により、柔軟な助言・指導等を行うことが適切であること。

3　指針への違反があった場合

　指針は、本条に根拠を持つものであり、同法12条（募集情報の的確表示）、13条（育児介護等に対する配慮）及び14条（ハラスメント対策に係る体制整備）の義務の内容を具体化するものです。したがって、指針への違反は、同法12〜14条への違反となり、指導・助言（法22条）の対象になるほか、フリーランスからの申出やこれに基づく調査（法17条）、勧告（法18条）、命令・公表（法19条）、報告・検査（法20条）の対象になります。

第6　中途解除等の事前予告・理由開示

（解除等の予告）

第16条　特定業務委託事業者は、継続的業務委託に係る契約の解除（契約期間の満了後に更新しない場合を含む。次項において同じ。）をしようとする場合には、当該契約の相手方である特定受託事業者に対し、厚生労働省令で定めるところにより、少なくとも三十日前までに、その予告をしなければならない。ただし、災害その他やむを得ない事由により予告することが困難な場合その他の厚生労働省令で定める場合は、この限りでない。

2　特定受託事業者が、前項の予告がされた日から同項の契約が満了する日までの間において、契約の解除の理由の開示を特定業務委託事業者に請求した場合には、当該特定業務委託事業者は、当該特定受託事業者に対し、厚生労働省令で定めるところにより、遅滞なくこれを開示しなければならない。ただし、第三者の利益を害するおそれがある場合その他の厚生労働省令で定める場合は、この限りでない。

1　趣旨等

（1）概要

　発注者が、継続的業務委託に係る契約について、契約期間の中途で解除する場合又は更新しないこととする場合には、事前予告を行うこととするとともに、当該予告に際しフリーランスからの求めがあった場合には、発注者は契約の終了理由を示すこととするものです。

（2）解除予告の必要性

　フリーランスに係る取引についても契約自由の原則が妥当しますが、

フリーランスは事業者としての性格とともに、生身の働き手としての性格の両面を具備しているため、特定の取引関係が継続すると、当該取引に自らの時間や役務の多くを投入するといった一定の拘束を受け、依存度が高まります。これにより、フリーランスが業務委託に係る契約を突如として解除された場合には、フリーランスは新たな取引先を探す間の時間的損失や経済的損失を被ることとなります。

そして、都度の更新による場合も含めて特定の取引関係が継続した場合、特定受託事業者側においても契約更新への期待が生じるところであり、こうした状況で突然に契約が不更新となった場合、生計の糧を突如として失うという意味において契約の中途解除にも類似する状況が生まれます。

このため、契約の期間が一定期間以上である契約（更新により一定期間継続している場合を含みます）の中途解除や不更新について、発注者が事前に予告することで、フリーランスが次の取引に円滑に移れるようにし、解除等に伴う時間的・経済的損失を軽減し、フリーランスの安定的な就業環境を整備する必要があります。

このような理由から、本条1項の解除予告に関する規律が設けられました[77]。

（3）解除理由の開示の必要性

解除予告を受けたフリーランスとしては、契約の存続に向けた交渉、別の取引に向けた自らの事業の見直しに取り組む必要がある場合があり、また、当該発注者とのトラブルを回避する必要があります。このため、フリーランスの求めがある場合には、発注者が理由を示すこととする必要があります。

この点、解除予告時に理由の開示を義務付けることも考えられるところ、例えば、当事者間の信頼関係が著しく損なわれている場合や解除理由が明白な場合など、フリーランス側が必ずしも理由の開示を必要とし

---

[77] 以上について、法案説明資料。

ないと考えられる場合まで全て理由を開示させるとなれば、発注者側の負担が大きいことから、理由の開示はフリーランス側の判断に委ねることとされました[78]。

（4）解雇予告との相違点

　労働者との関係における本条に類する規律としては、労働基準法20条に基づく30日前までの解雇予告及び同法22条に基づく労働者から請求があった場合における退職事由等の証明書の交付があります。

　この点、天災事変その他やむを得ない事由等がある場合等、予告が不要な場合もあることは共通しているといえますが、主な相違点としては①解雇予告手当に該当するものがフリーランス法には定められていないこと、②フリーランス法上の解除等の事前予告は、解雇予告と異なり、書面交付や電子メール等の送信等、その予告方法が法定（限定）されていること（口頭での予告は不可となります）、③退職事由等の証明書は、書面の交付の方法によることと限定されているのに対し、フリーランス法上の解除理由の開示は、書面の交付に限らず、電子メール等の送信等の方法によることも可能であること、④フリーランス法上の解除理由の開示は、退職事由等の証明書の交付と異なり、これを行わないでよい場合（第三者の利益を害するおそれがある場合又は他の法令に違反することとなる場合）が法定されていることといった点が挙げられます。

2　継続的業務委託

　発注者は、「継続的業務委託」に係る契約の解除や契約期間の満了後に更新しないこと（以下「不更新」といい、契約の解除とあわせて「解除等」といいます）をしようとする場合には、当該契約の相手方であるフリーランスに対して、原則としてその予告をしなければならず（法16条1項）、また、当該フリーランスから解除等の理由の開示請求を受

78　以上について、法案説明資料。

けた場合には、原則として**これを開示しなければなりません（法16条2項）**。

　同じく継続的業務委託の場合を対象とする規律としては、**育児介護等に対する配慮（法13条）**がありますが、育児介護等に対する配慮については継続的業務委託である場合には措置義務が課されることに加え、継続的業務委託ではない場合には努力義務も課されます。他方で、本条に基づく解除等の事前予告義務と理由の開示義務は、継続的業務委託である場合にのみ課されます（継続的業務委託ではない場合の努力義務はありません）。

　「継続的業務委託」の考え方については、**フリーランス法13条で定義がされている「継続的業務委託」と同じ**であり、基本契約も締結されている場合や契約の更新により継続されている場合を含め、始期から終期が6か月以上であるかどうかによって判断されます。詳細は*前記第3の2*を参照してください。

　なお、基本契約が締結されており、当該基本契約が「継続的業務委託」に該当する場合においては、当該基本契約に基づく個別の業務委託契約だけでなく、当該基本契約についても「継続的業務委託に係る契約」となります。したがって、個別の業務委託契約を解除等する場合のみならず、基本契約を解除等する場合も、解除予告等の対象となります（**解釈ガイドライン第3部4(1)**）。すなわち、下図の青丸で囲った契約を解除等する場合が解除予告等の対象となります。

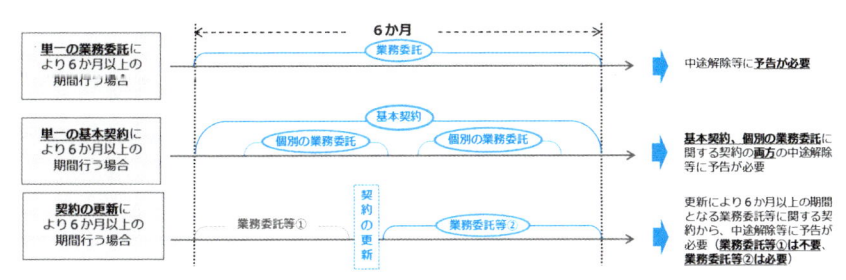

（出典：令和6年12月版説明資料を一部加工）

3　契約の解除等

（1）「契約の解除」に関する基本的な考え方

　本条に基づき解除予告等の対象となる「契約の解除」とは、発注者からの一方的な意思表示に基づく契約の解除をいいます。したがって、フリーランス側からの一方的な意思表示に基づく契約の解除や、発注者とフリーランスの間の合意による契約の解除は解除予告等の対象になりません。

　もっとも、合意による契約の解除であるとして解除予告等の対象外とされるためには、当該合意に係るフリーランスの意思表示が自由な意思に基づくものであることが必要であり、当該意思表示が（自由な意思に基づくものとして）なされたか否かは慎重に判断する必要があるとされています[79]。

　また、発注者とフリーランスの間で、あらかじめ一定の事由がある場合に事前予告なく契約を解除できる旨を契約等で定めていた場合においても、直ちに本条の事前予告が不要となるものではありません。発注者からの一方的な意思表示に基づき契約を解除するのであれば、あらかじめ定めていた事由に該当するとしても、後記4(3)の例外事由に該当しない限り、事前予告が必要となります（以上について、解釈ガイドライン第3部4(2)）。

（2）「契約期間の満了後に更新しない」に関する基本的な考え方

　「契約期間の満了後に更新しない」（不更新）とは、継続的業務委託に係る契約が満了する日から起算して1か月以内に次の契約を締結しないことをいいます。発注者による予告義務の対象となる、契約の不更新をしようとする場合とは、不更新をしようとする意思をもって当該状態に

79　ただし、解除の意思表示がフリーランスの「自由な意思に基づくものであること」までが求められるのは、あくまでフリーランス法との関係での話であり、当該意思表示に基づく合意の私法上の効力については、別途判断されることになると考えられます。一応の意思表示そのものは認められるのであれば、これに基づく合意は私法上は有効になるでしょう。

なった場合をいい[80]、該当すると考えられる例及び該当しないと考えられる例は次のとおりとされています（**解釈ガイドライン第3部4(2)**）。

【契約の不更新をしようとする場合に該当すると考えられる例】

①　切れ目なく契約の更新がなされている又はなされることが想定される場合であって、当該契約を更新しない場合[81]

②　断続的な業務委託であって、発注者がフリーランスとの取引を停止するなど次の契約申込みを行わない場合[82]

【契約の不更新をしようとする場合に該当しないと考えられる例】

③　業務委託の性質上一回限りであることが明らかである場合[83]

④　断続的な業務委託であって、発注者が次の契約申込みを行うことができるかが明らかではない場合[84][85]

　なお、契約書上で更新はしない旨を定めている場合の取扱いについては、解釈ガイドラインで明記されていません。この点、有期労働契約におけるいわゆる**雇止め法理（労契法19条）**との関係では、「更新はしない」又は「更新はこれが最後とする」といった旨の不更新特約を設けて

80　解釈ガイドライン第3部4(2)の文言上、解除のみならず不更新についても「発注者からの一方的な意思表示に基づく」ものをいうのかは若干不明瞭です。もっとも、フリーランスの保護という観点から考えれば、解除の場合と別異に解すべき理由はありません。したがって、本条が対象とする不更新についても、発注者からの一方的なものをいうのであって、フリーランス側から一方的に不更新の意思が示された場合や、合意による不更新は、ここでいう「契約期間の満了後に更新しない場合」（不更新）には該当しないと解されます。なお、フリーランスパンフレットでは、「『契約の不更新』とは、発注事業者が不更新をしようとする意思を持って、契約満了日から起算して1か月以内に次の契約を締結しない場合を指します。」とされています（下線は筆者によります）。

81　「契約期間が1年である業務委託を、毎年自動更新としていたが、今後は更新を行わないこととする場合等」が例として挙げられています（当局解説書194頁）。

82　「事業を縮小するため、これまで行ってきた業務委託を今後は行わないこととなった場合等」が例として挙げられています（当局解説書194頁）。

83　「新築ホテルの調度品として、広間の銅像の制作を委託する場合等」が例として挙げられています（当局解説書195頁）。

84　「上流の元委託事業者からの発注が断続的にある場合に、その都度、当該業務内容を踏まえ、フリーランスに発注するか、自社で内製するか判断している場合であって、次の元委託事業者からの発注がいつあるか分からない場合等」が例として挙げられています（当局解説書195頁）。

85　④の場合においては、次の契約の申込みを行わないことが明らかになった時点でその旨を伝達することが望ましいとされています。

おいた上で実際に更新をしない場合、必ずしも常に当該特約が有効とされる（雇止めが有効とされる）わけではなく、当該特約が労働者の真意に基づくものであったのかという点が慎重に判断されると解される傾向にあります[86]。フリーランス法が適用される契約においても、例えばそれまで更新を何回も繰り返してきたのに、ある契約で突然更新はしない旨を単に定めただけでは、本条の対象となる不更新に該当しない（すなわち本条が適用されない）とは言い切れず、当該更新はしない旨の合意がフリーランス側の自由な意思に基づくものであったのかが慎重に判断されることとなるでしょう。

ただし、仮にフリーランス側の自由な意思に基づくものであったとはいえないこととなっても、当該更新はしない旨の合意そのものが無効になるわけではないと考えられます。当該合意が（形式的ではあっても）なされた時点で、実質的には当該契約の期間満了をもって終了する旨の予告がなされたと解することもでき、本条1項に基づいて行うべき解除等の事前予告がなされたものとすることも可能でしょう。この場合、フリーランス側は当該契約期間中に不更新の理由の開示を求めることが可能となります。

（3）アカウントの停止について

発注者側の事業形態によっては、フリーランスに個別の専用アカウントを発行し、当該アカウントを通じて発注をするような形もあります。また、そのような形態においては、フリーランス側に何らかの非違行為等があった場合に、アカウントの一時停止等によって、当該フリーランスが案件の受注をできなくなるような仕組みを置いていることがあります。

このようなアカウントの停止が契約の解除に該当するかについては、「一時停止となる理由や一時停止の理由に照らして適切な一時停止の予

86　名古屋地判平成7年3月24日労判678号47頁、東京高判平成24年9月20日労経速2162号3頁、横浜地判平成25年4月25日労判1075号14頁等。

定期間、一時停止の解除条件など、一時停止であることが明らかである事由をフリーランスに明示した上で、アカウント利用等を一時停止とする場合は、『契約の解除』に該当せず、予告義務等の対象になりません」とされています（Q&A109）。

　これを踏まえると、あくまで「一時」の停止であることが形式的にも実質的にも明らかであれば、「契約の解除」に該当しないものと解されます。したがって、期間を定めない（無期限）、あるいは長期間に過ぎる利用停止や、一時停止理由等を定めずに恣意的に利用停止を行っているような場合には「契約の解除」に該当し、事前予告義務等の対象になると考えられます。

4 解除等の事前予告

（1）解除等の事前予告の内容等

　発注者は、継続的業務委託に係る契約の解除等をしようとする場合には、当該契約の相手方であるフリーランスに対し、後述する例外事由に該当しない限り、**少なくとも30日前までにその予告をしなければなりません（法16条1項）**。ここでの「30日前までに」とは、例えば8月31日付けで契約の解除等をしようとする場合には、8月1日までにその予告が必要ということを意味します（Q&A106）。

　解除等の事前予告の具体的な内容（記載内容）についてフリーランス法で定められているわけではなく、特別な様式も定められていません（後述のとおり、方法は法定されています）。基本的には、どの業務委託契約を（締結日などで特定）、いつ付けで解除等するのかを示すことが適当でしょう。書面で行う場合には、例えば以下のような内容が考えられます。

●年●月●日

殿

●●株式会社

代表取締役●●

解除予告通知書

　貴殿と当社との間の●年●月●日付け業務委託契約については、同契約第●条に基づき、●年●月●日をもって解除いたしますので、その旨通知いたします。

（2）解除等の事前予告の方法

　発注者は、本条1項に基づく解除等の事前予告については、以下のいずれかの方法によって行わなければなりません（厚労則3条1項）。

① 書面を交付する方法
② ファクシミリを利用してする送信の方法
③ 電子メールその他のその受信する者を特定して情報を伝達するために用いられる電気通信[87]（電子メール等）の送信の方法（フリーランスが当該電子メール等の記録を出力することにより書面を作成することができるものに限ります）

　このうち上記③の「電子メール等」とは、電子メールのほか、ショートメッセージサービスやソーシャルネットワーキングサービス（SNS）のメッセージ機能等のうち、送信者が受信者を特定して送信することのできるものをいいます[88]。フリーランスがインターネット上で開設しているブログやウェブページ等への書き込み等のように、特定の個人がその入力する情報を電気通信を利用して第三者に閲覧させることに付随して、第三者が特定の個人に情報を伝達することができる機能が提供され

87　電気通信事業法2条1号に規定する電気通信をいいます。
88　SNSのメッセージ機能等を利用する場合、メッセージや添付ファイルの保存期間や閲覧可能期間が一定期間に限られていることもあります。フリーランスにおいては、それらをダウンロードする等して保存しておくことが望ましく、また発注者としても、フリーランスにダウンロード等するよう伝えることがトラブル防止の観点からは有効です。

るものについては「その受信する者を特定して情報を伝達するために用いられる電気通信」には含まれません（以上について、解釈ガイドライン第3部4(3)ア）。したがって、そのような方法での予告では、本条1項が定める解除等の事前予告を行ったことにはなりません。

　また、上記③における「出力することにより書面を作成することができる」とは、当該電子メール等の本文又は当該電子メール等に添付されたファイルについて、紙による出力が可能であることを指し、発注者が送信した事前予告に係る事項の全文が出力される必要があります（解釈ガイドライン第3部4(3)イ）。本文や添付ファイルが出力できるサービスによる方法が望ましいですが、事業者間の取引実態に鑑み、SMSや自社アプリ等のファイル添付ができないサービスにより事前予告を行う場合は、予告された内容をスクリーンショット等の機能により保存できるのであれば、例外的に要件を満たすものとされています。一方、例えば音声データの送付による方法による予告やメッセージ消去機能を用いた方法による予告、何らかの機能制限によって随時の確認ができない方法による予告、スクリーンショット等の機能を制限した方法による予告など、記録に残すことができない方法による予告では、本条1項が定める解除等の事前予告として認められません（Q&A113）。

　なお、それぞれの方法ごとの事前予告の到達時点は、以下のとおりとされています（解釈ガイドライン第3部4(3)ウ）。書面を交付する方法による場合には、基本的に書面が直接手渡された時点や郵送等された書面がフリーランスに届けられた時点になると思われます。

第3編　第3章　特定受託業務従事者の就業環境の整備

①ファクシミリ	フリーランスが使用するファクシミリ装置により受信した時に到達したものとみなします。
②電子メール等	フリーランスが使用する通信端末機器等により受信した時に到達したものとみなします。例えば、ウェブメールサービス、クラウドサービス等のようにフ

リーランスの通信端末機器等に必ずしも到達しない
方法による場合は、通常であればフリーランスがそ
の内容を確認し得る状態となれば「通信端末機器等
により受信」したといえ、当該予告がフリーランス
に到達したものとみなします。

（3）解除等の事前予告の例外事由

ア　解除等の事前予告が不要となる場合について

　発注者は、継続的業務委託に係る契約の解除をしようとする場合には、当該契約の相手方であるフリーランスに対し、少なくとも30日前までに、その予告をしなければなりませんが、以下の場合には当該予告は不要となります（法16条1項但書、厚労則4条）。

① 　災害その他やむを得ない事由により予告することが困難な場合
② 　他の事業者から業務委託を受けた発注者が、当該業務委託に係る業務（以下「元委託業務」といいます）の全部又は一部についてフリーランスに再委託をした場合であって、当該元委託業務に係る契約の全部又は一部が解除され、当該フリーランスに再委託をした業務（以下「再委託業務」といいます）の大部分が不要となった場合その他の直ちに当該再委託業務に係る契約の解除をすることが必要であると認められる場合
③ 　発注者がフリーランスと基本契約を締結し、当該契約に基づいて業務委託を行う場合（以下「基本契約に基づいて業務委託を行う場合」といいます）又は契約の更新により継続して業務委託を行うこととなる場合であって、契約期間が30日以下である一の業務委託に係る契約（基本契約に基づいて業務委託を行う場合にあっては、当該基本契約に基づくものに限ります）の解除をしようとする場合
④ 　フリーランスの責めに帰すべき事由により直ちに契約の解除をする

> ことが必要であると認められる場合
> ⑤ 基本契約を締結している場合であって、フリーランスの事情により、相当な期間、当該基本契約に基づく業務委託をしていない場合

それぞれの具体的な考え方について、次項から順次説明します。

イ　災害その他やむを得ない事由により予告することが困難な場合

ここでいう「その他やむを得ない事由」とは、天災事変に準ずる程度に不可抗力に基づき、かつ突発的な事由をいい、事業者として社会通念上採るべき必要な措置をもってしても通常対応することが難しい状況になったために、フリーランスに対して予告することが困難である場合をいいます（解釈ガイドライン第3部4(4)ア）。例えば以下の場合があるとされています[89]。

> ・　就業場所が火災により焼失した場合（フリーランスの故意又は重大な過失に基づく場合を除きます）
> ・　震災に伴う建物倒壊、類焼等により事業の継続が不可能となった場合

ウ　元委託業務の契約の解除に伴う場合

元委託業務の全部又は一部についてフリーランスに再委託をした場合であって、当該元委託業務に係る契約の全部又は一部が解除され、フリーランスへの再委託業務の大部分が不要となった場合、その他の直ちに当該再委託業務に係る契約の解除をすることが必要であると認められる場合には、事前予告等が不要になります。

ここでいう「その他の直ちに当該再委託業務に係る契約の解除をすることが必要であると認められる場合」とは、元委託業務に係る契約の全部又は一部が解除され、不要となった再委託業務が一部であったとして

89　当局解説書197頁。

も重要な部分であり、大部分が不要になった場合と同視できる程度に直ちに当該再委託業務に係る契約の解除をすることが必要であると認められる場合をいいます（解釈ガイドライン第3部4(4)イ）。例えば、元委託者の突然の契約解除により、フリーランスとの契約を直ちに解除し、不要な作業を停止しなければ、不要な報酬支払が継続し、発注者の損害が拡大する場合が該当するとされています[90]。

エ　基本契約に基づく個別契約又は更新後の契約であって30日以下の契約を解除しようとする場合

　①基本契約に基づいて業務委託を行う場合に、当該基本契約に基づく一の業務委託に係る契約（契約期間が30日以下であるものに限ります）の解除をしようとする場合、又は②契約の更新により継続して業務委託を行うこととなる場合に、一の業務委託に係る契約（契約期間が30日以下であるものに限ります）の解除をしようとする場合をいいます（解釈ガイドライン第3部4(4)ウ）。

　そもそも事前予告義務が課せられるのは、継続的業務委託に係る契約に限られますが、その中には基本契約に基づく個別契約において契約期間が30日以下であるものや、更新後の契約において契約期間が30日以下であるものも含まれ得ます。そういった契約については、事前予告義務の対象とならないことが定められている次第です。

オ　フリーランスの責めに帰すべき事由により直ちに契約の解除をすることが必要であると認められる場合

　ここでいう「フリーランスの責めに帰すべき事由」とは、フリーランスの故意、過失又はこれと同視すべき事由を指しますが、「フリーランスの責めに帰すべき事由」が本条の保護を与える必要のない程度に重大又は悪質なものであり、したがって発注者にフリーランスに対し30日前に解除の予告をさせることが当該事由と比較して均衡を失するような

90　当局解説書198頁。

ものである場合に限られます。その判定に当たっては、業務委託に係る契約の内容等を考慮の上、総合的に判断すべきとされています。

「フリーランスの責めに帰すべき事由」とすべき事例は以下のとおりです[91]。なお、これらは限定列挙ではなく、①～⑧のいずれかに該当しなければならないというものではありません（以上について、**解釈ガイドライン第3部4(4)エ**）。

---

① 原則として極めて軽微なものを除き、業務委託に関連して盗取、横領、傷害等刑法犯等に該当する行為のあった場合

② 一般的にみて極めて軽微な事案であっても、発注者があらかじめ不祥事件の防止について諸種の手段を講じていたことが客観的に認められ、しかもなおフリーランスが継続的に又は断続的に盗取、横領、傷害等の刑法犯等又はこれに類する行為を行った場合

③ 業務委託と関連なく盗取、横領、傷害等刑法犯等に該当する行為があった場合であっても、それが著しく発注者の名誉若しくは信用を失墜するもの、取引関係に悪影響を与えるもの又は両者間の信頼関係を喪失させるものと認められる場合

④ 賭博、風紀紊乱等により業務委託に係る契約上協力して業務を遂行する者等に悪影響を及ぼす場合[92]

⑤ 賭博、風紀紊乱等の行為が業務委託と関連しない場合であっても、それが著しく発注者の名誉若しくは信用を失墜するもの、取引関係に悪影響を与えるもの又は両者間の信頼関係を喪失させるものと認められる場合[93]

---

91 労働基準法20条1項但書に基づき、解雇の事前予告が不要になる「労働者の責に帰すべき事由」の具体例として行政解釈が挙げているものと、多くの部分で共通しています（昭和23年11月11日基発1637号、昭和31年3月1日基発111号）。

92 「賭博、風紀紊乱等により」とはされていますが、要は何らかの行為等により、「業務委託に係る契約上協力して業務を遂行する者等に悪影響を及ぼす場合」であれば、フリーランスの責めに帰すべき事由があると考えられます（フリーランスパンフレット参照）。

93 ③及び⑤をあわせみれば、要は何らかの行為等により、「著しく発注者の名誉若しくは信用を失墜するもの、取引関係に悪影響を与えるもの又は両者間の信頼関係を喪失させるものと認められる場合」であれば、フリーランスの責めに帰すべき事由があると考えられます（フリーランスパンフレット参照）。

⑥　業務委託の際にその委託をする条件の要素となるような経歴・能力を詐称した場合及び業務委託の際、発注者の行う調査に対し、業務委託をしない要因となるような経歴・能力を詐称した場合

⑦　フリーランスが、業務委託に係る契約に定められた給付及び役務を合理的な理由なく全く又はほとんど提供しない場合

⑧　フリーランスが、契約に定める業務内容から著しく逸脱した悪質な行為を故意に行い、当該行為の改善を求めても全く改善が見られない場合

また、「フリーランスの責めに帰すべき事由」に該当するより具体的な例として、以下が挙げられています[94]。

①　自動車等の運転を要する業務において、交通ルール等の遵守を周知しているにもかかわらず、危険運転を行うことやナンバープレートの表示などのルール等を遵守していない場合

②　フリーランスが業務委託に関連し、暴力行為等に及んだ可能性がある場合であって、それに関する事件の調査協力を繰り返し行っているにもかかわらず調査の協力を拒む場合

③　業務委託の取引先や顧客に対する暴言や嫌がらせ、暴力、詐取、性的な迷惑行為、業務遂行に際して取得した個人情報の目的外利用などの第三者の安全に支障を及ぼす又は第三者に損害を与える行為

④　事前にフリーランスがアカウントを作成し、プラットフォームを介して業務委託を受ける場合において、登録時の経歴詐称、虚偽情報の登録、他の者とのアカウントの共有などを行っていた場合

⑤　業務委託の前提となるフリーランスの運転免許証や在留カード等が有効期限切れの場合

⑥　フリーランスが業務の遂行に必要な業法等における登録の失効・取消事由等に該当した場合又は当該事由により行政処分・罰則の適用を受けた場合

94　Q&A112。

⑦　配達を伴う業務において、事前に商品の取扱い等に関する社内ルールを周知しているにもかかわらず、配達中の商品を触ったり、配達時間や距離を偽って報酬を多く得たりするなど、繰り返し当該ルールに反する行為を行う場合

⑧　配達を伴う業務において商品を届けないなど、業務委託契約に定められた業務の重要な部分を合理的な理由なく行わない場合

⑨　フリーランスに契約違反の是正を書面等で求め、改善が見られなければ解除することについて伝達してもなお契約違反が是正されない場合

⑩　フリーランスが業務遂行の能力や資格等を喪失するなど、業務遂行ができなくなる又は業務遂行に重大な支障が生じる場合

　この他にも、例えば、フリーランスが反社会的勢力との関係を有していることが発覚した場合であれば、発注者とフリーランスとの間の信頼関係が喪失するものとして、「フリーランスの責めに帰すべき事由」に該当し、事前予告は不要となります[95]。

　なお、破産申立てがあった場合や差押えを受けた場合等において、事前予告を要せず即時解除を可能とする条項が置かれることもよくあります。これについては、「フリーランスに破産や差し押さえ等の事実があることにより、事前予告の例外事由である『フリーランスの責めに帰すべき事由』に必ず該当するものではなく、個別の事案ごとに判断が必要となります。例えば、破産や差し押さえ等によりフリーランスの今後の業務遂行に重大な支障が出る場合や発注者に損害が生じる場合などには、事前予告の例外事由である『フリーランスの責めに帰すべき事由』に該当する可能性が高いと考えられます」として、必ずしも事前予告の例外事由となるわけではないとされています[96]。少なくとも破産申立てがなされた場合には、業務遂行に重大な支障が出ることも十分に想定さ

95　Q&A111。
96　Q&A110。

れますが、差押えがされただけでは必ずしもそうとはいえず、いずれに
しても、本条1項に基づく事前予告が不要となるかどうかについては事
案に応じた検討が必要になると思われます。

**カ　フリーランスの事情により相当な期間基本契約に基づく業務委託を
していない場合**

ここでいう「相当な期間」については、フリーランスの事情により個
別に判断されるべきものではありますが、継続的業務委託の期間が6か
月以上であることを踏まえ、概ね6か月以上と解されるとされています
（以上について、解釈ガイドライン第3部4(4)オ）。これに該当する場合
の例としては「1年間の基本契約を締結していたが、発注者が発注しよ
うとしてもフリーランス側の事情により断られるなど、その基本契約に
基づく業務委託を10か月間行っていない場合」が挙げられています[97]。

（4）解除等の事前予告と解除等の私法的効力

ア　事前予告義務に反する内容の解除条項等の効力

事由を問わず事前予告なく即時に解除できる旨や、契約満了日の前日
であっても更新拒絶の意思を示せば契約が更新されない旨等、事前予告
義務に反する内容の解除条項等が定められた場合の当該条項の効力はど
のようになるでしょうか。

この点、労働基準法は同法13条が「この法律で定める基準に達しな
い労働条件を定める労働契約は、その部分については無効とする。この
場合において、無効となった部分は、この法律で定める基準による」と
定めており、違反する労働条件の定めが無効となる（かつ、労働基準法
どおりの内容となる）といういわゆる強行的効力（及び直律的効力）を
明示的に付与しています。

これに対して、フリーランス法は、法違反があった場合における私法
的効力についての定めを置いていません。これを踏まえると、事前予告

97　当局解説書200頁。

義務に反する内容の解除条項等であっても、基本的には、そのことによって当該条項の効力が否定されることにはならないと解されます[98]。

イ　事前予告義務違反があった場合における解除等の効力

　フリーランス法16条1項の事前予告義務に反した解除等がなされた場合、もちろんフリーランス法違反になりますが、当該解除等の私法的効力はどのようになるでしょうか。なお、事前予告なく即時解除が可能な場合として契約で定めた解除事由に該当する等、私法上の解除権等は当然必要となります（本条1項但書が定める事前予告不要な場合に該当するからといって、それによって解除権が生じるわけではありません[99]。）。

　この点、前述のとおり、フリーランス法は労働基準法と異なり、法違反があった場合における私法的効力についての定めを置いていません。また、Q&Aにおいても「解除等の効力は本法に基づいて判断されるものではありません。例えば契約の解除等の効力や解除に伴う損害賠償請求等については、民事上の争いとして司法による判断等により解決が図られるものです」とされています[100]。したがって、解除等の事前予告義務違反があった場合でも、それによって直ちに当該解除等が無効となるものではないと解されます。

　なお、労働基準法20条1項に基づく30日前の解雇予告を行わなかった場合の当該解雇の効力については、「即時解雇としては効力を生じないが、使用者が即時解雇を固執する趣旨でない限り、通知後同条所定の30日の期間を経過するか、または通知の後に同条所定の予告手当の支払をしたときは、そのいずれかのときから解雇の効力を生ずる」とする

98　下請法に反する内容の合意の効力については、法の趣旨に照らして不当性の強い場合には公序良俗に違反して無効となる場合があり得るとしても、そうでない場合には法に抵触するということだけで合意が無効となることはない旨を判示した裁判例があります（東京地判昭和63年7月6日判時1309号109頁）。これを踏まえると、フリーランス法の事前予告義務との関係でも、これに反する内容の条項の効力が否定される余地はあり得ます。もっとも、事由を問わず事前予告なく即時に解除できる旨や、契約満了日の前日であっても更新拒絶の意思を示せば契約が更新されない旨の条項程度であれば、公序良俗違反とまで認定されることは難しいように思われます。

99　Q&A108。

100　Q&A107。

判例があり[101]、行政解釈も同旨を示しています[102]。このように、解雇の効力自体が否定されるわけではない一方、法定期間を経過しなければ解雇の効力は生じないとされているところです。もっとも、これは労働基準法が強行的効力を有するためであって、強行的効力を有しないフリーランス法においては、やはり解除等の事前予告義務違反があった場合でも、予告期間（30日）の経過を待つまでもなく、解除等の効力自体は生じると考えることになるでしょう。

ただし、事前予告義務違反があった場合に、不法行為等に基づく損害賠償の対象となることはあり得ます。例えば、事前予告義務に違反する即時解除がなされた場合に、フリーランスから本来の予告期間である30日があれば得られたはずの報酬相当額を請求すること等が考えられます。

5　解除等の理由開示

（1）解除等の理由開示の内容等

フリーランスが、解除等の事前予告がされた日から当該予告に係る契約が満了する日[103]までの間において、契約の解除等の理由の開示を発注者に請求した場合には、当該発注者は、当該フリーランスに対し、後述する例外事由に該当しない限り、遅滞なくこれを開示しなければなりません（**法16条2項**）。

理由開示における具体的な内容（記載内容）についてフリーランス法で定められているわけではなく、特別な様式も定められていません（後述のとおり、方法は法定されています）。書面で行う場合には、例えば以下のような内容が考えられます。

101　最判昭和35年3月11日民集14巻3号403頁。

102　昭和24年5月13日基収1483号。

103　「契約が満了する日」とは、継続的業務委託に係る契約の終期を指します。

●年●月●日

●●殿

●●株式会社
代表取締役●●

解除理由通知書

貴殿と当社との間の●年●月●日付け業務委託契約については、同契約第●条に基づき、●年●月●日をもって解除する旨、●年●月●日付け解除予告通知書によって予告したところです。

　今般、貴殿より、当該解除の理由についての開示請求があったことを踏まえ、下記のとおりその理由を通知いたします。

記

　当社の事業計画の見直しに伴い、貴殿に依頼していた●●の業務が属する事業を終了させることとなったため。

以上

　解除等の理由についてどの程度具体的に開示すべきかについては、特に法定されていません。この点、労働者から解雇理由の証明書を請求できる旨を定める労働基準法22条1項、2項に関しては「解雇の理由については具体的に示す必要があり、就業規則の一定の条項に該当することを理由として解雇した場合には、就業規則の当該条項の内容及び当該条項に該当するに至った事実関係を証明書に記入しなければならない」との解釈が示されています[104]。本条2項の解釈において、この労働基準法の解釈が直ちに妥当するものではありませんが、あまりに抽象的すぎる記載だと、本条2項に沿った解除等の理由の開示と認められない可能性もありますので、契約上の根拠条項があればそれを示しつつ、ある程度具体的な内容を記載することが望ましいでしょう。

　また、労働基準法22条1項、2項の解雇理由の記載に関連しては、使

104　平成15年10月22日基発1022001号。

用者が証明書に記載しなかった解雇理由を、その後解雇の効力が訴訟で争われた場合に主張することは認められない、あるいは主張自体は認められるとしても重視されるべきではないと考えられています[105]。フリーランス法においても、例えば解除事由が認められないとしてフリーランスから解除の効力を争われた場合、労働者の解雇理由の場合と同様に一旦開示した解除理由以外の理由を主張することが困難となる可能性があります。解除等の理由が複数あり、またその根拠となる事実関係も複数ある場合には、理由の開示に際してそれらが包括されるような記載を心掛けることが適当でしょう。

　なお、後述のとおり、フリーランスの責めに帰すべき事由により直ちに契約の解除をすることが必要であると認められる場合等、解除等の事前予告が不要となる場合（**本条1項但書**）には、解除等の理由の開示も不要となります。即時解除のようにフリーランス側に不利益が大きい場合であっても、理由の開示を求めることができないことには注意が必要です。

（2）解除等の理由開示の方法

　発注者は、本条2項の規定による解除等の理由開示については、以下のいずれかの方法によって行わなければなりません（**厚労則5条1項**）。

> ①　書面を交付する方法
> ②　ファクシミリを利用してする送信の方法
> ③　電子メールその他のその受信する者を特定して情報を伝達するために用いられる電気通信[106]（電子メール等）の送信の方法（フリーランスが当該電子メール等の記録を出力することにより書面を作成することができるものに限ります）

　その解釈や、到達時点の考え方等の詳細は、解除等の事前予告の方法

105　荒木尚志ほか編『注釈労働基準法・労働契約法第1巻』（2023年・有斐閣）300頁。
106　電気通信事業法2条1号に規定する電気通信をいいます。

におけるものと同様です（**解釈ガイドライン第3部4⑸、前記4⑵参照**）。

（3）解除等の理由開示の例外事由

　発注者は、フリーランスから請求があった場合には、解除等の理由を開示しなければなりませんが、以下の場合には、当該理由開示は不要となります（**法16条2項但書、厚労則6条**）。

> ①　第三者の利益を害するおそれがある場合
> ②　他の法令に違反することとなる場合

　「第三者の利益を害するおそれがある場合」とは、契約の解除等の理由を開示することにより、発注者及びフリーランス以外の者の利益を害するおそれがある場合をいいます（**解釈ガイドライン第3部4⑹ア**）。例えば、顧客からのクレームに基づき解約したことを告げた場合であって、当該理由を開示すると顧客への報復の蓋然性が高いと認められる場合が考えられます[107]。また「他の法令に違反することとなる場合」とは、契約の解除等の理由を開示することにより、例えば、法律上の守秘義務に違反する場合などをいいます（**解釈ガイドライン第3部4⑹イ、Q&A114**）。

　なお、解除等の理由開示は、事前予告がされた日から契約が満了する日までの間に請求することとなっているため、**前記4⑶**の事前予告の例外事由に該当する場合は、理由開示の請求対象となりません。一方、発注者が解除等の事前予告義務に違反している場合には、フリーランスは解除等の理由開示を請求することができると解されます（以上について、**解釈ガイドライン第3部4⑹**）。

107　Q&A114。

第7　フリーランスによる違反の申出等

（申出等）

第17条　特定業務委託事業者から業務委託を受け、又は受けようとする特定受託事業者は、この章の規定に違反する事実がある場合には、厚生労働大臣に対し、その旨を申し出て、適当な措置をとるべきことを求めることができる。

2　厚生労働大臣は、前項の規定による申出があったときは、必要な調査を行い、その申出の内容が事実であると認めるときは、この法律に基づく措置その他適当な措置をとらなければならない。

3　第六条第三項の規定は、第一項の場合について準用する。

1　趣旨等

（1）概要

　本条は、発注者によるフリーランス法への違反行為について、フリーランスが、厚生労働大臣に対する申出及び適当な措置の求めを行える旨定めるとともに、当該フリーランスに対し、発注者が報復措置として不利益な取扱いを行うことを防止し、フリーランスによる厚生労働大臣への情報提供を促し、フリーランス法への違反行為の発見の端緒とするものです。

　本条3項が準用するフリーランス法6条3項は「業務委託事業者は、特定受託事業者が第一項の規定による申出をしたことを理由として、当該特定受託事業者に対し、取引の数量の削減、取引の停止その他の不利益な取扱いをしてはならない」と定めています。発注者は、フリーランスが本条1項に基づく申出をしたことを理由として、フリーランスに対して不利益取扱いをしてはなりません。

（2）本条の必要性

　フリーランス法は、フリーランスが直面する取引上の課題に対応し、フリーランスに係る取引基盤を整備するものであるところ、経済的基盤が脆弱なフリーランスは問題解決に時間を要すれば回復不可能な状態に陥ることになることから、発注者がフリーランス法への違反行為を行っている場合には、そのような状況を迅速に改善することが必要です。

　こうした状況の迅速な改善の観点からは「法律上講じられるべき措置が講じられていない」といった情報がフリーランスから寄せられることが重要となりますが、下請取引における親事業者と下請事業者との関係と同様に、特に発注者に対する依存度が高い者は、発注者からの報復を恐れて厚生労働大臣への情報提供を躊躇する可能性が高いと考えられます。

　そのため、フリーランスが厚生労働大臣に情報提供しやすい環境を整備し、フリーランス法の法執行を有効に機能させる観点から、フリーランスが厚生労働大臣に申出及び適当な措置の求めを行ったことを理由として不利益な取扱いをすることを禁止し、そうした不利益な取扱いをした発注者に対して指導・助言、勧告、公表及び命令を行うこととする仕組みを設けることが必要となった次第です[108]。

2 申出等を行える者

　厚生労働大臣に対して申出を行えるのは「**特定業務委託事業者（発注者）から業務委託を受け、又は受けようとする特定受託事業者（フリーランス）**」です（**法17条1項**）。「何人」ではなく範囲が限定されているのは、本条3項において、1項の規定による申出をしたことを理由として不利益な取扱いをしてはならない旨の禁止規定を定めているところ、不利益な取扱いを禁止する以上、対象は可能な限り限定的であるべきと考えられることに加え、発注者から業務委託を受けるフリーランス以外

108　以上について、法案説明資料。

から本条1項に基づく措置の請求が行われること及び当該者が不利益な取扱いを受けることは通常想定しにくいことによります[109]。

　なお、フリーランス法6条1項と異なり「（業務委託を）受けようとする」フリーランスも含まれていますが、これはフリーランス法12条が定める募集情報の的確な表示との関係では、申出ができる者を既に業務委託を受けているフリーランスに限定する必要がないためです。

3　申出等の対象

　本条1項に基づく申出の対象となるのは「この章の規定に違反する事実」です（法17条1項）。具体的には、12条（募集情報の的確な表示）、13条（妊娠、出産若しくは育児又は介護に対する配慮）、14条（ハラスメント対策に係る体制整備）、16条（中途解除等の事前予告・理由開示）及び17条3項（不利益な取扱いの禁止）に違反する事実が対象となります。

4　申出窓口

　フリーランス法の施行に伴い、本条1項に基づく申出の窓口が設置されました。書面による申出及びオンラインによる申出が可能です[110]。

5　必要な調査及び適当な措置

　フリーランスから本条1項に基づく申出を受けた厚生労働大臣は、必要な調査を行い、その申出の内容が事実であると認めるときは、フリーランス法に基づく措置その他適当な措置を取らなければなりません（法17条2項）。フリーランスからの申出と結びついた行政措置の機動的な

109　法案説明資料。
110　厚生労働省「フリーランス・事業者間取引適正化等法の被疑事実についての申出窓口」（https://www.mhlw.go.jp/stf/seisakunitsuite/bunya/koyou_roudou/koyoukintou/zaitaku/freelance_moushide.html）。

発動を実現し、法律の実効性を担保するための条項です[111]。

　厚生労働大臣は、申出に係るような事実があったかどうかについて、関係当事者（フリーランス、発注者、発注者の取引先等）から事情を聴取し、あるいはフリーランス法20条に基づく報告徴収、立入検査等を行い、「必要な調査」を行うことになります。

　「適当な措置」とは、申出の内容が、調査の結果事実であった場合に、その状況を是正するために必要な措置を意味します。法律に基づく行政処分、行政指導が含まれることはもちろんのこと、個別法に根拠を持たない政策の普及啓発活動といった事実上の施策やそのための予算措置等も含まれるとされています[112]。

6　申出をしたことを理由とする不利益な取扱いの禁止

　フリーランスが本条1項の規定による「申出をしたことを理由として」、取引の数量の削減、取引の停止その他の「不利益な取扱い」をすることは禁止されています（法17条3項・6条3項）。

　詳細については、本条3項が準用するフリーランス法6条3項に関する解説（前記第2章第5の1(4)）を参照してください。

111　法案説明資料。
112　以上について、法案説明資料。

第8　厚生労働大臣による勧告

（勧告）

第18条　厚生労働大臣は、特定業務委託事業者が第十二条、第十四条、第十六条又は前条第三項において準用する第六条第三項の規定に違反していると認めるときは、当該特定業務委託事業者に対し、その違反を是正し、又は防止するために必要な措置をとるべきことを勧告することができる。

1　趣旨等

（1）概要

　本条は、発注者によるフリーランス法12条、14条、16条又は17条3項において準用する6条3項に違反する行為について、厚生労働大臣が当該発注者に対し命令（法19条1項）という処分に至る前に、その行為の自発的是正を促しその是正の機会を付与するという、段階を踏んで行われる緩やかな手段としての「行政指導」たる勧告をすることができる権限を規定するものです[113]。

（2）本条の必要性

　勧告（フリーランス法14条の規定に違反する行為に係るものを除きます）について、これに正当な理由なく従わなかった場合には、命令及び罰則をも予定されているところです。「処分」（行政手続法2条2号）たる命令は、直接に私人の権利義務の内容を画すものであり、また罰則という国家による直接の権利制約を課すものであるところ、このような権利制約等を伴う行政行為等については、目的達成との関係で必要最小

113　法案説明資料。

限の制約であるべき、すなわち規制対象の社会的害悪と規制措置には均衡が保たれていなければならず、過剰な規制措置は許されないとされるのが法の一般原則とされている（憲法13条）ことに鑑み、可能な限り抑制的に行使されるべきものといえます。

そこで、命令といった強制力を持った方法をいきなり取るのではなく、その前段階において勧告という手段をとり、特定名宛人による任意の協力を求め、是正の機会を付与することが私人にとっても権利制約がなされる前段階での対処が可能となり、また行政にとっても柔軟な対応を可能としながら行政目的を達成することができることになります。これを踏まえ、フリーランス法においても厚生労働大臣による勧告の権限が定められました。

なお、勧告はその実質的な法的効果として、その特定名宛人の権利義務を形成し又はその範囲を画するものではなく、何らの法的拘束力のない、単に任意の協力を求めるにすぎない「行政指導」（行政手続法2条6号）です。そのため、名宛人となる発注者の権利利益を制約するものではないことから、本条を設けることは許容されるとされています[114]。

2 勧告の対象

本条に基づく勧告の対象となるのは、12条（募集情報の的確な表示）、14条（ハラスメント対策に係る体制整備）、16条（中途解除等の事前予告・理由開示）及び17条3項（申出を理由とする不利益な取扱いの禁止）に違反している場合です。13条（妊娠、出産若しくは育児又は介護に対する配慮）の違反については勧告の対象となりません。

また、いずれも（業務委託事業者ではなく）特定業務委託事業者に規制を課しているものであるため、勧告の名宛人も、特定業務委託事業者となります。

114　以上について、法案説明資料。

第9 厚生労働大臣による命令・公表

（命令等）

第19条　厚生労働大臣は、前条の規定による勧告（第十四条に係るものを除く。）を受けた者が、正当な理由がなく、当該勧告に係る措置をとらなかったときは、当該勧告を受けた者に対し、当該勧告に係る措置をとるべきことを命ずることができる。

2　厚生労働大臣は、前項の規定による命令をした場合には、その旨を公表することができる。

3　厚生労働大臣は、前条の規定による勧告（第十四条に係るものに限る。）を受けた者が、正当な理由がなく、当該勧告に係る措置をとらなかったときは、その旨を公表することができる。

1 趣旨等

（1）概要

　本条は、厚生労働大臣が、①フリーランス法18条に基づく勧告（フリーランス法14条の規定に違反する行為に係るものを除きます）について、正当な理由がなく勧告に係る措置をとらなかった発注者に対し、当該勧告に係る措置を取るべき旨の命令を行うとともに、命令した旨を公表できること、②発注者が、フリーランス法18条に基づく勧告（フリーランス法14条の規定に違反する行為に係るものに限ります）について、正当な理由がなく勧告に係る措置をとらなかった場合、その旨を公表できることを規定するものです。

（2）命令に関する考え方

　フリーランス法に規定する義務の履行確保については、一部の規定を

除き、勧告、命令及び公表によることとされています。これは、フリーランス法はフリーランスに係る取引について、業種横断的に緩やかな規律を設けることとしていることから、義務違反に直罰を科すのではなく発注者の自主的な改善を促す観点から、強制力のある命令（行政処分）を行う前に必ず勧告（行政指導）を行うこととした上で、命令を行うのは、勧告に従わず正当な理由がなくて勧告に係る措置をとらなかった場合に限定するものです。

　なお、フリーランス法第3章（就業環境の整備）において、命令の規定を設けるのは、12条（募集情報の的確な表示）、16条（中途解除等の事前予告・理由開示）及び17条3項（申出を理由とする不利益取扱いの禁止）への違反に係る勧告について、当該勧告に係る措置をとらなかった場合を対象としており、14条（ハラスメント対策に係る体制整備）への違反に係る勧告については、当該勧告に係る措置をとらなかった場合の命令の規定を設けないこととされています。

　その理由は、フリーランス法12条、16条及び17条3項については、発注者に対して、個々の行為に係る作為義務及び遵守事項を課す行為規制である一方で、14条については、①発注者の体制整備という形で、企業の内部事項に関わる義務を課し、またそれを通じた就業環境の整備により、間接的にフリーランスの権利利益の保護に資するものであること、②各事業者の事業や組織の実情に応じた取組や是正を促すことが適当であり、一律の基準による規律には馴染まないことから、勧告により発注者が自主的に必要な取組を行う仕組みとすることが望ましいと考えられたためです[115]。

（3）公表に関する考え方

　「勧告」は「行政指導」（行政手続法2条6号）であって法的拘束力がないため、「勧告」に従うか否かは特定の名宛人による自発的行動に委ねられています。

115　以上について、法案説明資料。

　「勧告」に従わなかった場合の公表については、①法律上の義務履行確保を目的とするもの[116]、②秩序維持を目的とするもの[117]、③弱者保護を目的とするもの[118]等があります。

　これらのうち、命令等を予定する①履行確保を目的とするものについては、勧告とこれに従わない場合の公表は「処分」（行政手続法2条2号）という強制力を持った方法をいきなり取るのではなく、その前段階で特定名宛人による任意の協力を求めることで、柔軟な対応を可能としながら行政目的を達成するためのものと位置付けられます。これに対し②秩序維持や③弱者保護等、①履行確保を目的とするもの以外については、その後の「処分」が予定されておらず、ここでの勧告及び公表は比較的緩やかな措置に対応する制裁・実効性担保手段として位置づけられます。

　両者ともに、特定名宛人に対し、自ら反省する機会を与え、その行為を改めるために自ら積極的に努力するようにするとともに、問題を迅速かつ円滑に処理し得るようにすることで、公権力による強制ではなく、当事者の自発的努力による問題解決を図ることに主眼を置いているものです。

　なおフリーランス法において、14条（ハラスメント対策に係る体制整備）については、前述のとおり、発注者の個々の取引行為の適正化を図る行為規制というよりも、発注者の体制整備によりフリーランスの就業環境を整備する観点から規定されるものであり、フリーランスの安定的な取引環境の秩序維持のために行うものとして性質づけるのが適切であることから②秩序維持として勧告等を定める他法令の"勧告をし、これに従わなかった場合には公表をするにとどまり、命令は規定していな

116　エネルギーの使用の合理化等に関する法律146条等。更に命令が予定されています。

117　例えば、労働者派遣法49条の2第2項は、違法な派遣就業を是正するために必要な措置又は当該派遣就業が行われることを防止するために必要な措置を取るべきことの勧告に従わなかった場合の公表について規定しており、これは、違法な派遣就業の是正により、派遣労働者の雇用の安定という秩序の維持を図ることを目的としたものです。

118　例えば、中小企業の事業活動の機会の確保のための大企業者の事業活動の調整に関する法律7条3項は、大企業者に対して、中小企業の事業活動の機会の確保の観点から、事業規模を縮小すべきこと等の勧告に従わなかった場合の公表をしており、行政上の義務を課し、その履行を確保するものではない点において上記①及び②のいずれとも異なります。

い”という規定ぶりに倣い、勧告に係る措置をとらなかった場合の公表を規定することとされました[119]。

2 命令

　厚生労働大臣はフリーランス法18条に基づき、12条（募集情報の的確な表示）、16条（中途解除等の事前予告・理由開示）及び17条3項（申出を理由とする不利益な取扱いの禁止）への違反に係る勧告を受けた発注者が、正当な理由がなく、当該勧告に係る措置をとらなかったときは、当該発注者に対し、当該勧告に係る措置を取るべきことを命ずることができます（法19条1項）。

　「勧告に係る措置をとらなかったとき」とは、勧告に係る措置の実施を拒んだ場合や、措置の実施を応諾した後、厚生労働大臣において相当と認める一定期間内に実施されず、又は実施することにつき誠意が見られなかった、すなわち勧告前と勧告後一定期間経過後も何ら状況に変化が認められない場合をいいます。

　この一定期間についてはある程度の弾力性がありますが、努力していることのみをもって猶予されることは許容されるべきではないとされています。そのため、このような場合については、改善に向けた取組のためやむを得ないと認められる期間は猶予し、当該期間を経過してもなお改善がみられないようなときには、誠意がみられなかったとして命令・公表の対象とされることになります[120]。

3 公表

　厚生労働大臣は、本条1項の命令をした場合には、その旨を公表することができます（法19条2項）。

　公表の方法については、厚生労働省において、官報掲載のほかホーム

119　以上について、法案説明資料。
120　以上について、法案説明資料。

ページや新聞等の掲載をすることが考えられるとされていますが[121]、基本的には厚生労働省や都道府県の労働局のホームページに掲載することになると思われます。

　命令（行政処分）を行った場合であっても、公表は一種の社会的制裁を加えるものであって、事業者の社会的信用に関わる問題となることから、命令をした旨をすべて公表する必要はなく、公表されることによる違反事業者の不利益なども鑑み、公表するか否かの判断を行う必要があるとされています[122]。

　また、厚生労働大臣はフリーランス法14条（ハラスメント対策に係る体制整備）への違反に係る勧告を受けた発注者が、正当な理由がなくその勧告に係る措置をとらなかったときは（命令を伴わずに）その旨を公表することができます（法19条3項）。「勧告に係る措置をとらなかったとき」の考え方はフリーランス法19条1項の場合と同様です。

　なお、いずれにしても公表は一種の社会的制裁を加えるものであって、事業者の社会的信用に関わる問題となることから、勧告に従わなかったからといって当然に公表すべきではなく、その旨を周知する必要が高い重大な事案であったり、社会的な耳目を集めている事案や故意にあえてフリーランス法に定める義務に反しているなど悪質性の高い事案であるなど、限定的な場合に限り公表することができるものと考えているとされています[123]。

4　罰則

　命令への違反に対しては、50万円以下の罰金が科され得ます（法24条1号）。

121　法案説明資料。
122　法案説明資料。
123　法案説明資料。

第10　厚生労働大臣による報告及び検査

（報告及び検査）

第20条　厚生労働大臣は、第十八条（第十四条に係る部分を除く。）
及び前条第一項の規定の施行に必要な限度において、特定業務委託事
業者、特定受託事業者その他の関係者に対し、業務委託に関し報告を
させ、又はその職員に、これらの者の事務所その他の事業場に立ち入
り、帳簿書類その他の物件を検査させることができる。

2　厚生労働大臣は、第十八条（第十四条に係る部分に限る。）及び前
条第三項の規定の施行に必要な限度において、特定業務委託事業者に
対し、業務委託に関し報告を求めることができる。

3　第十一条第三項及び第四項の規定は、第一項の規定による立入検査
について準用する。

1　趣旨等

（1）概要

　本条は、厚生労働大臣が①フリーランス法18条に基づく勧告（フリー
ランス法14条の規定に違反する行為に係るものを除きます）及びフリー
ランス法19条1項に基づく命令に必要な限度で、発注者、フリーランス
その他の関係者に対して立入検査及び報告徴収を行うことができるこ
と、②フリーランス法18条に基づく勧告（フリーランス法14条の規定
に違反する行為に係るものに限ります）及びフリーランス法19条3項に
基づく公表に必要な限度で、発注者に対して報告徴収を行うことができ
ることを規定するものです。

（2）発注者に対する報告徴収及び立入検査の必要性

　フリーランス法では、厚生労働大臣には、勧告（法18条）、勧告に係る措置をとらなかった場合の命令及び命令時の公表、勧告に係る措置をとらなかった場合の公表（法19条）の権限が認められています。これらの権限を行使するにあたっては、その裏付けとなる証拠が必要となるため、発注者の事務所等に立ち入り、帳簿や取引記録等の関連資料を調べる必要があるところ、発注者が任意調査に応じるとは限らないことから、報告徴収及び立入検査といった行政調査に関する権限を規定する必要があります。

　なお、フリーランス法14条（ハラスメント対策に係る体制整備）への違反に係る勧告及び公表との関係では、それらに必要な限度での報告徴収権限が規定されるに留まっています。フリーランス法14条への違反については、私人の権利制約を伴う処分をすることは予定されていないことから、履行確保のための立入検査は認められないものの、情報収集ができなければ、必要かつ適切な行政的措置（勧告・公表）をとり得なくなることから、より緩やかな手段である過料による担保を予定する報告徴収の権限を規定するものとされた次第です[124]。

（3）フリーランスに対する報告徴収及び立入検査の必要性

　フリーランス法はフリーランスの取引の適正化等を図るものであるところ、行政機関が適切に事案を把握し、発注者に対して勧告や命令を行うためには、いわば被害者的立場にあるフリーランスからも取引の実情その他の必要な情報を入手する必要があります。

　しかし、フリーランスの中にはある発注者との関係で継続的に業務委託の相手方になる場合があります。この場合、そのようなフリーランスの中には当該発注者に経済的に依存し、取引先を容易に変更し得ない状況となる者もいるところ、このようなフリーランスに対して任意での調査協力を求めたとしても、発注者からの取引の停止その他の報復措置をおそれ、フリーランスが調査に協力できない可能性があります。

---

[124]　以上について、法案説明資料。

　以上の点に鑑み、フリーランス法の厳正な執行を図るという観点からは調査権限を行使し、行政機関が取引に関連する事実を客観的に把握できるようにする必要があります（なお、下請法でも同様の観点から下請事業者に対する報告徴収及び立入検査が措置されています）。

　なお、フリーランスに対する行政調査の規定は、むしろ発注者との関係においてフリーランスが行政機関に対し情報提供することを保護する趣旨に出たものであり、フリーランスの権利利益を制約するものではないことを踏まえれば、そのような規定を設けることも許容されるといえます[125]。

（4）取引をする者その他の関係者に対する報告徴収及び立入検査の必要性

　フリーランス法の執行においては、例えば募集情報の的確表示義務の履行確保に当たり、発注者がマッチングプラットフォームを運営する事業者等の第三者に募集情報を提供してフリーランスの募集を行う場合等には、発注者から募集情報を提供された第三者など、発注者の取引先についても発注者の義務履行の状況を明らかにする必要があるケースがあります。

　しかし、こうした発注者の取引先は発注者とフリーランスとの間の取引については関知しておらず、調査への協力は負担となるとして、あるいは発注者に寄った立場にあり、発注者との取引関係を維持するため、調査に協力しない可能性もあります。

　他方で前述のとおり、裏付けが得られなければ執行ができなくなる可能性も存することにも鑑みれば、フリーランス法の厳正な執行を図るという観点からは、調査権限を行使し、行政機関が取引に関連する事実を客観的に把握できるようにする必要があります[126]。

125　以上について、法案説明資料。
126　法案説明資料。

2 報告徴収及び立入検査

厚生労働大臣は、フリーランス法12条（募集情報の的確な表示）、16条（中途解除等の事前予告・理由開示）及び17条3項（申出を理由とする不利益な取扱いの禁止）への違反に係る勧告並びに命令に必要な限度において、発注者、フリーランスその他の関係者に対し、①業務委託に関し報告をさせ、又は②その職員（厚生労働大臣に係る職員）に、これらの者（発注者、フリーランスその他の関係者）の事務所その他の事業場に立ち入り、帳簿書類その他の物件を検査させることができます（法20条1項）。

また、厚生労働大臣はフリーランス法14条（ハラスメント対策に係る体制整備）への違反に係る勧告及び公表に必要な限度において、発注者に対し、業務委託に関し報告を求めることができます（法20条2項）。

なお、立入検査については、これを行う職員が身分を示す証明書を携帯し関係人に提示しなければならないこと、及び当該立入検査の権限が犯罪捜査のために認められたものと解釈してはならないことを定めるフリーランス法11条3項及び4項が準用されています（法20条3項）。その詳細については、フリーランス法11条3項及び4項に関する解説（前記第2章第5の6(3)、(4)）を参照してください。

3 罰則

本条1項の規定による報告をせず、若しくは虚偽の報告をし、又はこれらの規定による検査を拒み、妨げ、若しくは忌避したときは50万円以下の罰金が科され得ます（法24条2号）。

また、本条2項の規定による報告をせず、又は虚偽の報告をしたときは20万円以下の過料に処され得ます（法26条）。

フリーランス法逐条解説

第1　国における相談対応体制の整備

（特定受託事業者からの相談対応に係る体制の整備）

第21条　国は、特定受託事業者に係る取引の適正化及び特定受託業務従事者の就業環境の整備に資するよう、特定受託事業者からの相談に応じ、適切に対応するために必要な体制の整備その他の必要な措置を講ずるものとする。

1　趣旨等

　本条は、国が、フリーランス法の目的であるフリーランスに係る取引の適正化及びその就業環境の整備に資するよう、フリーランスからの相談に応じ、適切に対応するために必要な体制の整備その他の必要な措置を講ずべきことを定めたものです。

　フリーランス法は、所管が公正取引委員会、中小企業庁（経済産業省）、厚生労働省にまたがるものであり、関係機関が連携してフリーランスからの相談に対応することが求められており、その旨を明確化する必要があるため、本規定が設けられました[1]。

2　フリーランス・トラブル110番

（1）概要

　「フリーランス・トラブル110番」は、フリーランスと発注者等との契約内容等の取引上のトラブルについて、フリーランスが弁護士にワンストップで相談できる窓口です。厚生労働省が、公正取引委員会・中小企業庁と連携して、第二東京弁護士会に委託して実施しています。

　フリーランス・トラブル110番は、フリーランスと発注者等との取引

1　以上について、法案説明資料。

上のトラブルについて、フリーランスが弁護士にワンストップで相談できる窓口として2020年11月から設置されたものです。

　窓口でトラブルについて相談を受けた場合、無料で弁護士が電話やメール、対面・オンラインなどの手段で個別相談の対応を行います。

　フリーランスが行政機関の対応を希望する場合は、フリーランス法所管省庁への申出の案内を行います（ただし、申出書の作成・提出代行は行っていません）。

　また、発注者が消費者である場合、相談内容がフリーランスからの契約解除・発注事業者からの損害賠償請求など、フリーランス法に定めのない事項である場合等、フリーランス法の適用のない取引上のトラブルや、必要に応じて裁判所の手続（訴訟等）についても相談し、アドバイスを受けることができる窓口となっています。

　更に、相談者の希望に応じて、弁護士が相談者と相手方の話を聞いて、和解あっせんを実施しています[2]。

（2）和解あっせん

　和解あっせんとは、第二東京弁護士会が設置する仲裁センターが運営している裁判外紛争解決手続（ADR）です。10年以上の弁護士経験を持つ弁護士が和解あっせん人となり、フリーランスと発注者双方の話を聞いた上で、利害関係を調整したり、解決案を提示して、和解（合意書の作成）を目指す手続です。

　裁判と異なり、時間や場所も任意に調整が可能で（必要に応じ、休日や夜間，ウェブ上での実施にも対応しています）、非公開の審理が行われ、申立費用は無料（ただし、相手方法人の履歴事項全部証明書の取得費用等の実費は自己負担）といった点に特徴があります。

　ただし、あくまで話合いの手続であり、相手が手続の利用に応諾しない場合や、和解案を一方又は双方が受け入れない場合には、強制力をもって解決することはできません。

2　以上について、令和6年12月版説明資料。

3 各省庁の対応体制

　公正取引委員会、中小企業庁、厚生労働省においては、専門の部署の設立や人員の拡充を行う等、フリーランス法の施行に際して対応体制の構築を図ったようです[3]。今後も必要に応じて体制の増強が見込まれます。

3　例えば公正取引委員会では、令和6年4月付で、取引部取引企画課に「フリーランス取引適正化室」が新設されています。

第2 行政機関からの指導及び助言

（指導及び助言）

第22条 公正取引委員会及び中小企業庁長官並びに厚生労働大臣は、この法律の施行に関し必要があると認めるときは、業務委託事業者に対し、指導及び助言をすることができる。

1 趣旨等

　本条は、発注者による任意の協力を求めることで、柔軟な対応を可能としながらフリーランス法の目的を達成するための「行政指導」（行政手続法2条6号）としての指導助言をすることができる権限を規定するものです。公正取引委員会及び中小企業庁長官並びに厚生労働大臣が、一般的に行政指導としての指導又は助言ができる旨を明らかにしています。

　行政指導は、法的拘束力がなく、これに応じるか否かは名宛人の任意の行動に委ねられているものです。したがって、本来的には各行政機関は自らの所管事項の範囲内で、（特別に根拠規定を設けずとも）設置法に基づきこれを行うことができます。

　しかし、フリーランス法においては、「命令」が予定される義務とそうでない義務が混在しているため、命令が予定されない義務について行政機関による措置が規定されていないと、規制対象である発注者がなんら遵守措置を講じないといった行動を取ることも懸念されます。そこで、こうした行動を一定程度抑止するとともに、フリーランス法に基づき行政機関が一定の措置を講じ得ることを明らかにし、かつ「命令」に繋がり得る行政指導である「勧告」と区別するため、本規定が設けられたも

第3編　第4章

雑則

のです[4]。

2　指導及び助言の名宛人

　指導及び助言の対象は、「業務委託事業者」です。

　「特定業務委託事業者」以外の業務委託事業者については、フリーランス法3条（特定受託事業者の給付の内容その他の事項の明示等）及び6条3項（申出をしたことを理由とする不利益取扱いの禁止）のみが適用されますので、これらの者に対する指導及び助言も、法3条及び6条3項に関して必要があると認められる場合に限られます[5]。

3　指導及び助言の対象等

　指導及び助言は、フリーランス法の施行に関し必要があると認めるときに広く行うことができ、これが行われるのは必ずしも法違反がある場合に限られません。

　例えば、育児介護等に対する配慮（法13条）については、勧告や命令の対象となっていませんが（法18、19条）、当該配慮に関して問題がある場合には、指導及び助言を行い得ます。努力義務との関係で問題がある場合にも行うことができますので、継続的業務委託以外のフリーランスの育児介護等に対する配慮の努力義務（法13条2項）との関係でも、指導及び助言が行われる余地があります。また、育児介護等に対する配慮の申出を行ったこと等を理由とした、当該フリーランスへの不利益取扱いは、「望ましくない取扱い」とされるに留まり（指針第3の3）、当該取扱いを行った場合でもフリーランス法13条の違反ではありませんが、助言の対象になり得るとされています[6]。

　なお、発注者が、受注者側から「従業員がいる」旨伝えられていたため、フリーランス法に従った対応を取らなかったものの、実際には当該受注

4　以上について、法案説明資料。
5　以上について、法案説明資料。
6　政省令等パブコメ3-2-33。

者には従業員はいなかった（フリーランスであった）場合、結果としてフリーランス法に違反していることとなります。そのような場合、当該発注者の行為については是正する必要があるため、必要に応じて指導・助言（行政指導）は行うことがあるとされています。他方で、事案の内容に鑑み、勧告（行政指導）や命令（行政処分）を直ちに行うことはしないとのことです[7]。

4 指導及び助言の内容

指導及び助言に際しては、必要に応じて、発注者等に対し、経営責任者を中心とする遵法管理体制を確立するとともに、遵法マニュアル等を作成し、これを購買・外注担当者を始め社内に周知徹底することといった再発防止措置等の必要な措置を採るべきことを求めるなど、効果的に対応するものとされています[8]。

なお、指導及び助言と同じく行政指導である「勧告」に従わなかった場合には「命令」が予定されていますが（法19条1項）、本条に基づく助言又は指導に従わない場合については「命令」が予定されているものではありません[9]。

7　Q&A13。
8　令和6年10月1日付「特定受託事業者に係る取引の適正化等に関する法律第2章違反事件に係る公正取引委員会の対応について」。
9　法案説明資料。

第3　厚生労働大臣の権限の委任

（厚生労働大臣の権限の委任）

第23条　この法律に定める厚生労働大臣の権限は、厚生労働省令で定めるところにより、その一部を都道府県労働局長に委任することができる。

　本条は、フリーランス法の規定により厚生労働大臣に付与された権限について、厚生労働省の地方支分部局の長である都道府県労働局長に委任することができるとするものです。

　フリーランス法において、厚生労働大臣に付与された権限は、以下のものがあります[10]。これらの権限行使は、本条に基づき、実際には厚生労働大臣ではなく都道府県労働局長が行うことが基本となります。

① 　12条（募集情報の的確な表示）、14条（ハラスメント対策に係る体制整備）、16条（中途解除等の予告・理由開示）又は17条3項（申出を理由とする不利益取扱いの禁止）の規定に違反していると認められる発注者に対する勧告（18条）の権限

② 　18条の勧告（14条の規定に違反する行為に係るものを除く）を受けた者が、正当な理由なくその勧告に係る措置をとらなかった場合の命令（19条1項）及び命令をした際の公表（19条2項）の権限

③ 　18条の勧告（14条の規定に違反する行為に係るものに限る）を受けた者が、正当な理由なくその勧告に係る措置をとらなかった場合の公表（19条3項）の権限

④ 　18条の勧告（14条の規定に違反する行為に係るものを除く）及び上

10　フリーランスの就業環境の整備に関する規律は、その名宛人は全て（業務委託事業者ではなく）特定業務委託事業者であるため、これらの権限が対象とする発注者も、全て特定業務委託事業者に限られます。

記②の命令に関し必要な事項についての発注者に対する報告徴収及び立入検査（20条1項）の権限

⑤　18条の勧告（14条の規定に違反する行為に係るものに限る）及び上記③の公表に関し必要な事項についての発注者に対する報告徴収（20条2項）の権限

⑥　法律の施行に関し必要があると認められる場合の発注者に対する指導及び助言（22条）の権限

なお、フリーランス法のうち就業環境の整備に関する規律の施行を実際に行う部署は、育児介護休業法等に基づくハラスメント対策等を施行している都道府県労働局雇用環境・均等部（室）となっています。

第3編

第4章

雑則

305

フリーランス法逐条解説

第5章

罰　則

第1 はじめに

フリーランス法第5章は、フリーランス法への違反に対する**罰則**を定めています。フリーランス法の各規定の違反に対する措置を一覧にすると、以下のとおりです。

違反事項*1	勧告	命令・公表	罰金*4	過料
法3条（3条通知）	○（8条）	○（9条）	△*3	
法4条5項（支払期日の遵守）	○（8条）	○（9条）	△	
法5条（禁止事項）	○（8条）	○（9条）	△	
法6条3項（報復禁止）	○（8条）	○（9条）	△	
法12条（募集情報の的確表示）	○（18条）	○（19条）	△	
法13条（育児介護等に対する配慮）				
法14条（ハラスメント対策に係る体制整備）	○（18条）	*2（19条）		
法16条（中途解除時の事前予告・理由開示）	○（18条）	○（19条）	△	
法17条3項（報復禁止）	○（18条）	○（19条）	△	
法11条・法20条（報告・検査に関する違反）			○（24条2項）	
法20条2項（報告に関する違反）				○（26条）

＊1　指導・助言（22条）はいずれの違反に対しても実施可能です。
＊2　14条の違反に対しては、命令はできませんが、公表はできます（19条3項）。
＊3　△＝命令に違反したときに罰金が科されます（24条1項）。
＊4　行為者のみならず法人も処罰する両罰規定があります（25条）。

第2 罰金

> **（罰金）**
> **第24条** 次の各号のいずれかに該当する場合には、当該違反行為をした者は、五十万円以下の罰金に処する。
> 一　第九条第一項又は第十九条第一項の規定による命令に違反したとき。
> 二　第十一条第一項若しくは第二項又は第二十条第一項の規定による報告をせず、若しくは虚偽の報告をし、又はこれらの規定による検査を拒み、妨げ、若しくは忌避したとき。

　本条は、命令に違反した場合や、報告徴収・立入検査への拒否や妨害等を行った場合には、罰金が課せられ得ることについて規定したものです。

　本条1号は、命令に違反した場合の罰金を定めるものですので、違反行為の主体として罰金を科され得るのは、発注者（業務委託事業者又は特定業務委託事業者）に限られます。

　これに対し本条2号は、報告及び検査の対象者であれば違反行為の主体となり得るため、罰金を科され得るのは、発注者（業務委託事業者又は特定業務委託事業者）のほか、フリーランス（特定受託事業者）その他の関係者も含まれます[1]。また、本条2号は、フリーランス法と同旨の違反行為を定めている下請法と同じ罰金額を定めています。

　なお、下請法3条が定める給付内容等の書面の交付義務違反には直罰規定がありますが（下請法10条1号）、フリーランス法にはこれに相当

1　発注者以外の者も違反行為の主体となっていることについて、同旨の罰則規定を持つ下請法では、客観的な事実に基づいて本法の運用を図っていく基本方針が貫かれているものと説明されています。辻吉彦 著・生駒賢治 改訂『詳解下請代金支払遅延等防止法（改訂版）』（2000年・公正取引協会）258頁。

する規定はありません。このように、フリーランス法では個別の規制そのものに違反した場合ではなく、**これを踏まえて発される命令になおも違反した場合が罰金の対象**とされています（命令の履行確保措置として罰則を設けている形になります）。

第3 両罰規定

（両罰規定）
第25条 法人の代表者又は法人若しくは人の代理人、使用人その他の従業者が、その法人又は人の業務に関し、前条の違反行為をしたときは、行為者を罰するほか、その法人又は人に対して同条の刑を科する。

1 趣旨等

本条は、いわゆる両罰規定です。

刑法総則においては、刑を科されるべき者は自然人であることが前提とされています[2]。しかし、行為者本人を処罰するだけでなくその行為者と一定の関係にある法人をも処罰する旨の規定が置かれることがあり、両罰規定と呼ばれています。

両罰規定による業務主体の処罰根拠について最高裁は、事業主が行為者らの選任、監督その他違反行為を防止するために必要な注意を尽くさなかった過失の存在を推定した規定と解され、したがって事業主においてこれらの注意を尽くしたことの証明がなされない限り、事業主は刑責を免れ得ないとしています[3]。

2 個別解釈

独占禁止法においては、本条と同様に、「**法人の代表者又は法人若しくは人の代理人、使用人その他の従業者が、その法人又は人の業務又は財産に関して、次の各号に掲げる規定の違反行為をしたときは、行為者**

---

[2] フリーランス法の罰則規定で処罰されるのも、直接的には実際の行為者である代表者又は従業員等であり、法人ではありません。
[3] 最大判昭和32年11月27日 刑集11巻12号3113頁（入場税法違反被告事件）、最二小判昭和40年3月26日 刑集19巻2号83頁（外国為替及び外国貿易管理法違反被告事件）参照。

を罰するほか、その法人又は人に対しても、当該各号に定める罰金刑を科する」と定める両罰規定（独占禁止法95条）が置かれています。本条の解釈においても、独占禁止法95条の解釈は参考になると考えられます。

　すなわち、まず、本条で「業務」の主とされている「法人又は人」（業務主）とは、自己の計算においてその事業を経営する者をいい、営業等の名義のいかんによるのではなく、事業利益の帰属する主体を指すものと考えられます。

　「従業者」とは、業務主との特定の関係に基づいて事業上その業務を行う者で、直接又は間接に業務主の統制・監督に服する関係があれば足り、雇用契約などの存在は必要とされないと解されます。このため、法人等の代表者ではないが実質的な経営者である者も本条にいうその他の従業者に含まれると解されます[4]。

　また、本条が適用されるには、従業者等が、法人又は人の「業務に関し」フリーランス法24条の違反行為をすることが必要とされています。この業務関連性については、従業者等の違反行為が、客観的外形的に事業主の業務に属しており、事業主の事業活動の一環として行われていると評価できるものであれば、業務関連性が認められると解されます[5]。

4　最判昭和26年9月4日刑集5巻10号1860頁（物価統制令違反重要物資在庫緊急調査令違反被告事件）、大判昭和9年4月26日刑集13巻527頁（銃砲火薬類取締法施行規則違反被告事件）、最決昭和58年3月11日刑集37巻2号54頁（法人税法違反被告事件）参照。

5　以上につき、根岸哲編『注釈独占禁止法』（2009年・有斐閣）836頁〔佐伯仁志〕、伊藤榮樹ほか編『注釈特別刑法第5巻経済法編Ⅰ』（1986年・立花書房）84頁〔小泉祐康〕、村上政博 編集代表『条解独占禁止法 第2版』（2022年・弘文堂）1082頁〔川合弘造ほか〕。

第4 過料

> **（過料）**
> **第26条**　第二十条第二項の規定による報告をせず、又は虚偽の報告を
> した者は、二十万円以下の過料に処する。

　本条は、フリーランス法20条2項の規定により発注者（特定業務委託
事業者）に対し報告を求めたことについて、報告をせず、又は虚偽の報
告をした者を、20万円以下の過料に処しています。

　発注者（特定業務委託事業者）においてハラスメント対策に係る体
制整備（法14条）への違反があると認められるとき、厚生労働大臣は、
違反の是正又は防止のため必要な措置を取るべきことを勧告でき（法
18条）、また、発注者（特定業務委託事業者）が正当な理由なく当該勧
告に係る措置をとらなかったときは、その旨の公表ができます（法19
条3項）。法20条2項は、この勧告及び公表のために発注者（特定業務
委託事業者）に対し報告を求める規定であり、この報告についての実効
性を確保するため、本条で過料を科したものです[6]。

　フリーランス法におけるハラスメント対策も、フリーランスの生身の
働き手という側面に着目し、その就業環境を整備するものである点で労

6　ハラスメント対策について規定するフリーランス法14条の違反に対して行われる勧告・公表は、
行政指導であり行政処分ではありませんので、行政処分の履行確保のための立入検査等の強制的な
手段を取ることはできないと解されます。これに対し、報告徴収についてのみ、違反に対し過料を
設けることとされた根拠は以下のとおりです。すなわち、14条により発注者がハラスメント対策に
関して講じるべき「体制の整備その他必要な措置」は、各発注者の事業や組織の実情に応じて内容
が異なります。そもそもフリーランス法はあらゆる業種における発注者を対象としており、義務の
内容を一律に定めることは困難であるため、具体的に講じるべき事項や目指すべき目標等について
は、厚生労働大臣が指針を定めて示すこととされました（法15条）。このため、各発注者に対しては、
命令を行うのではなく、指導、勧告、公表により発注者自身による是正を促すことが適当と考えら
れました。これらの実効性を確保する上では、これら措置に処分性がなく、また、発注者自身の取
組を促すという性質上、強制的な立入検査にはなじみませんが、指導や勧告を行う上で必要な報告
を求めることまでが否定されるものではありません。また、虚偽の報告がなされた場合には、行政
運営の秩序を乱しますので、過料とすることが適当と考えられました（以上について、説明資料）。

働者に係るハラスメント対策とその基本構造は類似しているため、近時の立法例[7]も踏まえつつ、同じ強度の規律を置くこととし、過料が設けられた次第です。

7　近時の立法例として例えば、労働施策総合推進法においては、事業主が講ずべき措置（同法30条の2）について、立入検査規定（同法34条）とは別途、報告徴収規定（同法36条）があり、その違反に対して20万円以下の過料（同法41条）を設けています。雇用の分野における男女の均等な機会及び待遇の確保等に関する法律においては、事業主にそれぞれセクハラ及びマタハラ対策の体制整備義務を課した上で、当該義務については、「この法律の施行に関し必要があると認めるときは、事業主に対して報告を求め、又は助言、指導若しくは勧告をすることができる。」旨の規定（同法29条）が適用され、報告義務に違反した者は20万円以下の過料に処される仕組みとされています。公益通報者保護法においては、事業者に公益通報に対応する業務に係る体制整備義務を課すこととしたところ（同法11条1項）、事業者の自主的な取組を促す観点から、指針の策定（同条4項）、事業者に対する報告徴収並びに助言、指導及び勧告（同法15条）、公表（同法16条）の措置を設けた上で、報告義務違反に対して20万円以下の過料（同法22条）を設けています（以上について、法案説明資料）。

第3編

フリーランス法逐条解説

第6章

附　則

（施行期日）

1　この法律は、公布の日から起算して一年六月を超えない範囲内において政令で定める日から施行する。

（検討）

2　　政府は、この法律の施行後三年を目途として、この法律の規定の施行の状況を勘案し、この法律の規定について検討を加え、その結果に基づいて必要な措置を講ずるものとする。

　附則1項はフリーランス法の施行期日を定めるものです。フリーランス法の施行期日は、令和6年（2024年）11月1日とされています。

　附則2項は、要するに、フリーランス法について施行後3年を目途として法改正を検討することを定めるものです。なお、次回の法改正時には、例えば仲介事業者やプラットフォーマーへの規律が追加される可能性があります[1]。

1　フリーランス法の法案に係る衆議院附帯決議では、「仲介事業者を通じて業務を受託する特定受託事業者もいることを踏まえ、業務委託を仲介する事業者の実態を把握するとともに、質の確保の観点から、本法の適用対象とならない仲介事業者に対する規制の必要性について検討すること」とされています（第211回国会閣法第23号衆議院附帯決議の四）。

３条通知ひな型

＜製造委託／情報成果物作成委託の例（発注書による場合）＞

発 注 書

発注日❷：2024年11月1日

●● （フリーランス氏名） 殿❶

株式会社▲▲ （発注者名称）❶

納　　　期❹：2024年12月15日
提　出　先❺：例）・東京都○○区○○・・・（発注者本社）
　　　　　　　　・https://www.XX.com/YY/ に PSD 形式でアップロードして提出
　　　　　　　　・○○@○○.co.jp 宛て Word ファイル形式でメール添付して提出
検査完了日❻：提出された日の翌日から5営業日以内
支 払 期 日❽：2025年2月10日
支 払 方 法❾：現金50%、○○ペイ（資金移動業者名○○）50%

合計金額　●●　円（税込）❼

No.	品名、規格・仕様など❸	数量	金額❼
例1	型式PS-1の製作（仕様の詳細は別紙図面番号IE-PS-1221-2、検査事項表のとおり）	10個	50,000 円
例2	発注者▲▲が運営するWebメディアXXに掲載する○○に関する原稿の作成 使用媒体：WebメディアXX 分　　量：・キャッチコピー1本（XX字以内） 　　　　　・小見出し2本（各XX字以内） 　　　　　・本文（3000字以上5000字以内） 修正指示：○回まで（1回あたり金○○円（消費税等除く））	1式	50,000 円
		小計	100,000 円
		消費税❼	10,000 円
		合計	110,000 円

備　　考	・発注の作成過程において発生する原稿に関する著作権（著作権法第27条及び第28条に定める権利も含みます。）については、発注内容に含み、発注者に譲渡されます。また、上記原稿に関して、著作者人格権を発注者に対して行使しないものとします。❸ ・業務に要した交通費の実費は発注者の負担とします。❼
発注者からの伝達事項	・妊娠、出産、育児又は介護と業務の調整のために、配慮の申出をしていただくことが可能です。申出にあたっては、○○（連絡先：△△）にご連絡ください。❿ ・発注者の従業員や関係者から、セクシュアルハラスメント、マタニティハラスメント又はパワーハラスメントを受けた場合は、ハラスメント相談窓口（連絡先：▽▽）にご連絡ください。なお、相談内容等についてのプライバシーを保護する措置を講じており、また相談をしたことや調査に協力等したこと、行政に被害申出をしたこと等を理由とする契約解除等の不利益取扱いを行うことはありません。⓫

※フリーランスパンフレット8頁の図を加工して作成。

❶ 発注者及びフリーランスの商号・氏名・名称等

・商号・氏名・名称のほか、互いを識別できる番号・記号等を用いることができます。ニックネーム・ビジネスネーム等でも構いません。

❷ 業務委託をした日

・業務委託をすることについて合意した日を記載します。

❸ 給付の内容

・品目・品種・数量・規格・仕様等を明確に記載します。フリーランスが記載を見て、その内容を理解でき、発注者の指示に即した給付の内容を作成又は提供できる程度の情報を記載することが必要です。前記ひな型以外の給付の内容の記載例はフリーランスガイドライン＜別添１＞も参照してください。

・知的財産権の譲渡・許諾を伴う場合はその範囲を明確に記載する必要があります。また、著作者人格権に関する取り決めが知的財産権の許諾といえるものであれば、その取り決めの内容も「給付の内容」の一部として明示する必要があります。

❹ 給付を受領する期日

・いわゆる「納期」を記載します。

❺ 給付を受領する場所

・成果物を納品する場所を記載します。

・情報成果物の作成委託において、電子メール等を用いて給付を受領する場合には、提出先として電子メールアドレス等を明示すれば給付を受領する場所等の明示として足ります。

❻ 検査完了日

・給付の内容について検査をする場合は、その検査を完了する期日を明示する必要があります。*前記のひな型の記載例*のように、具体的な完了年月日の代わりに「**納品物を納入した日の翌日から5日（5営業日）以内**」とすることも可能です（「営業日」について発注者とフリーランスの認識に齟齬がないことが前提です）。

❼ 報酬の額

・算定方法

具体的な金額を明示することが困難なやむを得ない事情がある場合には、報酬の具体的な金額を定めることとなる「算定方法」を明示することができます（公取則1条3項）。この場合の算定方法は、報酬の額の算定根拠となる事項が確定すれば、具体的な金額が自動的に確定するものでなければなりません。

・知的財産権

知的財産権の譲渡・許諾がある場合は、その対価も報酬に加える必要があります。必ずしも内訳として知的財産権の対価を明示する必要はありません。

・費用等

業務の遂行に要する、材料費、交通費、通信費等の費用等（名目は問いません）を発注者が負担する場合、これら費用等の金額を含めた総額が把握できるように「報酬の額」を明示する必要があります。

なお、振込手数料については、業務委託に係る業務の遂行に要する費用ではないとして3条通知への記載は必須ではないと解されます。民法485条に基づき原則として発注者の負担になりますが、事前に書面や電子メール等で合意し、かつ実際にかかった振込手数料額の限度であれば、フリーランスの負担とすることも可能です。

・消費税

本体価格だけでなく、消費税・地方消費税の額も明示することが望ましいとされています。内税方式の場合には、その旨を明確に記載する必要があります。

❽ 支払期日

・給付日（納品日）から60日以内のできるだけ短い期間内で支払期日を定めて記載します。

・具体的な日が特定できるように記載する必要があり「○月○日まで」、「納品後○日以内」など、具体的な日が特定できない支払期限の記載は不可です。

❾ 支払方法

・現金以外の方法で報酬を支払う場合には、支払方法に応じて必要事項を明示しなければなりません。

・報酬の全部ではなく一部に現金以外のいずれかの支払方法を用いる場合には、その額を記載する方法のほか、報酬の総額のうち当該支払方法により支払う額の占める比率を明示することも可能です。

❿ 育児介護等に対する配慮の申出窓口

・発注者においては、フリーランス法13条に基づく育児介護等への配慮に関して、フリーランスに対して、「配慮の申出が可能であることや、配慮を申し出る際の窓口・担当者、配慮の申出を行う場合の手続等を周知すること」が「望ましい」とされています（指針第3の2⑴）。

・3条通知の記載事項ではありませんが、上記の事項を3条通知に記載することで、上記周知を行ったことになりますので、その場合の記載例です。部署名又は担当者名に加えて、連絡先（メールアドレス等）を記載するとよいでしょう。

⓫ ハラスメントの相談窓口等

・発注者においては、①フリーランス法14条に基づくハラスメント対策に係る体制整備に関して、ハラスメントの相談窓口をあらかじめ定めるとともに、フリーランスに周知することが必要です（指針第4の5⑵イ）。また、②相談への対応やハラスメントへの事後対応に当たって相談者・行為者等のプライバシーを保護するために必要な措置を講じるとともに、その旨をフリーランスに周知すること、③フリーランスがハラスメントに関する相談をしたこと又は事実関係の確認等の発注者の講ずべき措置に協力したこ

と、厚生労働大臣（都道府県労働局）に対して申出をし、適当な措置をとるべきことを求めたことを理由として、業務委託に係る契約の解除その他の不利益な取扱いをされない旨を定め、フリーランスに周知・啓発することも求められています（指針第4の5(4)）。

・3条通知の記載事項ではありませんが、ハラスメントの相談窓口を3条通知に記載することで、上記①の周知を行ったことになりますので、その場合の記載例です。部署名又は担当者名に加えて、連絡先（メールアドレス等）を記載するとよいでしょう。

・また、同様に3条通知の記載事項ではありませんが「なお、」以下の記載を加えることで、上記②③の周知等を行ったことにもなります。別途の方法で周知等をする場合には、このような記載は必要ではありません。

＜役務提供委託の例（メールやSNSのメッセージ機能等の電磁的方法による場合）＞

●●（フリーランス氏名）様❶

次のとおり発注しますので、よろしくお願いします。

1．発注日❷：2024年11月1日
2．発注内容❸：例）・○○作業（作業内容の詳細は別紙○○のとおり）
　　　　　　　　　　・集荷配達業務（○○エリア内）、車種○トン
　　　　　　　　　　・XXXに関する助言・指導
　　　　　　　　　　　電子メール又は電話によるXXXに関する指導・
　　　　　　　　　　　助言（月○時間まで。これを超える場合、1時間
　　　　　　　　　　　あたり○円（端数切り上げ。消費税等除く））
3．役務提供日❹：2024年11月1日〜2025年10月31日
4．納品場所❺：東京都●●区××　株式会社▲▲本社調達係
5．報酬額❼：1か月当たり220,000円（税込）
6．支払期日❽：毎月末日締切、翌月末日支払
7．支払方法❾：受注者指定の金融機関口座に振込み支払う。
　　　　　　　　　なお、金融機関への口座振込にかかる振込手数料は当
　　　　　　　　　社が負担します。

・妊娠、出産、育児又は介護と業務の調整のために、配慮の申出をして
　いただくことが可能です。申出にあたっては、○○（連絡先：△△）
　にご連絡ください。❿
・当社の従業員や関係者から、セクシュアルハラスメント、マタニティ
　ハラスメント又はパワーハラスメントを受けた場合は、ハラスメント相
　談窓口（連絡先：▽▽）にご連絡ください。⓫

株式会社▲▲ 担当■❶

※フリーランスパンフレット8頁の図を加工して作成。

❶～⓫について、基本的な事項は*前記＜製造委託／情報成果物作成委託の例（発注書による場合）＞の解説*をご参照ください。

❹ **役務の提供を受ける期日等**
- 役務提供委託の場合で、1日だけでなく、相当期間にわたって提供するときには、

「委託期間2024年11月1日から2025年10月31日」

のように、役務を提供する期間を具体的に記入します。

❺ **役務の提供を受ける場所**
- 委託内容に役務を提供する場所等が明示されている場合や、そもそも場所等の特定が不可能な委託内容の場合（例えば、商品のサポートサービス業務）には、場所の明示は要しません。

❽ **役務提供委託で月単位の締切制度を用いる場合**
- 役務提供委託の場合、個々の役務が連続して提供される役務であって、次の①から③までの全ての要件を満たす場合には、月単位で設定された締切対象期間の末日に当該役務が提供されたものとして取り扱い、その日から起算して60日（2か月）以内に報酬を支払うことが認められています。

  ① 報酬の支払は、フリーランスと協議の上、月単位で設定される締切対象期間の末日までに提供した役務に対して行われることがあらかじめ合意され、その旨が3条通知に明確に記載されていること（例えば*前記のひな型*のように支払期日欄に「毎月○日締切、翌月（翌々月）○日支払」と記載します）。

  ② 3条通知に、当該期間の報酬の額又は報酬の具体的な金額を定めることとなる算定方式（役務の種類・量当たりの単価があらかじめ定められている場合に限る）が明確に記載されていること。

  ③ フリーランスが連続して提供する役務が同種のものであること。

❾ **支払方法の記載について**

・現金（口座への振込を含みます）のみで報酬を支払う場合は支払方法の記載は必須ではありませんが、実務上は振込の場合はその旨を記載することも多いと考えられます。

野田　学（のだ　まなぶ）

東京八丁堀法律事務所　パートナー弁護士。
2009年弁護士登録。2015年〜2018年、公正取引委員会審査局に任期付公務員として着任。独占禁止法違反事件の審査・審判・訴訟等業務に従事。2020年、経済産業省競争環整備室専門官として着任、国内競争政策の調査・検討等業務を行う。2022年、グリーン社会の実現に向けた競争政策研究会（経済産業省）委員に就任。現在は、独占禁止法・下請法・フリーランス法等に関する業務を手掛ける。

白石　紘一（しらいし　こういち）

東京八丁堀法律事務所　パートナー弁護士。
2012年弁護士登録。2016年〜2018年、経済産業省産業人材政策室（現：産業人材課）に任期付公務員として着任。「働き方改革」等に関する政策立案に従事し、労働法関連政策に加え、フリーランス関連政策、HRテクノロジーや兼業・副業の普及促進等を担う。現在は労働法務・人材サービス法務、個人情報保護法務、スタートアップ支援等を手掛ける。著書に「HRテクノロジーの法・理論・実務　人事データ活用の新たな可能性」（共著、労務行政）、「実務詳解 職業安定法」（共編著、弘文堂）等。

条解実務フリーランス法

令和7年4月10日　初版発行

著　者　野田　学、白石　紘一
発行人　藤澤　直明
発行所　労働調査会
　　　　〒170-0004　東京都豊島区北大塚2-4-5
　　　　TEL：03-3915-6401（代表）
　　　　FAX：03-3918-8618
　　　　https://www.chosakai.co.jp/

ISBN978-4-86788-014-2　C2032